先秦儒家知识论研究

——以性道之学为中心

宗　超　著

山东大学出版社

·济南·

图书在版编目(CIP)数据

先秦儒家知识论研究:以性道之学为中心/宗超著.—济南:山东大学出版社,2020.12

ISBN 978-7-5607-6929-5

Ⅰ.①先… Ⅱ.①宗… Ⅲ.①儒家—哲学思想—研究—中国—先秦时代Ⅳ.①B222.05

中国版本图书馆 CIP 数据核字(2021)第 043097 号

策划编辑 张韶明
责任编辑 肖淑辉
封面设计 牛 钧

出版发行 山东大学出版社
社 址 山东省济南市山大南路 20 号
邮政编码 250100
发行热线 (0531)88363008
经 销 新华书店
印 刷 济南华林彩印有限公司
规 格 720 毫米×1000 毫米 1/16
15 印张 246 千字
版 次 2020 年 12 月第 1 版
印 次 2020 年 12 月第 1 次印刷
定 价 56.00 元

目　录

绪 论

一、选题缘起与研究意义

本书以《先秦儒家知识论研究——以性道之学为中心》为题，首先要对其有一个基本的立场和清晰的界定，正如张岱年先生所说："知识论及方法论的名称，却都是中国本来所没有。"[①]今天我们所谓的"知识论"一词，英语为epistemology或theory of knowledge，原本是属于西方哲学的特有概念，意指以"知识"为研究对象的理论，其核心在于"知识"。因此，研究中国传统哲学中的知识论问题首先需要对西方知识论进行了解和反思。如此，才能避免陈腔滥调之论，才能真正对中国传统的知识论问题作出比较准确的定位与认识。

在西方哲学史上，对"知识"的理解和追求，有着悠久的思想传统，其开端可追溯到古希腊哲学。这一时期，"什么是知识"的问题就已经引起了哲学家们的普遍关注。苏格拉底提出"美德即知识"，主张将伦理道德建筑在知识的基础之上。柏拉图则首先尝试为知识寻求定义，他在《泰阿泰德篇》中借苏格拉底之口提出：知识必须满足"真理""相信"和"证明"这三个基本条件，即给出了知识的定义——知识是被证明了的真的信念[②]。柏拉图关于知识的三元定义说，成为西方哲学史上公认的知识的传统定义。亚里士多德将科学看成是关于原因的普遍性知识，并以知识的目的为依据，第一次对科学知识进行了较

---

① 张岱年：《中国哲学大纲》，北京：商务印书馆，2015年，第717页。

② Plato：*The Collected Dialogues*，New Jersey：Princeton University Press，1961. p.853.

为清晰、严格的系统分类。古希腊哲学中的知识论和本体论一直处于一种密切结合的状态。这一时期的哲学家们虽然开创了西方哲学弘扬理性、追求知识的先河，但他们所关注的重点却始终是本体论而不是知识论。如柏拉图所构建的“理念论”，虽在一定意义上也是为了解决知识问题，但根本目的却是为了获得最高的理念——至善，即终极存在。因此，古希腊哲学虽也有知识论的旨趣，但其核心还是本体论。

到中世纪时期，以本体论为核心的古希腊哲学传统以基督教神学的形态得到强化。这一时期，基督教神学一统天下，一切知识问题都成为宗教的婢女。而信仰与理性之间的关系相应地就成为经院哲学家所面临的主要问题。虽然这一时期的哲学从根本上说是为信仰服务的，但它终究还是理性的活动，仍然为西方近代知识论的兴盛打下了基础。经院哲学内部的唯识论和唯名论之争是近代唯理论和经验论思想的来源之一，而经院哲学晚期出现的重视实验和自然科学的思想更是开创了近代科学的先河。

自近代以降，随着文艺复兴的兴起，人和自然被重新发现，理性代替了信仰，自然科学也得到了迅猛的发展。知识论开始逐渐在西方哲学中获得主导地位。从笛卡尔的《沉思录》、斯宾诺莎的《知性改进论》以及洛克的《人类理解论》等著作中可以很明显地看到，哲学家所关注的焦点已经由本体论逐渐转化为知识论。这就是所谓的“认识论转向”。近代早期哲人为了解释知识的来源、基础、确定性和范围等知识论问题而产生了唯理论和经验论的分野。唯理论以笛卡尔、斯宾诺莎、莱布尼兹为代表，他们注重理性推理，认为真知识只能从理性固有的天赋观念中推演而来。经验论以培根、霍布斯、洛克、贝克莱和休谟为代表，他们批判天赋观念的错误，认为知识的全部内容都来源于感性经验。两派各执一端的片面之争最终使哲学在知识论问题上走向一个死胡同，不仅科学知识的普遍必然性无法得到证明，甚至理性本身也成了问题。在这样的背景下，哲学家康德站了出来，他要保卫知识。康德通过“调和”经验论和唯理论的方式，提出了著名的“先天综合判断”理论，认为只有将感性直观和先天认识形式相结合才能产生知识，由此，科学知识的有效性和普遍性得到了辩护。康德是真正自觉地把知识论看成为西方哲学中最重要的问题，看成是数学、自然科学以及本体论的可靠基础的第一人。总的来看，近代知识论的主要成就是逐渐把科学树立为知识的楷模，树立了理性的权威，开启了真正意义上的科学知识论研究。

西方哲学步入当代，知识论研究的主要内容发生了一个较大的转变，由古希腊和近代哲人对认识理论的发生学研究转变为对知识概念的分析和确证问题的研究。20 世纪初，逻辑经验主义借助数理逻辑的发展成果对科学知识普遍必然的确定性问题所进行的逻辑研究，是当代对知识概念的分析和确证问题研究的直接先驱。1963 年葛梯尔教授发表的《确证的真信念是不是知识》一文更是预示着对知识概念的分析和确证问题的研究成为当代知识论研究的核心。在这篇文章中，葛梯尔质疑了对传统知识三元定义的合法性，即“葛梯尔反例”①。“葛梯尔反例”的提出迎来了当代知识论的大发展，在英美哲学界引发了关于知识的定义及确证的长期争论，从而形成了以内在主义和外在主义为代表的两大主流学派的产生。“就两者的比较而言，内在主义属于比较传统的思路，将知识的获得与确证归结为意识的内在行为，属于‘意识哲学’的范畴。而外在主义另辟蹊径，寻求从信念与外部世界的联系中、或信念产生的可信赖过程中获得知识的确证性的根据。”②随着知识论研究的不断深入，一些新方向如语境主义、德性知识论、社会知识论、价值论等在近些年产生。作为新生的理论，他们不再局限于仅仅对知识作确证无疑的辩护，而是从多角度（如信念、认知主体、价值等）去理解知识，进而探究知识的本性。

纵观整个西方哲学史，其知识论研究的主要问题是知识的来源、基础、确定性、范围以及知识定义的分析与确证。而其知识论的本质则是以求“真”为实质的科学知识论，亦即真理知识论。从柏拉图对知识的三元定义的辩护开始，“求真即求知”的西方知识论的基本形态便得以昭明。随着近代科学的迅速发展，以自然科学特别是物理学为知识之典范的西方知识论，就已经发展成为具体的科学知识论。科学知识论作为主流一直延续到当代，成了名副其实

---

① 在《确证的真信念是不是知识》一文中，葛梯尔教授对满足知识的三要素提出疑问，他认为：“即使满足了知识的三元定义，其结果也可能仅仅是偶然为真的，因此也算不上是知识。”（转引自陈嘉明：《知识与确证——当代知识论引论》，上海：上海人民出版社，2003 年，第 54～56 页）这一质疑被称为“葛梯尔反例”。

② 陈嘉明：《知识论研究的问题与实质》，《文史哲》2004 年第 2 期。

的知识论的王者。

然而,自20世纪以来,西方传统知识论开始受到前所未有的挑战。西方传统知识论所受到的最大挑战,主要集中于对其知识的确立和真理的准绳的质疑和批评。

西方传统知识论者认为,只有纯粹客观性的知识才能经得住理性的考验,才是真知识。因而,他们一味地追求知识的纯粹客观性,而知识主体的非理性诸方面(包括身体存有与情感意志)则被严格地划分出去。然而,这种"非主体性""价值中立"的纯粹客观性知识的理想在当代已成疑问。原因在于,它与科学研究活动的实际相差甚远。事实上,在实际的科学研究活动中,知识主体自身存在的这种既定事实是无法逃避和掩饰的,知识主体永远不可能超越"自我中心困境"①而达到客体。因此,即使是最纯粹的知识,实际上也并不能保证就是与知识主体毫不相干的纯粹的客观知识。正如当代批判理论指出的那样:"知识离不开认知主体的肉身基础,包括欲望、本能、性情及身体状况。身体实又涉及社会和文化的含义,如性别、种族、肤色、血缘关系等,因而知识乃连串生理性、象征性及社会性的交集过程,超过了西方传统哲学中所谓超然独立的理性主体。"②知识主体不仅是生理性、象征性及社会性的个人,还是历史中的个人,具有历史性。如美国学者赫丁就指出:"知识主体并非如传统所认为的超然独立,而是有具体意欲,涉及利害关系的历史中的个人。"③事实上,正因为知识主体和对象具有历史性,知识主体的认知能力才会不断提高,科学也才会不断地发展进步。既然我们承认这一点,就必须承认当前知识的相对客观性和真理性,因为知识主体及对象的社会历史性决定了知识的社会历史性。就此而言,西方传统知识论所追求的纯粹客观性的科学知识根本是一种妄想。事实上,在实际的科学研究中,知识主体的存在不仅无法被超越,反而

① "自我中心困境"这一理论,由美国新实在论的代表R. B. 培里提出,指知识主体不可能将自己完全排除于认知活动之外,主体意识中的客体,总是和主体的意识本身同时并存,不可分离的困境。

② 转引自文洁华:《中国传统儒家知识论之当代意蕴》,《清华大学学报》(哲学社会科学版)2006年第1期。

③ S. Harding, *Feminism and Methodology*, Bloomington & Indianapolis: Indiana University Press, 1987, p. 188.

还在很大程度上影响了知识的构成。波兰尼所提出的"个体知识"[①]即是对这种影响所作的一种揭示。所谓"个体知识",包括诸如判断力、良知、信念、承诺、责任心、理智的激情以及怀疑、直觉、想象力等。可以说,非理性对于发现真知识,比理性有着更不可替代的作用。例如,对丁苹果落地这一现象,千百年来都没有人对此提出疑问,而牛顿却奇特地提出:苹果为什么落地而不是飞上天?可以说,万有引力和地心引力的发现,都始于这一疑问的提出。这种天生的想象力以及由此而引发的疑问,显然是理性所不能及的。虽然理性作为人类优越于其他一切动物的特殊思维能力,在人类认识和改造世界的过程中起着非比寻常的作用,但理性不是万能的,在人类认知的过程中,非理性(如大胆的想象、执着、猜测、灵感、直觉等)同样发挥了不可估量的作用。可以说,不仅仅是科学知识,人类的所有知识都与知识主体的非理性诸方面有着不解的关系。

在西方传统知识论中,知识的真理性以"命题"的形式表现出来,而逻辑和语言是表现知识的最基本载体。因此,人们通常认为,能够进行逻辑清晰地陈述的知识即是客观的、有效的真理性知识,而不能够形式化为命题格式的知识则没有资格被称为知识。然而,这种对知识的形式化的狭隘理解在自然科学之外的领域,一直以来都受到了强有力的对抗。波兰尼提出的"默会知识"就是对这种形式化知识的最有力的反驳。他认为:"人类的知识有两种。通常被描述为知识的,即以书面文字、图表和数学公式加以表述的,只是一种类型的知识。而未被表述的知识,像我们在做某事的行动中所拥有的知识,是另一种知识。"[②]格里门也认为:"就对知识的表达而言,行动和语言是同样基本的表达方式。"[③]1945年,赖儿提出了一种与传统的命题性知识相对待的"知道如何"的知识,简言之,即是与知识主体亲力亲为、亲身感受相一体的知识类型。

① 波兰尼提出:"即使在最精密的科学运作过程中,也都有科学家个人必不可少的参与。"(〔英〕迈克尔·波兰尼:《个人知识:迈向后批判哲学》,许泽民译,贵阳:贵州人民出版社,2000年,第29页)

② Miehael Polanyi, *Study of Man*, Chicago: The University of Chicago Press, 1958, p. 12.

③ 郁振华:《扩展认识论的两种进路》,《华东师范大学学报》(哲学社会科学版)2007年第2期。

他认为，除了命题性知识以外还存在着一些不能用命题充分表达的知识，如实施性知识。事实上，命题性知识或可表达性知识只是人类知识露出的冰山一角，而其他的知识类型才是藏在水下的宏大部分。例如，《庄子》中的“庖丁解牛”，就属于“口不能言，有数存焉于其间”的无法用言语表达，而只能靠自身主观经验来把握的知识。大多数知识既需要言语的表达又需要行动的磨练，例如，“行家绝技”这种技艺性知识，就是不仅需要言传，还必须要跟着师傅进行实际训练或操作的知识。学习开车的人，如果只学习可以言传的理论知识，而不经过道路训练的实践，最终也学不会开车。因此，命题知识或者说可表达性知识是某种类型的知识的特征，但绝非所有类型的知识的特征。换言之，非命题性的知识类型具有正当性。

西方传统命题性知识暗含知识必须为“真”，故“顺理成章”地形成了一种执拗的逻辑：凡是未经科学证实的“假”的知识都是没有价值的。然而，这种逻辑本身却和人类生活的实际相差甚远。例如，中世纪的基督教文化虽然是为上帝服务的，而“上帝”是否存在是现代科学所无法证实的，但基督教文化却将欧洲各野蛮民族逐渐引入了西方文明的轨道之中，扩展了文明世界的范围，对近代西方的兴盛起了奠基性的重要作用。可见，知识的“真”或“假”与其对人类的贡献相比似乎并不是那么重要。更何况，即便有“真”知识的存在，它也并非一定是对人类有价值的知识。施特劳斯就说过：“真理并不吸引人，并不可爱，并不有益于生命，而是致命的。”[①]诚然，我们得承认，真理性知识在很多时候是知识价值的有力保障，正是科学知识的蓬勃发展，才极大地改变了人类的生活世界。但是，不可否认的是，它同样也造成了许多消极的后果，如科学与人文的分裂、生活意义的失落、文化的变质等。西方传统的科学知识有其正、负两方面的影响，比如，军事技术可以用来维护世界和平，亦有可能让好战分子用以侵略战争。知识是一种工具，其关键在于“应用”，更准确地说，在于应用它的“人”。因而，知识最深刻的本质，不在于其逻辑上的真假取值，而在于其伦理道德上的善恶意向。西方传统知识论目光短浅地盯着知识的真理性不

---

① 〔美〕朗佩特：《施特劳斯与尼采》，田立年、贺志刚等译，上海：上海三联书店，2005年，第39页。

放，却忽视了最重要的知识的合理应用问题。合理应用应当是以“人”为中心的人道主义应用，换言之，是知识对人的“善”或者说“有益性”。事实上，知识的“善”或者说是“有益性”比知识的“真理性”在人类的生活中扮演着更为重要的角色，后者似乎远不能赢得人们对于知识如此这般的狂热和痴迷。

综上以观，西方传统知识论的局限性是显而易见的。它推崇理性至上，一味地追求科学知识的纯粹客观性、真理性，而将人存在的丰富意义排除在知识的视野之外，不仅未能正确把握“科学知识”的实际特性，也未能正视“知识主体”存在的丰富意义，更没有认识到“知识”最深刻的“人道”主义本质。“知识”本身就是人类认识世界的活动，我们既清楚地知道这一点，又怎能仅仅关注科学知识本身，而将知识主体完全排除于知识系统之外呢？相反，在发现知识和使用知识的过程中，知识主体就内居于其中，起着不可小觑的关键性作用。这说明知识主体与客体并不必然地存在着截然割裂的鸿沟，而是可以相互影响、交流的。因此，正如法国当代哲学家利奥塔所说的那样：“‘知识’并不等于‘科学’，尤其在当代的知识模式之中，科学再也不能够不去面对自身是否合法的问题。”[①]20 世纪初，中国学术界曾对“知识论是否属于哲学”这一问题进行过讨论。例如，熊十力先生就曾认为，知识论问题属于科学问题，而不属于哲学问题。这种观点显然是与实际不符的，从西方哲学发展史来看，知识论不仅一直是西方哲学的题中应有之义，而且是西方哲学中的主流之一。虽然熊十力先生的观点，如胡军先生所批评的那样是“对西方哲学中知识论的误解”[②]，但是他提出的质疑却从一个侧面说明：科学知识对知识的独霸专权，不仅会使知识论问题（哲学问题）与科学问题之间的界限出现混淆的危险，亦有可能使知识论的研究脱离真正的哲学研究。总之，将知识规定为人类某一领域（科学知识）的特有权利，是对知识的狭隘理解，以科学知识为研究对象的西方传统知识论亦是一种狭义的知识论。简言之，西方传统知识论没有也不可能定于一尊。

---

① 〔法〕利奥塔：《后现代状况：关于知识的报告》，岛子译，长沙：湖南美术出版社，1996 年，第 74 页。

② 胡军：《知识论与哲学——评熊十力对西方哲学中知识论的误解》，《北京大学学报》（哲学社会科学版）2002 年第 2 期。

随着西方传统知识论不断遭受质疑和挑战以及近些年德性知识论、社会知识论等西方传统知识论新方向、新范式的出现，一种广义和开放的知识论应运而生。所谓广义和开放的知识论，并非完全否定和摒弃西方传统知识论，科学知识虽然不是对世界的纯粹客观写真，但是它含有客观的内容，具有确定性和有效性，以及其命题性的表达方式易于传达、保存等特性却是其他类型的知识很难比拟的。因此，我们的真正目的是要打破西方传统知识论对知识论这一范畴的壁垒和垄断，为不同于西方传统知识论特性的知识论类型作正当性辩护。具体而言，是在西方传统知识论的基础上扩展知识论研究的视野，接纳不同于西方传统知识论论域及特点的知识系统和结构。当代西方"具身认知"[①]哲学的蓬勃发展、冯契"广义认识论"[②]的论域以及中国"体知"[③]问题的提出和讨论等，都可被视为是在广义和开放的知识论视角下的新的知识论的构建。本书所选的"知识论"这一范畴，正是在这样一种广义和开放的知识论视域之下被定位和运用的。易言之，本书对先秦儒家知识论问题的探讨不局限于西方传统知识论特定的论域及特点，而是循着先秦儒家哲学求知的脉络对其本有的知识系统进行挖掘和阐释，试图构建先秦儒家独特的知识论系统。

基于广义和开放的知识论视阈，先秦儒家哲学呈现出与西方传统知识论不同的知识形态，本书将其界定为"性道之学"。与西方传统知识论"是什么"的知识论类型不同，先秦儒家知识论呈现出的是一种"怎样做"的知识论类型，即呈现为一种"性道之学"的知识形态。先秦儒家的性道之学是人认识世界和认识自我的一种普遍样态，它既有外在之形式系统，又含内在之内容实质，既

---

① "具身认知"是西方当代知识论研究的重要课题之一。它主张回到认知主体，反对主客分离，并认为认知主体的身体与所要认识的世界密不可分、息息相关。与西方传统知识论研究的主要问题——什么是知识？——所不同的是，"具身认知"所关注的则主要是认知主体的身体在认识世界的过程中所发挥的作用以及如何发挥作用的问题。

② 冯契提出"广义认识论"的论域，认为中国古代哲学中的认识论与西方知识论的主要不同之处，在于它是一种以"存在和自我、天和人的关系"为主要研究对象的智慧学说。参见冯契：《认识世界和认识自己》，上海：华东师范大学出版社，1996 年，第 102 页。

③ "体知"这一范畴由杜维明先生首先提出，随后引起其他一些学者的关注和探讨。"体知"指的不是西方传统知识论的"科学知识"，而是一种"道德之知"或者说"人格之知"，具体来说，"体知"改变了西方传统知识论之主客分离的研究思路，而是将主体生命之整体融入认知活动中，将知、行、身、心等因素内在地融合在一起的一种整体之知、实践之知。

涉及认知领域,更关心性本体和道德实践的问题。因此,本书对于先秦儒家知识论问题的探讨,从西方传统知识论的基本问题出发,重点则着力于先秦儒家性道之学的本来面貌和原有有机结构。

亚里士多德说过:“求知是人类的本性。”实际上,在求知的问题上,不同的知识类型之间无须硬要分出高下、建立营垒,互相指责。因为从本质上说,他们并没有什么优劣之分,他们的形成都来自幽深的历史深处,不一样的历史源头为他们各自的理论提供了依据、赋予了合理性。故“知识”这一人类共同的追求,虽然是在不同的历史背景中建构起来的,并经过各自不同的发展路线,形成了各自歧义的视角和不同的思路,但却并非是完全独立的,而是可以相互吸收、交流和融合的。毫无疑问,对中国传统哲学中的知识论的重新认识和研究,不仅为广义知识论的研究提供了一种新的视角和思路,体现中西不同的差异,促进中西方文化的交流与对话,亦对儒家乃至整个中国哲学史的研究都有十分重要的意义。正如有的学者所指出的:“针对中国哲学的特质进行知识论的研究绝对是一个崭新的领域,这将会有辉煌的成果。”①如是,既道出了笔者选题的原因,又彰显了本书研究的学术价值。另外,先秦儒家知识论中所包含的知行并重、仁智并举等思想,正为现代社会道德滑坡、价值失落、知行脱节所发的社会及文化危机所需,具有巨人的启发与借鉴意义。这也是本选题的现实意义之所在。

二、研究现状与学术史回顾

如前所述,在西方哲学史上,知识论自启蒙之初到近现代,一直都占有非常重要的地位,是西方哲学中绵延长存的话题。20 世纪以来,随着西方知识论发展得如火如荼以及中西比较哲学研究的不断深入,知识论越来越受到中国知识分子的关注,成为哲学研究的重要问题之一。比较有代表性的著作有张东荪《认识论》、金岳霖《知识论》、陈嘉明《知识与确证——当代知识论引论》、胡军《知识论》、徐向东《怀疑论、知识与辩护》、劳思光《康德知识论要义》、

① 杜保瑞:《中国哲学的基本哲学问题与概念范畴》,《文史哲》2009 年第 4 期。

孙振清《知识论》等。在这一研究过程中，越来越多的学者认识到，缺乏严谨的科学知识传统，是造成中国科技落后局面的主要原因。与西方以科学知识为利器来主导和解决人生与社会问题不同，中国传统文化特别是儒学习惯将一切问题都归结为伦理道德问题来处理。但是，也有一部分学者认识到，西方的科学知识论不是万能的，它在促进西方科技迅速发展、改善人们生活水平的同时，也带来了诸多难以逃避的人生和社会难题。因此，有学者提出："既然西方科学知识论本身具有明显的局限性，中国学界应该创建自己的知识论。"①然而，为创建中国自己的知识论，首先必须弄清楚"中国传统哲学中有没有知识论"，如此，"中国传统哲学中有没有知识论"的问题就自然而然地具有了理论上的优先性，成为学者们不得不考虑的问题之一。

首先，中国传统哲学中有没有知识论？学者们对这一问题的研究"言之有理、持之有固"者凡四说：一是，在中国传统哲学中，根本不存在知识论。例如，冯友兰先生说："知识论问题在中国哲学（除开佛学，它来自印度）是找不到的。"②张永超从西方知识论的研究重点、论述方式以及思维方式这三点出发对比中国传统哲学，得出"中国知识论无从建立也从未形成传统"③的结论。二是，在中国传统哲学中，知识论并非没有，而是极不发达。此说以张岱年先生为代表，他认为："中国哲学中，知识论不甚发达，然亦非无有，不过不如宇宙论与人生论之丰富整齐而已。"④另外，金岳霖认为："中国哲学家没有一种发达的认识论意识和逻辑意识，所以在表达思想时显得芜杂不连贯。"⑤陈志伟在《先秦初期儒家认识论初探——以〈论语〉〈大学〉和〈中庸〉为中心》一文中也对中国有无知识论的问题做了思考，他首先指出，认识论作为哲学之重要组成部分在哲学之内不可或缺，而中国哲学作为哲学之一特例，也必然地包含这一重要组成部分。其次，他又总结了中国儒家哲学认识论的特点，认为初期儒家

---

① 黎志敏：《整体知识论：知识的"真"与"德"之辨》，《文史哲》2011 年第 1 期。

② 冯友兰著，涂又光编选：《冯友兰选集》，天津：天津人民出版社，1994 年，第 364 页。

③ 张永超：《中国知识论传统是历史缺乏而非现实忽略——对陆建猷教授批评之回应》，《学术月刊》2013 年第 5 期。

④ 张岱年：《中国哲学大纲》，北京：商务印书馆，2015 年，第 761 页。

⑤ 刘培育选编：《金岳霖学术论文选》，北京：中国社会科学出版社，1990 年，第 352 页。

哲学认识论的特点是认识论与本体论交织在一起，如果不作细致辨析，很容易得出其中没有认识论这样的结论。最后，他认为，在中国哲学的发展过程中，认识论及方法论不发达是一个不争的事实。[①] 三是，中国传统哲学中的知识论与西方知识论并无区别，注重逻辑意识和名理探究的中国先秦墨家和名家便是最好的证明。持此说尤以胡适为代表。胡适所著《先秦名学史》一书指出，名学就是知识论和逻辑学的论述范围。他在《中国哲学史大纲》一书中亦指明，“名学方法”就是逻辑学和认识论，并且还说：“《先秦名学史》对墨子的认识论进行了重点研究。”[②]但是，值得注意的是，墨家和名家虽然具有西方知识论的特性，但是他们在中国传统哲学的发展历程中仅仅是盛极一时，并未在之后很好地发展起来，因此，其知识论无法代表中国传统知识论的一般形式。上述三种观点固然都有一定的合理性，但都有一个共同的特点，即以西方注重逻辑性、实质性、以求真为目的的科学知识论作为唯一标准来衡量一切知识论形式。从西方知识论的视角出发来评判中国传统哲学中的知识论，必然会得出中国传统哲学中没有知识论，或因只存在于少数哲学家那里而未得到充分发展的结论。然而，有一部分学者则不同于以上任何一种观点，他们转换视角，从中国哲学的独特性出发来探讨问题，于是便形成了第四种观点：中国有知识论，而且是不同于西方范式的中国特色的知识论。例如，成中英在《中国哲学中的知识论》一文中通过对比中西方知识论的基本观念，提出了中国传统知识论具有不同于西方知识论的特有主题，即：实体与功能统一、经验与悟性统一以及理论与行为统一。[③] 陈嘉明在《中国哲学的“力行”知识论》一文中，从重新定位知识论的视角出发，将儒家为代表的主流知识论界定为 种“力行”知识论。他强调：“中国传统哲学并非不存在知识论，它只是未曾产生出‘知道如是’的知识论，而发展出了一种另一类型的、‘知道如何’的知识论。”[④]杨国荣

---

① 参见陈志伟：《先秦初期儒家认识论初探——以〈论语〉〈大学〉和〈中庸〉为中心》，《内蒙古社会科学》2007 年第 4 期。

② 姜义华编：《胡适学术文集》，北京：中华书局，1991 年，第 217 页。

③ 〔美〕成中英：《中国哲学中的知识论》（上），《安徽师范大学学报》（人文社会科学版）2001 年第 1 期。

④ 陈嘉明：《中国哲学的“力行”知识论》，《学术月刊》2014 年第 11 期。

认为："通常认为中国哲学主要讨论伦理学，对认识论不太注重，事实上，中国哲学也从独特的方面对认识论问题作了考察。"①陆建猷认为："知识论是中国哲学体系内兼涉本原论、格致论、名辩论的精致论域，是历代哲人在对象世界与概念思维中探赜索隐与钩深致远的理性致思。"②刘克兵在其博士论文《朱熹知识论研究》中指出："中国传统思想中的确也存在着知识论，而且是具有自身特色的不同于西方范式的知识论。"③持此种观点的学者们达成了一个基本共识：即不能用近代西方所形成的知识论来套中国传统的知识论。学者们一方面在为中国知识论寻找合法性基础，另一方面也在尝试性地为中国传统知识论系统的建构做出努力，其中尤以崔宜明先生的《先秦儒家哲学知识论体系研究》为代表。

总的来说，学者们对这一问题所持的肯定或否定的态度都有其合理与正确的一面，而争论产生的实质则根源于其视角和出发点的不同。如果知识论专指西方传统知识论，或者认为西方传统知识论是知识论的唯一范型，凡不符合西方传统知识论之特性者即是另一种学问而非知识论，那么中国传统哲学自然不存在或没有发达的知识论了。但是若将知识论这一概念，看作一个类称，而非专指西方传统的科学知识论，那么中国传统哲学中关于求知的思想、理论，便非不可被称为知识论。前文业已指出，西方传统知识论没有也不可能定于一尊，科学知识之外的更广阔的知识亦有正当性，应当纳入知识的范围之内。牟宗三认为，科学知识属于外延真理，但除了科学知识外，还有另一种内容真理。这种内容真理绝不像某些西方知识论者所认为的，只是一些概念的诗歌，只是满足人的情感，而是具有真实性和普遍性。比如，人们在欣赏文学作品时总能产生共鸣，这种共鸣就是它的普遍性，它就源于作品本身所包含的真实感，严格来说，是源于作品所包含着的人生的真实性。从人生全体来看，人是具体地生活着，科学知识只是人生的一部分，而不是人生的全体。既然如此，就不能单单承认科学知识，而否定人生全体。况且，悲欢离合、喜怒哀乐都

---

① 杨国荣：《中国哲学二十讲》，北京：中华书局，2015年，第8页。

② 陆建猷：《中国知识论传统是历史缺乏还是现实忽略——兼与张永超博士商榷》，《学术月刊》2013年第5期。

③ 刘克兵：《朱熹知识论研究》，湖南大学博士学位论文，2010年，第4页。

是人生的真实性，如果只承认科学真理而否认其他，那不就等于是自我否定吗？从反面来讲，内容真理虽不能脱离主体性的主观态度，但它却也不仅仅是主观态度，“孔子所讲的仁，乃至道家、佛家所讲的，你虽然也可以说它满足我们的情感，然而这个情感不是感性的，它里面就蕴有理性。这种理性当然不是研究科学、逻辑、数学所表现的那个理性，但它也是理性。”① 成中英先生亦认为：“如果我们把经验的范围扩大，使之包含对人生的反省，对生命的体验，对人性的观察，对社会的关怀，对道德的追求，对本体的探索，则理性自然可以肯定更广义的知识了。”② 本书以《先秦儒家知识论研究——以性道之学为中心》为题，就是要彻底摒弃以西方知识论为标准来评判和处理知识论问题的习惯，而回归到中国传统知识论本有的特点上，以先秦儒家的实际出发，完成其知识论系统的建构。

其次，切入“先秦儒家知识论”的研究，我们发现学术界虽不乏相关讨论，但却鲜有整体而系统的研究。就著作而言，崔宜明所著的《先秦儒家哲学知识论体系研究》一书，是迄今为止唯一一本关于先秦儒家知识论问题研究的专著。以中国知识论问题为研究的主要对象或专题之一，其中对先秦儒家知识论有整体关照的著作主要有冯契的《中国古代哲学的逻辑发展》、姜国柱的《中国认识论史》和《儒家人生论》、夏甄陶的《中国认识论思想史稿》、方克立的《中国哲学史上的知行观》、冷天吉的《知识与道德——对儒家格物致知思想的考察》、张岱年的《中国哲学大纲》、李存山的《中国传统哲学纲要》等。有些著作虽然没有专门讨论先秦儒家知识论，但其中也涉及先秦儒家知识论的相关内容，其成果也很值得我们借鉴。如杨国荣的《中国哲学二十讲》、徐复观的《中国人性论史·先秦篇》、杜维明的《道·学·政：儒家公共知识分子的三个面向》等。就论文而言，比较有代表性的有成中英的《中国哲学中的知识论》、杜维明的《论儒家的“体知”——德性之知的涵义》、文洁华的《中国传统儒家知识论之当代意蕴》、陈志伟的《先秦初期儒家认识论初探——以〈论语〉、〈大学〉和

① 牟宗三：《中国哲学十九讲》，长春：吉林出版集团有限责任公司，2010 年，第 24 页。

② 〔美〕成中英：《合外内之道——儒家哲学论》，北京：中国社会科学出版社，2001 年，第 188 页。

〈中庸〉为中心》等。纵览现有的研究，学界对于先秦儒家知识论思想的研究主要集中在如下三个方面：

第一，以先秦儒家知识论思想之整体为运思对象的研究。最具代表性的著作是崔宜明的《先秦儒家哲学知识论体系研究》[①]，这是目前唯一一本以先秦儒家知识论为研究对象的专著，其学术价值自不待言也。崔著坚决摒弃以西方知识论之视角来评判和处理中国传统知识论问题的习惯，从而进行了一场真正意义上的中国知识论、儒家知识论的建构与研究。他以先秦儒家知识论思想为研究对象，立足于儒家基本文献，以孔、孟、荀三者之间的继承和发展为主线，以"原儒精神论""天人之辩""心性之辩""义利之辩"和"名实之辩"五个部分为骨架来重构先秦儒学，不仅直击中国哲学的合法性问题，为中国哲学正名，而且还清晰地说明了智慧与知识之间的双重开显——智以统知，知以成仁。崔宜明先生对于先秦儒家知识论的研究为我们提供了独特的视角和广阔的视野，非常值得我们学习和借鉴。不过也应该看到，崔宜明对先秦儒家知识论展开的论述稍显单薄，他以孔、孟、荀之知识论思想为先秦儒家知识论之代表，缺乏对《中庸》《大学》以及《易传》的知识论思想的理解和挖掘。另外，他对孟子的心性思想始终没有以正确的视点予以正视，认为孟子的"非人"论传达出了强烈的道德狂热意味，实在是对孟子哲学思想的最大误解。

冯契的《中国古代哲学的逻辑发展》(上)一书也颇具代表性。此书对孔、孟、荀的知识论思想都有作详细的论述，同时也指出了中国传统哲学的特点："在中国古代，从孔墨开始，就已在讨论感性和理论思维的关系了。……在中国古代哲学中的认识论和辩证法、逻辑学是互相联系着的，认识论和伦理学、美学也是互相联系着的，没有近代西方那种实证论的狭隘观点。"[②]冯契先生一方面认识到中国传统哲学的独特之处，另一方面依然以西方知识论的特点为标准，挖掘中国知识论的内涵似有不圆融之处，但他对先秦儒家知识论全方位地详细论述对我们有很大的启示作用。杨国荣也特别关注中国传统知识论的内容和特点，他在《中国哲学二十讲》中提纲挈领式地指出："中国哲学不仅

① 崔宜明：《先秦儒家哲学知识论体系研究》，上海：上海人民出版社，2014 年。

② 冯契：《中国古代哲学的逻辑发展》(上)，上海：东方出版中心，2009 年，第 26～27 页。

在实质上以性道之学的形势展开了智慧层面上对世界的把握,而且已对这一不同于器物之知、不同于专门之技的把握世界的方式,形成了自觉的理论意识。"[①]具体到先秦儒家,他清楚地指出了其鲜明特点:"孔子所注重的理性,并不具有形而上的思辨性质,作为仁的一种内在规定,它一开始便与人道原则联系在一起,并体现于伦常关系之中。从孔子对'知''思'相关内涵的界定中,我们便不难看到这一点。……知(思)事实上构成了在人伦关系中履行道德规范的手段,而理性的原则亦相应地蒙上了一层伦理的色彩。知与仁的如上联系,同时也就意味着认识论与伦理学的统一。这种思维模式构成了儒家认识论的基本格局,其中包含着多重理论意蕴。"[②]杨国荣先生对儒家知识论的解析颇为切中肯綮。

有的学者对先秦儒家知识论的具体内容有较多论述。例如,徐复观先生在《中国人性论史·先秦篇》一书中对孔子、《中庸》、荀子的知识论思想都有所论述。尤其是对荀子的知识论思想,他既给出了充分的肯定又指出了其中的不足,认为荀子"相当地显发了人类认识之心,超克了战国时代的诡辩学派,开启了正常伦理学的端绪,并提供以成就知识的伦类、统类的重要观念。这就中国整个文化史而论,是很宝贵的。但从荀子的思想本身,并不能如许多人所期待的,可以开出科学知识的系统。"[③]但徐复观对荀子知识论思想的论述有偏差,其中一点就是对天的体认不够,认为天完全是自然性质的天。笔者以为,荀子虽然强调天的自然性,但同时亦承认有蕴藏于有形之后的无形之天、自然现象之后的所以然之理。陈志伟在《先秦初期儒家认识论初探——以〈论语〉〈大学〉和〈中庸〉为中心》一文中对先秦初期儒家认识论的核心内容、认识方法以及其与本体论的关系做了详细的论述。他指出,初期儒家认识的终极目的"在止于至善";认识的步骤是"物格而后知至,知至而后意诚,意诚而后心正,心正而后身修,身修而后家齐,家齐而后国治,国治而后天下平";达致认识目的的中介是"亲民";儒家认识的方法是《中庸》所说:"博学之,审问之,慎思之,

---

① 杨国荣:《中国哲学二十讲》,北京:中华书局,2015 年,第 2 页。

② 杨国荣:《中国哲学二十讲》,北京:中华书局,2015 年,第 69~70 页。

③ 徐复观:《中国人性论史·先秦篇》,北京:九州出版社,2014 年,第 236 页。

明辨之，笃行之”。[①] 陈先生对先秦儒家的知识论思想，主要是绍述了一些基本的事实，缺乏深度和广度。有的学者则比较注重对儒家知识论之特点的研究。如陆建猷在《儒家认识论的基本视域》一文中强调儒家知识论是“人文特性”的知识论，并进一步阐明儒家知识论的基本视域是“‘天人之辨’的理性精神；知识与道德并进的价值意识；心性与义理同臻的主体资质”[②]。可以说，陆先生在儒家知识论基本视域问题上的深刻见解，对本书论域的确定有很大的启示作用。

还有的学者从中西比较的视角出发进行研究，如成中英的《中国哲学中的知识论》(上)一文。该文首先从西方知识论的观念和背景出发，根据对西方知识论的特征梳理，厘清中国哲学中的知识论是如何产生作用的，从而指出中国知识论的主要特点：“不包含强烈的怀疑论倾向；未脱离过在论和实践论；同形而上学、本体论和伦理学一起发展；把知识从本质上看作是整体的；延伸到价值、美德和终极实在性；同科学和技术的发展没有直接的联系”并指出其主要形式：“《周易》本体知识论模式和孔子的心性知识论。”[③]此外，还有文洁华的《中国传统儒家知识论之当代意蕴》一文。该文以对西方传统知识论的质疑与建议为切入点，通过对中西传统知识论的比较、观察与反思，得以透视出儒家知识论不同于西方知识论的独特点与重要意义：“中国传统的理性之知(真)及德性之知(善)，被视为相通及相辅相成的，‘穷理格物’‘格物致知’比西方传统知识论有丰富的涵义；人与自然同出一源，‘人同此心，心同此理’的超越性思考打破了西方式认知中‘主体—客体’的二元格局；儒家‘道德理性’中知识主体同时超然同时受场景影响的特殊活动，有别于西方传统知识论中强调的‘客观性’。”[④]这两篇文章对中国传统知识论的研究视角新颖、发挥精微，对我们的研究很有帮助。

---

① 参见陈志伟：《先秦初期儒家认识论初探——以〈论语〉〈大学〉和〈中庸〉为中心》，《内蒙古社会科学》2007 年第 4 期。

② 陆建猷：《儒家认识论的基本视域》，《西安交通大学学报》2001 年第 4 期。

③ 〔美〕成中英：《中国哲学中的知识论》(上)，《安徽师范大学学报》(人文社会科学版)2001 年第 1 期。

④ 文洁华：《中国传统儒家知识论之当代意蕴》，《清华大学学报》(哲学社会科学版)2006 年第 1 期。

张岱年先生在《中国哲学大纲》[①]一书中将“致知论”视为与“宇宙论”“人生论”并列的三大专题之一进行了专门研究。他以“知之性质与来源”“知之可能与限度”“真知表准与谬误”以及“致知之法”为视角，对中国哲学中的致知论展开了详细的论述。李存山先生在《中国传统哲学纲要》[②]一书中亦将“知论”视作与“天论”“人伦”并列的专题，并从“主客关系论”“致知方法论”“名实论”以及“真理观”四个方面论述了中国哲学中的知论问题。还有一位视“求知论”与“地位论”“人性论”“求知论”“道德论”一同构成了儒家哲学主体的学者是姜国柱，他在《儒家人生论》[③]一书中从“知识的来源”“求知的条件”“求知的方法”以及“求知与践行”四个方面对儒家的求知论进行了系统的研究。这三本著作中所涉及的有关先秦儒家知识论方面的内容虽不够全面和系统，但其对知识论问题的基本架构却颇具代表性，为本书提供了可资借鉴的研究模式。

第二，孔子知识论思想的研究。就著作而言，比较有代表性的是成中英《合外内之道——儒家哲学论》一书中对孔子之“知”所做的专门论述。他认为：“孔子之“知”是以知人立己为鹄的，也借以达到成人成己的理想。”[④]同时，他还从四个方面详细论述了孔子之“知”的意义，对孔子之“知”有独特的见解和详细的解读。可以说，在论述孔子的知识论思想时，该书给予笔者以重大启迪。就论文而言，比较有代表性的有李景林的《孔子知论之精义》，该文在简练地介绍孔子之知的内涵、内容的同时，对孔子之“知”的特点亦有着精彩的论述：“孔子之知论，是一种人学的智慧论。”尤其是“孔子论知，关涉到人性的问题”一语的点出，对本书所具有的启发意义是毋庸置疑的。另外，有必要提及的文章还有申正的《孔子知识论反思》[⑤]、孙熙国、孟洁的《孔子“知”论及其现代价值》[⑥]、周海春的《〈论语〉中关于“知”的哲学思想》[⑦]、袁岳洪的《孔子认识

---

① 张岱年：《中国哲学大纲》，北京：商务印书馆，2015 年。

② 李存山：《中国传统哲学纲要》，北京：中国社会科学出版社，2008 年。

③ 姜国柱：《儒家人生论》，北京：国防大学出版社，1997 年。

④ 〔美〕成中英：《合外内之道——儒家哲学论》，北京：中国社会科学出版社，2001 年，第 191～201 页。

⑤ 申正：《孔子知识论反思》，《孔子研究》1998 年第 2 期。

⑥ 孙熙国、孟洁：《孔子“知”论及其现代价值》，《文史哲》2003 年第 1 期。

⑦ 周海春：《〈论语〉中关于“知”的哲学思想》，《人文杂志》2007 年第 1 期。

论及其局限》[①]等。

上述对孔子知识论思想的研究虽存在有待完善之处，但总的来说，精细地考察，多维度、多视角地阐发，对我们的研究很有益处。尤为抱憾的是，学界对孔子之外的诸如《中庸》、孟子、荀子、《易传》以及《大学》的知识论思想的研究明显缺乏。鲜有的几篇，如孙开泰的《试评孟子的认识论》[②]、吉兴的《解蔽与成圣：荀子认识论新探》[③]、谭德贵的《〈周易〉认识论思想研究》[④]等虽提出了一些有价值的观点，但也存着论述不够深刻、公允的不足之处，鲜有较成熟的学术成果出炉。这恰巧是本书应着力完善的部分。

第三，先秦儒家知行关系研究。尤以方克立的《中国哲学史上的知行观》为代表，该书不仅从知识的来源、求知的方法和途径以及真理的标准这三个方面详细总结了先秦诸子对于知行学说的探讨。更为重要的是，该书昭示出先秦诸子知行学说的重要价值。正如作者所言："在中国哲学史上，专门讨论知行先后、知行分合、知行难易、知行轻重等问题，提出各种系统的知行学说，虽然都在宋代以后，但是这些问题在先秦大都已经提出或以萌芽的形式提出来"，"先秦诸子的知行学说，是整个中国知行学说史的一个重要环节，对后来哲学思想的发展产生了广泛而深远的影响。"[⑤]从这一意义上来讲，本书之立观立意是尤为重要的。持相似观点的还有李丕洋的《中国儒家及传统知行观思想新论》一文，他认为："中国儒家及传统知行观（从孔子到孙中山）所蕴含的宝贵思想财富，长期被人们忽视，偶有提及，也是以'揭露'其弊端为主，这不能不说是一个莫大的学术疏漏与遗憾。"[⑥]由此可见，在中国古代哲人思想的探讨中保持一种高度的审慎和严谨是多么得明智和重要。苗润田在《知之非艰，行之惟艰——儒家知行学说的现代思考》一文中对儒家在先秦、汉唐以及宋明不同时期的知行关系问题进行思考的同时，还重新审视了儒家学者如此重视

① 袁岳洪：《孔子认识论及其局限》，《齐鲁学刊》1985 年第 4 期。

② 孙开泰：《试评孟子的认识论》，《管子学刊》1991 年第 1 期。

③ 吉兴：《解蔽与成圣：荀子认识论新探》，《河北学刊》2004 年第 5 期。

④ 谭德贵：《〈周易〉认识论思想研究》，《东岳论丛》2004 年第 3 期。

⑤ 方克立：《中国哲学史上的知行观》，北京：人民出版社，1997 年，第 85～88 页。

⑥ 李丕洋：《中国儒家及传统知行观思想新论》，《哲学研究》2003 年第 9 期。

和关注知行关系问题的原因，并指出“知行问题依然是现代社会条件下人的对象性活动的基本问题或基本矛盾，知行脱节仍然是一个十分普通的社会现象、社会问题，知行脱节的危害是巨大的。在现代社会条件下，加强对知行问题的研究，强调知行的统一，反对知行脱节，仍然具有重大的现实意义。”[①]这一论述，正道出了本选题的现实意义。持同样观点的还有温克勤，他认为“知行统一是人类在道德生活中的基本诉求，坚持知行统一对于人们的道德修养、道德教育和道德建设具有至关重要的意义。面对当今世界性的道德失范、诚信缺失，其意义似乎显得更为突出。先秦儒家伦理在知行关系探讨中所提出的一些合理的、有价值的认识，对我们仍有借鉴启示意义，我们应该批判地继承这一思想资源，为建设社会主义道德文明服务。”[②]此外，涉及先秦儒家知行问题的文章还有汤一介的《论儒家的“知行合一”》、陈嘉明的《儒家知行学说的特点与问题》[③]等。学者们对这一问题从不同角度所作的详细梳理，是我们研究先秦儒家知识论很好的资料来源。

毋庸置疑，既有的研究为本书进一步研究奠定了夯实的基础，但也存在着不可忽视的问题：第一，对先秦儒家知识论之研究在当下并未引起足够的重视，众多学者依然习惯以西方传统的科学知识论为标准来解读中国传统哲学，未能认识到中国传统知识论的思想特质和独有价值。即使有部分学者意识到了这一点，但是，真正意义上的中国传统哲学中的知识论问题的建构工作也并未得到很好的、普遍的开展和落实。第二，对先秦儒家知识论思想的内在深层次完整结构挖掘得不够深刻。虽然先秦儒家哲人思想不一，但就先秦儒学所追求的真理而言，孔、孟、荀等儒家学者可说有一共同的理想和追求，也就是说，确乎存在一条贯穿于先秦儒家知识论始终的主线。令人遗憾的是，学者们基本上未将其贯通、整合起来讲，亦基本上没有在性道之学的高度和深度上进行任何富有力度的探讨。第三，研究广度上也无法令人满意。以往研究既没有直抵先秦儒家知识论思想的本质核心，也不足以称之为枝繁叶茂，而这不得

① 苗润田：《知之非艰，行之惟艰——儒家知行学说的现代思考》，《哲学研究》1999 年第 11 期。

② 温克勤：《略论先秦儒家伦理的知行统一论》，《道德与文明》2005 年第 2 期。

③ 陈嘉明：《儒家知行学说的特点与问题》，《学术月刊》2013 年第 7 期。

不说是现有研究中较为薄弱的一点。因此，针对当前研究所存在的不足，本书在对前人已有研究成果的基础上，多层次探讨、深层次挖掘、整体性考究，以求展现先秦儒家知识论的独特面貌。不求引人入胜，但求层层深入、别具风格，不求填补空白，但求精益求精、有所突破。

三、研究思路与方法

本书以先秦儒家知识论研究为运思对象，然而对先秦儒家知识论研究并非面面俱到。就本书的写作目的而言，笔者希望说明的是：先秦儒家追求的终极真理是什么、源于何处、由谁实现以及如何实现。也就是带着问题意识与儒家哲人进行心灵的沟通，进入先哲的心灵世界，体会其生命意义，揭示其伟大智慧。尽管在文章结构的安排上，本书以思想的继承和发展为依据，但这样一种问题意识实际贯穿了本书论述的始终，是本书毋庸置疑的立意之所在。也就是说，本书的中心思想是以这样一种系统和整体的结构展现出来的：就先秦儒家而言，其知识论思想以"道"为终极真理，以"性"为道的根本凭依，以"君子"为致道的主体性基础，以"学"为致道的方法，由此构成了一个内涵丰富、理路清晰的知识论思想体系。在具体的文章结构安排上，笔者作如下安排：

绪论部分透过对西方知识论的了解和反思，对中国传统的知识论问题作出比较准确的定位与认识，阐明了中国传统哲学中的特定的知识论的正当性、独特性及予以认真认识和研究的重要意义。

第一章从思想源流上对先秦儒家知识论思想进行一场"回溯性的追认"，为先秦儒家知识论思想之内容及特质的得以形成与确立，从历史源头处寻求理论依据和合理性。

第二章确立孔子为先秦儒家知识论之创始者，对孔子以"仁道"为核心的一体而连贯的知识论体系进行详细的论述，且指明以后的儒家知识论思想，虽具体内容或有所不一，但基本上未有超此范式者。

第三、四、五、六章详细地论述了以孔子之"仁道"思想为本并进一步展开的《中庸》、孟子、荀子以及《易传》的知识论思想，并对其具体内容和特殊意义予以澄明。《中庸》言至简洁而意至丰富地诠释出了孔子"性与天道"的高深智慧，其思想之深远豁达可谓直抵儒家知识论思想的核心。孟子知识论的特殊意义在于其心性学说的完美构建为儒家知识论寻找到了牢不可破的基石。荀子之知识论思想不失儒门本色，只不过其构建方式与侧重面有所新创，然正因如此，使荀子的知识论成为先秦儒家中最鲜明、最独具特色的 支。《易传》在先秦儒家知识论体系中亦有独特之价值，究其缘由，在于其不仅吸收与融合各家思想，而且将各家思想从根本上予以了转化，使之与儒家思想之旨趣不相违背，而相合无间。

第七章阐明《大学》为一综贯先秦儒家知识论思想而论之之大文精义。在细致地解读《大学》之知识论思想的同时，以《大学》之知识论思想为契机对先秦儒家知识论思想作整体的、宏观的总结和提升。

本书采用的研究方法主要有：

第一，文献分析的方法。对先秦儒家知识论的研究而言，充分重视和占有儒家古典文献，并对其进行全面的爬梳是必不可少的基础工作。因此，本书立足于先秦儒家相关文献，对其中所涉及的知识论思想进行细致的搜集和认真的归纳分析，以求在文献中以文献自身的语言和概念体系充分把握先秦儒家知识论的本来面貌和原有义理。

第二，宏观与微观相结合的方法。就先秦儒学所追求的真理而言，孔、孟、荀等儒家学者可说有共同的理想和追求，所以我们要从宏观上把握整个先秦儒家知识论的一贯系统。同时，微观上要精微、精准地领会每一位儒家学者或每一本儒家经典各自独特的思想蕴意和价值意义。如此，个案研究互为支撑、综合立论，才能使先秦儒家知识论思想得以系统而精微的发挥。

第三，诠释学的方法。诠释学的方法不仅仅是通过对文献文字的注释阐明其基本语义，更重要的是透过它的基本语义达到对其内在意义和深层逻辑的理解。阐释学的方法是本书主要采用的研究方法。在研究中离不开对文献文字的训诂注解，但又不停留于训诂注释，而是在此基础上对先秦儒家文献作一个整体性、深层次地诠释，以发掘出文献本身的有机统一性及其所含的深层意蕴。

四、学术创新与研究不足

一、学术创新

第一，从根本上摆脱西方近代科学知识论影响下的学科套式和基本理念。本书的探究是从对西方传统科学知识论独霸专权"知识论"这一范畴进行批判性考察入手的，进而从历史源头出发探寻先秦儒家知识论思想特质得以形成与确立的理论依据和合理性，认真地追踪其知识运行的轨迹，发现他们求学认知的道路，寻求他们对性与天道的考察，即对自我和世界之间关系的认识。以中国传统哲学自身的语言和概念体系，尽可能地窥其全貌、呈其原有义理的同时，展现出中国早期儒学的文化生命力。

第二，以"道""性""君子""学"四个基本点所构成的主线贯穿全书。笔者的目的与其说是强调从先秦儒学经典中挑选出几个核心概念，不如说是尝试采用了一种新的研究路径和思路来展现它的有机完整系统。即对儒家知识论的四个核心概念——"道""性""君子"和"学"——进行分析，以这样的研究方式更加细致、更为深入地展现先秦儒家经典中那些表面上看来零散的有关知识的陈述，如何构成了一个有关主体修养与政治实践一致而连贯的内涵丰富、理路清晰的知识论思想体系，以尽可能地展现出先秦儒家"性道之学"的体大思精。

第三，在先秦儒家哲学的总框架下，不限于孔、孟、荀的知识论思想，亦不限于"知"或"识"的字眼，而是从先秦儒家哲学的整体思想以及相关基本概念之间的关系着手，全面研究先秦儒家的知识论思想，力求避开枝叶，直指知识论思想的根干，始终以探求先秦儒家对人的本质、潜力和理想的理解和实现为旨归。

二、研究不足

第一，"先秦儒家"毕竟是一个极其宽泛并难以严格界定其时间和学派范围的概念。虽然笔者尽量充分、全面地占有原典，认真、扎实地深究原典，但囿于自身水平，在这方面仍存有很大不足。尤其是对出土文献的利用非常有限，希望在今后的治学过程中能够进一步予以补充。

第二，笔者立足于对先秦儒家知识论的深层次和完整结构的挖掘，但缺少对于其中所涉及的分辨性、特殊性的知识，如知近、知远、知轻重、知言等这类知识的细致讨论，这就使得本书的周全性等方面有待进一步提升。

第三，本书涉及对《中庸》《易传》《大学》这三部儒家经典的知识论思想的探讨，但遗憾的是，这三部儒家经典的问世时间尚无定论。因此，对书稿结构安排的孰先孰后就成了写作过程中的一大难题。笔者以经典本身之思想主旨与特点为基点，来理解其思想的来源与承继，故对其作者的考据多有缺乏。

第一章　儒家知识论形成的历史渊源

中国哲学不同于西方哲学，这突出地表现为两者具有不同的知识形态，而知识形态的不同又在很大程度上源于其各自追求的真理以及追求真理的方式的不同。就先秦儒家而言，其所追求的终极真理就是“道”，或者说是“仁道”“天道”。可以说，儒家真正意义上的知识论，自孔子始。诚如冯友兰先生所说：“盖在孔子以前，无有系统的思想，可以成为哲学也。”①孔子建立起一套系统而连贯的哲学体系，正所谓“吾道一以贯之”（《论语·里仁》），从而开创了儒家知识论思想之先河。但知识毕竟是一条河流，故知识论的研究不得不寻找这条河流的来龙去脉。因而我们对于先秦儒家知识论问题的探讨，也不能仅仅从儒家知识论之建立者——孔子开始，而必须要进一步向前探究孔子知识论思想的历史源头。事实上，不仅仅是儒家，墨家与道家亦同儒家一样，其知识都来自大河的发源地。但知识的生长具有丰富性和复杂性，随着时间的流逝，不同的知识从河流中分流出来，形成一条条小河流蜿蜒曲折地流向远方，有了各自的领域和不同的知识，形成了儒、道、墨等不同的学派，此即庄子所谓“道术将为天下裂”（《庄子·天下》）。但“裂”的前提一定是“合”，而“合”即是中国哲学的发源地，亦是儒家知识论思想的源头。

冯友兰说：“知识论的出现，是因为思想本身就是知识。”②对于儒家而言，

① 冯友兰：《中国哲学史》，上海：华东师范大学出版社，2010年，第15页。

② 冯友兰：《中国哲学简史》，北京：生活·读书·新知三联书店，2015年，第2页。

其知识论的关注点不是零碎而具体的器艺知识或技术性内容，而是系统化的关于“道”的思想体系。故虽然古代先民所掌握的具体的知识如天文知识、星占历算之学、医药方技之学等对儒家知识论的起源都有其意义，但思想传统才是知识论起源的基点。

孔子的知识论思想乃直接承周代之璀璨完备的礼乐文化而生。《论语·为政》篇中孔子明确说明：“周监于二代，郁郁乎文哉！吾从周。”而周代之于前代文化，是传承、损益和革新的关系，乃所谓：“殷因于夏礼，所损益，可知也；周因于殷礼，所损益，可知也。”（《论语·为政》）但“周礼虽因袭殷礼而有所修正，然极可能远绍古礼遗绪。”[①]换句话说，夏商周三代的文化并非突然出现，而是经过了长期地孕育发展而成，故在考察儒家知识论之起源时，对远古的尧舜禹时期的思想亦不可不重视。

第一节　周之前宗教信仰中的理性天人关系及德治思想

庞朴先生认为：“广义地说，一切学问都是天人之学。”[②]研究儒家知识论的起源，原始宗教信仰中的天人关系是不能绕开的。儒家知识论正是萌芽于原始宗教信仰中的理性天人关系中，而其直接发端，则根于古代帝王、贤臣的政治德行，具体来说，即“勤勉保民”的德治思想。以下详细论之。

一、“天工人其代之”

“人类文化，都是从宗教开始，中国也不例外。”[③]“在中国宗教的神灵观念和神性观念中，孕育了古代中国人关于人与超人、人与天、自然与超自然的思

① 方东美：《中国哲学精神及其发展》上册，北京：中华书局，2012年，第60～61页。

② 庞朴：《庞朴文集》第一卷《六家浅说》，济南：山东大学出版社，2005年，第35页。

③ 徐复观：《中国人性论史·先秦篇》，北京：九州出版社，2014年，第14页。

考，而这便成了历代哲人各种哲学思辨和科学探索的起点。"[1]也就是说，人类文明的萌芽正是在宗教信仰的过程中被诱发和解脱出来的，如西方中世纪的基督教神学统治孕育了近代科学知识的萌芽一样，中国远古先民的宗教信仰中亦有着哲学精神的跃动。值得注意的是，中国文化虽亦是发端于宗教，但是中国的原始宗教自产生之初就与其他各民族迥然有别。这突出的表现在，就中国远古先民而言，他们的宗教信仰中一直都蕴含着对天人关系的理性思考，即天与人的现实人生之间澈通无隔。古代先民对"天"的称呼可谓极其丰富。丁山先生对此有着精彩的概括："这位至高无上的宇宙大神，见于先秦记载者，似乎没有一定尊号——有时称皇天，有时称昊天、旻天，有时称天鬼，有时称帝，有时称上帝，有时称皇天上帝，有时称昊天上帝，有时称皇皇后帝，有时省称曰皇帝。要而言之，秦以前的文献里，天神的尊称非皇则帝。"[2]

我们知道，"宗教本是在人智蒙昧阶段，与神话同时产生的"[3]，然而"即使是在最初的原始神话如盘古开天辟地、女娲炼石补天等，也不过是把和自然界斗争的人加以神化。中国人一开始就重视现实，重视入世。"[4]唐君毅先生也指出："中国古代神话中，有关于大禹治水之神话，有后羿射日之神话，有夸父追日之神话……有神农尝百草之神话，此皆为人力胜自然，补天之所不足之神话。而黄帝、伏羲等之被视为神，皆直接由于其对人类之文化，有一实际之贡献。"[5]所以，就远古初民而言，天并非绝对的超越，而是始终与人的现实人生切实地勾连着。

如果说远古神话不可确信，不足为据，远古先民到底是怎样一种宗教信仰，我们对此可能既不可言说，亦不可思议。那么自有据可查的尧舜禹时期开始，这种宗教信仰构架下的澈通无隔的天人关系似乎就成为难以否认的事实。《尚书·皋陶谟》中"天工人其代之"的说法就是最佳证明。这就是说，天事由

---

① 牟钟鉴、张践：《中国宗教通史》上册，北京：社会科学文献出版社，2000 年，"吕大吉序"第 3 页。

② 丁山：《中国古代宗教与神话考》，上海：上海文艺出版社，1988 年，第 171 页。

③ 徐复观：《中国人性论史·先秦篇》，北京：九州出版社，2014 年，第 32 页。

④ 冯契：《中国古代哲学的逻辑发展》，上海：东方出版中心，2009 年，第 37 页。

⑤ 唐君毅：《中国文化之精神价值》，南京：江苏教育出版社，2005 年，第 22 页。

人代行，人是天帝的人间代理者。具体来说，即："天叙有典，敕我五典五惇哉；天秩有礼，自我五礼有庸哉；同寅协恭和衷哉！天命有德，五服五章哉；天讨有罪，五刑五用哉；政事懋哉懋哉！天聪明，自我民聪明；天明畏，自我民明威。达于上下，敬哉有土！"《尚书·皋陶谟》中这段话的大意是：天制定了人间的伦常次序和尊卑等级并嘉奖有德之人、惩罚有罪之人，而天之嘉奖与惩处都是根据民众的意见和态度。天与民上通下达，不可不谨慎。

从"天叙有典""天秩有礼""天命有德""天讨有罪"的记载可以明显看出，这一时期先民对"天"崇敬、顶礼膜拜的宗教情怀。就他们而言，"天"是具有的人格特性的至上神。显然，这一时期的社会很大程度是受宗教支配的。这一情况，从《尚书·尧典》篇对舜即位之时祭礼盛况的记载中，也可以得到佐证："舜让于德弗嗣。正月上日，受终于文祖。在璇玑玉衡以齐七政。肆类于上帝，禋于六宗，望于山川，遍于群神，辑五瑞。既月乃日，觐四岳群牧，班瑞于群后。"舜登帝位之时，"以类礼祭天，以精意洁敬的禋祀之礼祭六代祖先，以望礼祭名山大川，祀礼遍布众神"①，这种系统化的"祭天""祭祖先""祭神"等祭礼，无疑显示出先民宗教信仰之浓厚而强烈，与希伯来或基督教等其他宗教固无二致。而"天聪明，自我民聪明；天明畏，自我民明威。达于上下，敬哉有土"的说法又显示出中国古代宗教与其他宗教迥然有别的独特性。在其他宗教中，天神高高在上，具有绝对的超越性，但在中国先民那里，人与天神之间却是可以沟通的。"天"虽有至高无上的权力，但却并非直接发挥其意志与权力，而要通过现实中的"人"来代其解读与处理人间事务，这显然为人的主观能动性和理性的发挥留下了较为广阔的空间，而这种宗教信仰中的天人关系无疑透露出人文思想及理性的萌芽。毫无疑问，上述"达于上下"，民意与神意可上通下达的观点应当是儒家"天人合一"思想的一个重要来源。

殷商时代的宗教信仰与尧、舜、禹时期的宗教信仰是一脉相承的，其强烈而浓厚的宗教情绪与尧、舜、禹时期相比，有过之而无不及。例如，《礼记·表记》中云："殷人尊神，率民以事神，先鬼而后礼。"《礼记·祭法》中云："殷人禘喾而郊冥，祖契而宗汤。"而从甲骨卜辞的记载也可以明显看出，繁缛的祭祀活

① 慕平译注：《尚书》，北京：中华书局，2009年，第15页。

动和频繁的占卜是殷人宗教生活的常态。反映殷商情况的《尚书·盘庚》中也记载着盘庚动辄用“天”和“先王在天之灵”来震慑众人。如“汝何生在上”“自上其罚汝”等。《尚书·汤誓》中云：“予畏上帝，不敢不正。”“尔尚辅予一人，致天之罚。”此时，人还未对自身的主体地位有自觉的意识，神性的宗教信仰非常强烈。殷之宗教信仰走的依然是一条具有人格特性的至上神的路线，他们最高的“天”的观念也即至上神是“上帝”。从甲骨文的记载中可以看出，天神上帝能够令风令雨、授福降灾，具有最高的主宰和权威。这一时期除上帝之外，又同时有其他诸神的存在，“大约上帝为至高无上之权力，亦设官职。诸神地位权力，次于上帝，而服从之”[①]。总之，殷商尚属宗教色彩极为浓厚的时代。

我们知道，中国宗教自产生之初，天人之间的关系就不是隔绝的，而是可以沟通的。尧、舜、禹时代，这一沟通天人的权力掌握在帝王和专职的巫史人员手中，而“殷人的宗教生活，主要受祖宗神的支配。他们与天帝的关系，都是通过自己的祖宗作中介人”[②]。以“祖宗”作为沟通天人的中介，显示出古代宗教信仰中天人关系的原始平等性和亲近性。人可登入于天之事，自然人意与天意可不相违，甚至人力可改变天意。例如，反映商代情况的《尚书·高宗肜日》中载：“非天夭民，民中绝命，民有不若德，不听罪。天既孚命正厥德，乃曰其如台！”并非天要使人短命，而在于人自己选择听不听天命。显然，这话强调的是“民”的自主地位。由此可见，天虽起着至上神的监督作用，但人之祸福究其根本还是把握在自己手中，于是人必然注重自求多福。这种意思，在殷商时代的“天命”观念中表达得最为清楚：

> 有夏多罪，天命殛之。（《尚书·汤誓》）
>
> 乃罪多参在上，乃能责命于天！（《尚书·西伯戡黎》）
>
> 商之先后，受命不殆，在武丁孙子；殷受命咸宜。（《诗·商颂·玄鸟》）

“天命”的观念在夏商时期已经完全形成，这一时期的“天命”观念是“天工人其代之”观念的传承和进一步发展。此时，天命不是一成不变的，人可以通过自己的行动挽回天命。反之，人若胡作非为，天命亦是不可依仗的。这说明

---

① 冯友兰：《中国哲学史》上册，上海：华东师范大学出版社，2010 年，第 27 页。

② 徐复观：《中国人性论史·先秦篇》，北京：九州出版社，2014 年，第 16 页。

虽然殷商时期仍旧是神性天人关系，人尚未真正获得自身主体地位的自觉，但是“人”在天人关系中的主动权和自主地位已经越来越大，这可谓后来孔子发“天人合一”之义的最直接先驱。

总之，中国原始宗教中的天神无论何时都不曾直接站出来对人指手画脚，反而一直通过“人”这一中介实现着与人良好的沟通。正如方东美先生所惊叹的那样：“就昊天上帝与一般庶众、或人类本身之关系言，震怒与嫉妒云云，殊难想象，除对祸国残民之暴君外。就世人而论，也从无自编自毁之事——简直匪夷所思。”[①]故中国理性宗教早已萌芽于上古时代，与其他宗教天神与人隔离、神尊人卑、神意不可违者，迥然不同，适成对照。一言以蔽之，即神性与人性贯通无隔。这是中国哲学尤其是“天人合一”思想之根源。

二、德治思想

儒家知识论的萌芽，虽然最明显地表现在原始宗教信仰中，但最深刻的根据和基础则在古代先民勤奋努力的实践活动或者说劳动中。在尧、舜、禹时代，这种劳动精神与社会政治紧密地结合在一起，即是圣王的“德治”。正如陈来先生所说：“考察德的意义时可以发现，早期文献中肯定的德及具体德目，大都体现于政治领域，或者说，早期的‘德’大都与政治道德(political verture)有关。在君主制下，政治道德当然首先是君主个人的道德品行和规范。君主的个人品德在政治实践中展现为政治道德。”[②]尧舜禹时期的“德”，正是一种政治道德，虽然这一时期的“德”还未达到孔子时代所说的完整意义上的道德的涵义，但实际上已经有了“道德”涵义的萌芽。因为道德本身就是内在德性与外在德行的双重规定，而政治道德显然更倾向于德行方面的规定。具体来说，政治道德即所谓“德治”，是指政治领导者以自身的勤劳刻苦施展于其政体统治上，表现为一种外在的事功或者说实际的功业。

自尧的时代开始，帝王政权存在之合理性不仅诉诸天神，而且非常讲求德

① 方东美：《中国哲学精神及其发展》上册，北京：中华书局，2012年，第66页。

② 陈来：《古代宗教与伦理——儒家思想的根源》，北京：生活·读书·新知三联书店，1996年，第296页。

治。《尚书·尧典》中曰:"曰若稽古帝尧,曰放勋,钦、明、文、思、安安。允恭克让。光被四表,格于上下。克明俊德,以亲九族;九族既睦,平章百姓;百姓昭明,协和万邦;黎民于变时雍。"《礼记·祭法》中云:"尧能赏均刑法以义终。"可见,尧之德治,乃在于其能辨明朝中百官、举贤让能、重用人才、赏赐公平、团结各部落,使天下老百姓都和睦相处,并最终将王位禅让于舜。舜继尧即位,其丰功伟德亦是因为"舜勤政事而劳死"(《礼记·祭法》);"善与人同,舍己从人,乐取于人以为善。"(《孟子·公孙丑》)而禹之功德见称于后世,也是因为禹之勤劳刻苦与领导治水之功。如孔子赞美禹"菲饮食""恶衣服""卑宫室"(《论语·泰伯》),孟子敬佩禹"八年于外,三过其门而不入"(《孟子·滕文公上》)的勤劳精神。诚然,禹之成功治水,离不开其正确的治水方法。鲧之治水之所以"九载孚成",是因为他违背水性,错误地采取了"堵"的方法。禹总结经验教训,利用水性采取了"导"的方法。但禹治水成功的关键却并不在于新方法、新技术的发现和使用,而在于其在治水过程中"能协于上下以承天休"(《左传·宣公三年》)。具体而言,禹能够以他坚定的信念和吃苦耐劳的精神联合诸邦国、凝聚诸部落,从而使万众一心、齐心协力,最终战胜了灾难。故禹之所以治水成功,社会政治因素居功至伟。无疑,中国古代的德治政体是具体技艺知识发展进步的保障和条件,故中国从一开始就走在了一条"勤勉保民"的道路上,这与西方一开始就注重技术、自然之研究与创新,实在大不相同。

中国古代这种保民的德治思想,在盘庚迁殷之时被发挥得淋漓尽致。据《尚书·盘庚》所载,盘庚对反对迁都的民众谆谆教导说:"殷降大虐,先王不怀厥攸作,视民利用迁。汝曷弗念我古后之闻?承汝俾汝,惟喜康共。"意思是,每当上天降下灾难,先王总是考虑民众的利益进行迁移,而不曾留恋他们亲手建造的宗庙。你们为什么不能理解先王这种勤勉呢?盘庚此番诚恳的劝导,真切地道出了先王"勤勉保民"之德治的良苦用心。为维护民众的利益,盘庚不仅对反对者再三劝导,同时还进行了多次占卜。我们知道,殷商是宗教信仰强烈的社会,"不违卜筮"是这一时期人们生活的真实写照。而盘庚多次占卜,不达目的不罢休的势头足以说明:与"天帝"的旨意相比,"民"的意志与利益更值得被尊重。盘庚迁殷成功,实质正是人力之胜天力。这显然是尧舜禹时期"天聪明,自我民聪明;天明畏,自我民明威"(《尚书·皋陶谟》)思想的直接传承。其明显的发展之处则在于,殷商时期已经将"德"作为价值判断标准明确地提了出来。这个"德"指的就是"勤勉保民"的实际行动,即"德治"。正如盘庚所强调的那样:"若农服田力穑……施实德于民,至于婚友,丕乃敢大言,汝有积德。"(《尚书·盘庚》)就是说,如同农夫要勤劳才会有好收成,只有勤勉努力地把真正的实惠给民众,才能说是积德了。

事实上,夏商时期"天命"观念的萌芽和形成,亦与德治思想直接相关。前面已经说过,殷人认为天命并非不可改变,人可以通过自己的努力挽回"天命","天命"也会因人的"多罪"弃之而去。而"天命"可变的缘由就在于帝王是否能够施德治于民。观乎夏商之际,"天命恒常"不再是金科玉律,政权统治虽仍旧依附于天命,但却更依附于统治者自身的"勤勉保民"。《史记·殷本纪》载:"帝武丁祭成汤,明日,有飞雉登鼎耳而呴,武丁惧。祖己曰:'王勿忧,先修政事。'祖己乃训王曰:'唯天监下典厥义,降年有永有不永,非天夭民,中绝其命。民有不若德,不听罪,天既附命正厥德,乃曰其奈何。呜呼!王嗣敬民,罔非天继,常祀毋礼于弃道。'武丁修政行德,天下咸欢,殷道复兴。"这段话讲得很清楚,武丁之所以能够成汤大业并发扬光大,复兴殷商,就在于他能勤勉地"修政行德",施"德治"于民,而"天命"并不足惧,正所谓"非天夭民,中绝其命"。显然,在中国古代先民的宗教信仰中早就埋下了人文理性的种子。

中国文化虽源于原始的宗教信仰,却扎根于人外在之事功上。这一点,从《礼记·祭法》中的一段话也可以看得非常明白:"夫圣王之制祭祀也:法则于民则祀之,以死勤事则祀之。以劳定国则祀之,能御大菑则祀之,能捍大患则祀之。"这就是说,圣王规定:凡是能够为民制定礼法,因勤劳国事而死,能勤劳安定国家的,能抵御重大灾害和祸患的,人民都要祭祀他。显然,圣王制定祭祀制度的初衷就在于被祭祀者对民的实际功用。这段话虽是后人所讲,但却绝非是向壁虚构,而在很大程度上反映出当时观念的真实印记。与西方不同,中国古代被尊崇之圣王,不是无政治责任之先知、宗教家,而是古代之实施德治思想的、建立大功业的帝王和贤臣等。中国古代社会相较于西方古代社会之尊宗教、敬上帝,更注重的显然是崇先王和勤勉保民的德治思想。

总之,中国哲学尤其是儒家知识论之渊源,与其说发端于原始宗教,不如说于勤劳刻苦的德治实践中拔地而起。诚如唐君毅所言:"中国文化之原始精神，先只是求实际上的人群组织，得存在于直接所接之自然，而被安顿于世界。既不闪躲，不逃遁，亦无希高幕外之幻想者。后来中国学术文化之花朵与光辉，皆由一最原始之朴厚老实之精神中，次第长出。正如农业中之植物，为由地下而上升于大。中国民族最初之思想与智慧，乃自其切实艰苦之现实生活经验中，孕育而出。”[①]

第二节　周代之礼乐文化

孔子说：“如有用我者，吾其为东周乎！”（《论语·述而》）“周代文化理想及政治典章制度，均以灿然大备。”[②]孔子之思想学说正是周之璀璨完备的礼乐文化的直接传承，正如杨向奎所说：“以德、礼为主的周公之道，世代相传，春秋末期遂有孔子以仁、礼为内容的儒家思想。”[③]周代之礼乐文化是一个内容与功能齐全整合的庞大工程，集社会政治、道德、宗教之精神为一，以安大下。具体来看，即是道德观念与宗法制度合一的体系。对德的追求是周代礼乐文化之根本宗旨，而宗法制度的政教实践则是其核心和基础。

一、德：礼乐文化之根本宗旨

《诗·大雅·文王》中云：“周虽旧邦，其命维新。”周未一统天下之前，原本属于受殷册封的小方国，故殷商的宗教信仰为普天共享。然而殷周之际，小方国周竟然战胜了强大的宗主国殷，这出人意料的政权鼎革，对于同样敬畏鬼神的周人来说，是一个极大的刺激，迫使周统治者不得不去反思：夏、殷何以受天命而亡？怎样才能保证国家的长治久安？这一反思正是周统治者以殷为戒所产生的深刻的忧患意识：

> 我不可不监于有夏，亦不可不监于有殷。我不敢知曰，有夏服天命，惟有历年；我不敢知曰，不其延。惟不敬厥德，乃早坠厥命。我不敢知曰，

① 唐君毅：《中国文化之精神价值》，南京：江苏教育出版社，2005 年，第 18 页。

② 方东美：《中国哲学精神及其发展》上册，北京：中华书局，2012 年，第 61 页。

③ 杨向奎：《宗周社会与礼乐文明》，北京：人民出版社，1992 年，第 279 页。

有殷受天命，惟有历年；我不敢知曰，不其延。惟不敬厥德，乃早坠厥命。(《尚书·召诰》)

无念尔祖，聿修而德，永言配命，自求多福，殷之未丧师，克配上帝。宜鉴于殷，骏命不易。(《诗·大雅·文王》)

周统治者鉴于殷亡的经验教训，深刻地体会到没有什么永恒不变的天命，天能授命，亦能改命，于是而有“惟命不于常”(《尚书·康诰》)和后来“天命靡常”(《诗·大雅·文王》)的观念。天命之授与改，关键在于帝王之有德还是无德，有德授天命，无德失天命。周公深刻的意识到，殷之所以失掉天命，其根本原因就在于“失德”。故他反复告诫成王，要以殷为戒，勤勉“敬德”。《尚书》的许多篇章，尤其是《无逸》篇里有许多这方面的记载。周公将“德”的思想注入天命观念中，这正是“以德配天”的思想。但“德”之于周人而言，并非一样新兴的东西。上文说过，殷统治者已意识到可以通过“德治”挽回天命，“德”开始成为沟通天人的中介，而周公提出的“以德配天”的思想，可谓正是对殷人“天命”观念的进一步发展。与殷人明显不同的是，周人的“德”已经不仅是沟通天人关系的中介，而是超过了中介的作用，成为决定天命的根本因素。周王之“德”与“天命”如影随形的关系，即可以很好地证明这一点：

肆王惟德用，和怿先后迷民，用怿先王受命。(《尚书·梓材》)

王其德之用，祈天永命。(《尚书·召诰》)

惟王受命，无疆惟休，亦无疆惟恤。呜呼！曷其奈何弗敬！(《尚书·召诰》)

惟我周王灵承于旅，克堪用德，惟典神天。(《尚书·多方》)

显然，周王之“德”成为“上帝”的代理者，这其中尤以“文王之德”为代表。如《大盂鼎》中云：“丕显文王，受天有大命。”《尚书·召诰》中云：“帝休，天乃大命文王殪戎殷。”周人之天命最初是由“文王之德”所禀受的，而“文王之德之纯”又使之成为周王之德的最高典范，因而，实际上，在周人那里，“文王成为天命的具体化；‘文王之德之纯’，便成为上帝的真正内容。”[①]这一点在众多文献

① 徐复观：《中国人性论史·先秦篇》，北京：九州出版社，2014年，第27页。

中都表现得非常清楚：

> 天不可信，我道惟宁王德延，天不庸释于文王受命。（《尚书·君奭》）
>
> 乘兹大命，惟文王德丕承，无疆之恤。（《尚书·君奭》）
>
> 不敢替厥义德，率惟谋从容德，以并受此丕丕基。（《尚书·立政》）
>
> 今我唯即型禀于文王正德。（大盂鼎铭文）

可见，文王之德已然成为周人"以德配天"的最高标准。周统治者莫不想如文王一样"以德配天"，以永葆政权。故遵循效仿文王之德，以上应天命就成为周人所关注的重点。那么，何谓文王之"德"？《诗·大雅·文王》中云："仪行文王，万邦作符。"意思是，文王之德，是由万邦之治得以证明的。也就是说，文王之"以德配天"之"德"就体现在其安邦保民的政治德行上，即"德治"上。这一点，在《尚书·无逸》篇中表现得十分清楚："文王卑服，即康功田功；徽柔懿恭，怀保小民，惠鲜于鳏寡；自朝至于中、昃，不遑暇食，用咸和万民。"这就是说，文王秉承先王的德治思想，亲自管理修理道路和农业生产两件大事，他善良恭敬，关心爱护民众，其恩惠遍施于所有孤寡无依之人；他一天到晚勤苦操劳，常常忙到没空吃饭，为的是让民众能够和谐安定地生活。显然，文王之"德"，指的正是其勤于政事、惠民保民的"德治"。在周代，这种"保民"的德治思想已经被明确地提了出来，如：

> 往敷求于殷先哲王，用保乂民。（《尚书·康诰》）
>
> 别求闻由古先哲王，用康保民。（《尚书·康诰》）
>
> 欲至于万年惟王，子子孙孙永保民。（《尚书·梓材》）
>
> 王命予来，承保乃文祖受命民。（《尚书·洛诰》）
>
> 爰知小人之依，能保惠于庶民。（《尚书·无逸》）

可以说，在周人那里，"德治"的实质内容即是"惠民保民"。周王之"德"只有实实在在地落实到"民"身上，施民以恩惠，使民有所得，才能称得上为"有德"。具体而言，周王之德治，首先表现在其对民意的重视上。《尚书·酒诰》中云："人无于水监，当于民监。"这是告诫统治者必须顺从民意、体察民情，时刻对着百姓去省察自己的行为，做到"严恭寅畏，天命自度，治民祗惧，不敢荒宁"（《尚书·无逸》）。同时，周代的德治思想还特别注重对鳏寡孤独等弱势群体的关照和爱护,如《尚书·无逸》中云:"怀保小民,惠鲜于鳏寡。""能保惠于庶民,不敢侮鳏寡。"能够普施恩惠于一切民众,还特别强调不能遗漏那些孤苦无依的弱势群体,这充分表明了周王对"民"的重视程度,彰显出一种人道主义的精神。另外,"慎罚"也是周王保民思想的一个重要内容。《尚书·周书》中有不少这方面的论述:

> 呜呼!封,敬明乃罚。人有小罪,非眚,乃惟终,自作不典,式尔;有厥罪小,乃不可不杀。乃有大罪,非终,乃惟眚灾,适尔;既道极厥辜,时乃不可杀。(《康诰》)
>
> 惟乃丕显考文王,克明德慎罚,不敢侮鳏寡,庸庸,祗祗,威威,显民。用肇造我区夏,越我一二邦,以修我西土。惟时怙冒闻于上帝,帝休,天乃大命文王殪戎殷,诞受厥命越厥邦厥民。(《康诰》)
>
> 天惟时求民主,乃大降显休命于成汤,刑殄有夏。……简代夏作民主。慎厥丽,乃劝。厥民刑,用劝。以至于帝乙,罔不明德慎罚,亦克用劝。要囚,殄戮多罪,亦克用劝,开释无辜,亦克用劝。(《多方》)

周代之"慎罚"的思想,大致可归结为三个方面:"第一,判决过程要慎之又慎,考量所有案件要多日再作断定。第二,'不可杀'与'不可不杀'的界限不在于罪行的大小,也不仅在于是否故意犯罪,而在于是否悔过认真的。如果能有悔改的态度,'乃有大罪''时乃不可杀'。第三,要贯彻'行天之罚'的观念,用刑法治理臣民,要使他们意识到一切惩罚刑杀都是上帝的意旨,对刑罚的实行心悦诚服。"[①]我们发现,周代的德治思想比以往任何一个朝代都要精细和完备,更重要的是,对民意的重视、对鳏寡孤独人群的关注以及对刑法的谨慎无不显示出周王的一种警觉与严谨的心态。这充分说明,周代的德治思想不仅是对尧、舜、禹以及殷商时期"勤勉保民"的德治思想的传承,更源于对殷亡周兴的深刻反思以及由此而来的忧患意识。正因为如此,周人之德尤其强调一个"敬"字,"这种'敬德'的思想在周初的几篇文章中就像同一个母题的和奏曲

---

① 陈来:《古代宗教与伦理——儒家思想的根源》,北京:生活·读书·新知三联书店,1996年,第173页。

一样，翻来覆去地重复着”[1]。如：

王敬所作，不可不敬德。（《尚书·召诰》）

惟不敬其厥德，乃早堕厥命。（《尚书·召诰》）

肆惟王其疾敬德，王其德之用，祈天永命。（《尚书·召诰》）

厥或告之曰：“小人怨汝詈汝！”，则皇自敬德。（《尚书·无逸》）

其汝克敬德，明我俊民。（《尚书·君奭》）

对于周人所强调的“敬德”观念，徐复观先生有着非常精辟的见解：“一个‘敬’字，实贯穿于周初人的一切生活之中，这是直承忧患意识的警惕性而来的精神敛抑、集中，及对事的谨慎、认真的心理状态。……周初所强调的敬的观念，是人的精神，由散漫而集中，并消解自己的官能欲望于自己所负的责任之前，凸显出自己主体的积极性与理性作用。……周人建立了一个由‘敬’所灌注的‘敬德’‘明德’的观念世界，来照察、指导自己的行为，对自己的行为负责，这正是中国人文精神最早的出现。”[2]周人的“敬德”观念是由忧患意识而生，而实际上则体现为人对自己的一种自觉意识，即强调人的主体地位。诚如牟宗三先生所说：“天命、天道乃通过忧患意识所生的‘敬’而步步下贯，贯注到人的身上，便作为人的主体。”[3]这一点，我们从周人所说的“皇天无亲，惟德是辅”（《尚书·蔡仲之命》）、“民之所欲，天必从之”（《尚书·泰誓》）便可以很深切地体会到。

“配天”赖于“敬德”，“敬德”赖于“保民”。归根结底，则在于一个“德”字。“周人明确认识到君子的个人德性与政治的道德性格对维持政治稳定性的重要作用。周人一开始就是从‘小邦周’（对于‘大邦殷’）的道德性来确立其取代商殷的合法性。”[4]周王“以德配天”的自觉，是突出了人的主体地位。可以说，“以德配天”思想的提出是原始宗教中的一次人文转向，原始宗教中“天”和

① 郭沫若：《郭沫若全集·历史编》第一卷，北京：人民出版社，1982年，第335～336页。

② 徐复观：《中国人性论史·先秦篇》，北京：九州出版社，2014年，第22、23页。

③ 牟宗三：《中国哲学的特质》，上海：上海古籍出版社，2007年，第15页。

④ 陈来：《古代宗教与伦理——儒家思想的根源》，北京：生活·读书·新知三联书店，1996年，第296页。

"人"的关系逐渐转化为"德"和"人"的关系,人开始对自身的主体地位和价值有了某种程度的觉醒,可谓"人道主义的萌芽"①"人道主义之黎明"②。但值得注意的是,"以德配天"的人文转向,并非意味着人之"德"完全摆脱了原始宗教的藩篱,人之主体地位的完全挺立也为时过早。于周人而言,"他们行为的根源与保障,依然是传统宗教中的天命,而尚未达到在人的自身求得其根源与保障的程度"③。也就是说,虽然实质上天命之得与失完全在于人之有德还是无德、敬德还是不敬德,但是形式上人之德还需要为自身寻找根源和保障,即还必须要诉诸天,与天相配。故可以说,周公之"以德配天"的思想实际上兼含人文性与宗教性的双重含义。周后期"天德"思想的出现就是最佳证明。《尚书·吕刑》中云:"惟克天德,自作元命,配享在下。""天德"的概念表明周人使主宰者之"天"有了人格意义上的"德",这不仅意味着"天"有人文性与理性的一面,同时也使人在天德那里找到了合理的根本依据。总之,周代"以德配天"的思想,是对殷商"天命"观念的传承和革新。它成为儒家"天人合一""天人合德"思想的雏形,为孔子"仁道"思想的提出积蓄了深厚的历史文化资源。

总之,周人对于"德"的追求,其核心是"以德配天",而实质内容则是"惠民保民"。这种意思在《尚书·洛诰》篇中表达得十分清楚:"公称丕显德,以予小子杨文武烈,奉答天命,和恒四方民居师。"成王如此希望得到周公的勉力辅佐,正是因为只有发扬周公的大德,才能上以应天命,下以和悦四方百姓定居京师。毫无疑问,"德"成为周统治者上以承奉天命、下以安邦保民的根据和基础。概而言之,周代之"德"包括了宗教信仰上的虔敬和德治上的德行实践。

二、宗法制度:礼乐文化之核心和基础

如果说"德"是周代之礼乐文化的宗旨,那么宗法制度则是礼乐文化的核心和基础。例如,《礼记·经解》中云:"朝勤之礼,所以明君臣之义也。聘问之礼,所以使诸侯相尊敬也。丧祭之礼,所以明臣子之恩也。乡饮酒之礼,所以

① 许倬云:《西周史》,北京:生活·读书·新知三联书店,2001年,第110页。

② 傅斯年:《性命古训辨证》,上海:上海古籍出版社,2012年,第121页。

③ 徐复观:《中国人性论史·先秦篇》,北京:九州出版社,2013年,第30页。

明长幼之序也。昏姻之礼，所以名男女之别也。”朝勤之礼、聘问之礼、居丧和祭祀之礼、乡饮酒之礼、婚姻之礼无不反映了宗法制度的规定，宗法制度构成了周代礼乐文化的基本内容。

我国宗法制度可追溯到夏、商时期，由以血缘为基础的氏族制逐渐发展而成。夏商时期的宗法制度并不完善，这可从当时王位“父死子继、兄终弟及”得以证实。到了周代，尤其是周公之后，宗法制度得到了大发展且趋于完备，成为周代礼乐文化的制度保障。诚如何炳棣先生所言：“周公确定了建立几乎囊括极大部疆土的宗法网之后，一切治理维系封建等级社会的种种典章文物亦日行完备。”①

周之宗法制度是“基于宗族血缘关系建立的政治结构及其法则”②。具体来说，宗法制度是以血缘为基础，根据嫡庶、长幼、亲疏等各项关系，确定宗族成员贵贱、大小、上下各种等级以及规定其权力和义务的法则制度。其核心是嫡长子继承制：

> 王者禘其祖之所自出，以其祖配之，而立四庙。庶子王亦如之。别子为祖，继别为宗，继祢者为小宗。有五世而迁之宗，其继高祖者也，是故祖迁于上，宗易于下。尊祖，故敬宗所以尊祖、祢也。庶子不继祖者，明其宗也，庶子不为长子斩，不继祖与祢故也。……庶子不祭祖祢者，明其宗也。（《礼记·丧服小记》）
>
> 别子为祖，继别为宗。继祢者为小宗。有百世不迁之宗，有五世则迁之宗。百世不迁者，别子之后也。宗其继别子之所自出者，百世不迁者也。宗其继高祖者，五世则迁也。尊祖故敬宗。敬宗。尊祖之义也。（《礼记·大传》）

周王称“天子”，是天下之“大宗”，拥有举行祭祀的特权，其祭祀之场所是居全国规模与地位之最的“太庙”。历代之周天子只能由嫡长子继承，而所谓

① 何炳棣著，范毅军、何汉威整理：《何炳棣思想制度史论》，台北：“中央研究院”；联经出版事业股份有限公司，2013 年，第 164 页。

② 陈来：《古代宗教与伦理——儒家思想的根源》，北京：生活·读书·新知三联书店，1996 年，第 317 页。

别子，又称庶子，指区别于周王之嫡长子的其他众子。别子被分封为诸侯，他们无权继承王位，亦不能同嫡长子同祖。之所以如此，是因为亲情轻重和地位尊卑："自仁率亲，等而上之至于祖，明曰轻；自义率祖，顺而下之至于祢，名曰重。一轻一重，其义然也。"（《礼记·大传》）因此，别子只能自立一别宗，而他自己就成为这一别宗的始祖，即所谓"别子为祖"。也就是说，这些由别子建立的宗统相对于周天子而言，是"小宗"。但在自己建立起来的宗统内，则是诸侯国的族长与政治领袖，故为"大宗"。别子又有嫡长子和庶子，他们的宗统也由嫡长子继承，称大宗。庶子则建立小的宗法系统，即是诸侯内的小宗。"小宗"又可以照此原则层层建宗，以至于规定到最基层的平民劳动组织，正所谓"天子建国，诸侯立家，卿置侧室，大夫有贰宗，士有隶子弟，庶人工商各有分亲，皆有等衰"（《左传·桓公二年》）。如此一来，便建立了纵横之大宗与小宗的两个宗法系统，大宗始终由别子的正统后裔所继承，是嫡嫡相传，世代保持不变的宗统，即所谓"百世不迁之宗"；而小宗到第五世就必须迁动，难以再宗原来的小宗了，即所谓"五世则迁之宗"。

这样，周之宗法制度由纵的、一贯不变的百世不迁之宗和横的、时之变迁的五世则迁之宗为统一系统，从而形成了以血缘为基础、以周王为起点、以嫡长子继承为核心的宗族规范系统。"亲亲"与"尊尊"是维系这一宗族系统的根本原则。故《礼记·大传》曰：

> 自仁率亲，等而上之，至于祖。自义率祖，顺而之下，至于祢。是故人道亲亲也。亲亲故尊祖，尊祖故敬宗，敬宗故收族，收族故宗庙严，宗庙严故重社稷，重社稷故爱百姓，爱百姓故刑罚中，刑罚中故庶民安，庶民安故财用足，财用足故百志成，百志成故礼俗刑，礼俗刑然后乐。

宗法制度教育为臣者，由敬祖先开始进而敬宗子、敬国君、敬天子；要求为君者，由敬天敬祖宗以进一步爱族人、爱百姓而安百姓。可见，这一宗族系统根据"亲亲"与"尊尊"的原则，通过规定以周天子为起点的诸侯、卿大夫、士乃至于平民之间法定不移的等级名分和权力义务，达到了"安天下"之目的。正如《吕氏春秋》所言："先王之法，立天子不使诸侯疑焉立诸侯，不使大夫疑焉立嫡子，不使庶孽疑焉。疑则生争，争则乱。是故诸侯失位则天下乱，大夫无等则朝廷乱，妻妾不分则家室乱，嫡孽无别则宗室乱。”唐君毅先生对此也深有见地：“宗法制度之推行，必可多少冲淡诸侯之纷争，阶级之对峙，使人民不易作乱，天下易安定，而使中华民族日趋于凝合。”[①]

陈来先生说：“周代礼乐文化中宗教礼仪所占的比重已减小，而人际礼仪的内容大量增加。”[②]这无疑与周代完备的宗法制度的建立息息相关。宗法制度通过区分宗族内部族人之尊卑、长幼、亲疏，从而确立不同的尊卑等级和名分，而“夫名以制义，义以出礼”（《左传·桓公二年》），这样，就相应地产生了维护这种尊卑等级与名分不受僭越的“礼乐”。故周之礼乐文化在很大程度上是在宗法制度的基础上产生的，诚如王国维所言：“由是制度，乃生典礼，则经礼三百、曲礼二千是也。”[③]可以说，宗法制度在实际上构成了周代礼乐文化的核心和基础。

要之，周代之礼乐文化以德为根本宗旨，以宗法制度为核心。周之德治与宗法制度又有着密不可分的关系，因为周之保民的德治思想正是通过具体的宗法制度的推行而得以实现的。也就是说，宗法制度推行之宗旨就在于实现帝王之“德治”。故王国维认为周公之建立宗法制度，“其旨则在纳上下于道德，而合天子、诸侯、卿、大夫、士、庶民以成一道德之团体”[④]。这一说法实在非常精到。德之价值原则之中，宗法制度之制度规范之上，再文之以礼乐，则“人道”即展露无遗了：“别之以礼义，人道竭矣。”（《礼记·大传》）总之，周代之礼乐文化，不仅使君之爱臣民、下之敬上，更于人伦世界扩展开来，表现为遍及一切人与人之间的相敬相亲，乃所谓“礼之教化也微，其止邪也于未形，使人日徙善远罪而不自知也”（《礼记·经解》）；“乐也者，圣人之所乐也，而可以善民心，其感人深，其移风易俗”（《礼记·乐记》）。周代礼乐文化是儒家思想的直接来源，故孔学以及儒家的知识论思想充满了浓厚的“人道”色彩。

---

① 唐君毅：《中国文化之精神价值》，南京：江苏教育出版社，2005年，第32页。

② 陈来：《古代宗教与伦理——儒家思想的根源》，北京：生活·读书·新知三联书店，1996年，第246页。

③ 王国维：《近代十一位国学大师讲国史》，北京：中国华侨出版社，2015年，第20页。

④ 王国维：《观堂集林》，北京：中华书局，1959年，第454页。

第三节　春秋时期原始宗教的转化及对德、礼的追求

春秋时期是一个社会动荡不安，而思绪激情四射的时代。这一时期，政治腐败、社会失序，西周以来的礼乐文化和人文秩序遭到了极大破坏。现实惨烈无情地冲击着人们的思想，迫使人们不得不去重新反思和不断追问。于是，怀疑和思考同时产生了。怀疑引发了原始宗教的转化，神的地位下降，人的地位得以提升。同时，在这一过程中，人之德越来越受到重视与认可，人之理性与知性也得到了空前的发展。同时，德、礼也在人们的思考中获得了新生，出现了“敬德崇礼”的社会思潮。

一、“夫民，神之主也”：原始宗教的转化

西周末年到春秋时期，是“天下无道”的动荡年代，王权的坠落、政治的腐败、暴君的虐行使原来用以维护王权的天命观受到了空前的冲击。确实，当天下有道、君王有德、德治昌盛的时候，人们对君王崇敬、拥戴的同时，自然对“天”也同样会怀有崇拜之心。而当君王失德、天下大乱、民不聊生的时候，人们势必就会带着批判的目光将责任归咎于维护王权的“天”。此时，传统的天命观就会暴露出其虚伪性而受到质疑。

天命观的动摇从“迷乱于政”“不知德行”的西周末年就已经开始了。进入春秋时期，随着政治危机与社会矛盾的日益加重，人们对“天”的怀疑程度更是有增无减，大量对“天”怀疑甚至责难的情绪在《诗经》中明确地流露出来：

何辜于天，我罪伊何？（《小雅·小弁》）

天之生我，我辰安在？（《小雅·小弁》）

浩浩昊天，不骏其德。降丧饥馑，斩伐四国。旻天疾威，弗虑弗图。舍彼有罪，既伏其辜。若此无罪，沦胥以铺。（《小雅·雨无正》）

昊天不惠，降此大戾。……不吊昊天，乱靡有定。……昊天不平，我王不宁。（《小雅·节南山》）

天降丧乱。饥馑荐臻。(《大雅·云汉》)

瞻卬昊天。则不我惠。孔填不宁,降此大厉。(《大雅·瞻卬》)

显然,这里的"天"已不复周代以"德"为依归、具有公正性和权威性、能够给人带来恩惠的天,而是一个于人无惠,甚至有罪的天。这样,周公"以德配天"的信仰模式势必无法继续。上文业已指出,周公"以德配天"的思想兼含人文性与宗教性的双重含义,虽然实质上天命之得与失完全在于人之有德还是无德、敬德还是不敬德,但是形式上人之德还不得不为自身寻找根源和保障,即还必须要诉诸天,与天相配。但是春秋时期,随着人们疑天、责天情绪的不断高涨,"大命"与"人之德"走向了分裂与背离,这就使人之德逐渐摆脱了对"天"的依附。也就是说,人之德无须再必须弥漫于天上才能获得自身的合理依据,而是落回到人身上,成为对人之主体地位和人的价值的自觉性的追求。这一点反映在天人关系上,就是人之地位的独立和价值的提高。例如:《左传·昭公十八年》子产说:

天道远,人道迩,非所及也,何以知之。

又《左传·桓公六年》随季梁说:

夫民,神之主也。是以圣王先成民而后致力于神。

又《左传·僖公十九年》宋司马子鱼说:

祭祀,以为人也。民,神之主也。

周人虽亦主张"民之所欲,天必从之。"(《尚书·泰誓》)但却并未完全摆脱"天者,民之主也"的宗教信仰模式。但春秋时期,"民,神之主也"的说法,却使神与民的关系反转过来,人成为决定神的主人,而神沦为人的附庸。这无疑标志着"人"之独立地位与意义的确立。魏史嚚所谓的"依人而行"之说,可为典型例证:

虢其亡乎?吾闻之,国将兴,听于民;将亡,听于神。神,聪明正直而壹者也,依人而行。虢多凉德,其何土之能得?(《左传·庄公三十二年》)

"依人而行"是具有标识意义的言辞。在魏史嚚看来,虽然神"聪明正直而壹者也",却还是要"依人而行"。也就是说,"人"之所具备的特质比"神"之聪明正直、专一不二更加了不起。这无疑彰示着神性的失落、人性的崛起，意味着人们从原始宗教的桎梏中摆脱出来，而将更多的精力投入人事中。虽然神并非一无是处，但起决定作用的显然是人，更具体来说，是人之"德"。例如，《左传·庄公三十三年》周内史说：

> 国之将兴，明神降之，监其德也。将亡，神又降之，观其恶也。

这里虽然还提到神的作用，但已明确表示"德"才是决定一个国家兴亡的根本因素。如《左传·僖公五年》宫之奇对虞君说："鬼神非人实亲，惟德是依。"《国语·晋语六》范文子告诫晋君："天道无亲，惟德是授。"显然，这是对西周时期"敬德"观念的继承和延续。但春秋时期，随着人之独立地位和价值的确定，人对"德"的信赖与认可，比西周时期有加无已。这一点，从祭祀中人之德所发挥的重要意义，就可以明显看出。据《左传·昭公十二年》记载，南蒯打算叛乱，故进行占筮预测吉凶，结果虽得吉卦却依然遭到子服惠伯的反对：

> 吾尝学此矣，忠信之事则可，不然，必败。外强内温，忠也；和以率贞，信也，故曰"黄裳元吉"。黄，中之色也；裳，下之饰也；元，善之长也。中不忠，不得其色；下不共，不得其饰；事不善，不得其极。外内倡和为忠，率事以信为共，供养三德为善，非此三者弗当。且夫易，不可以占险，将何事也？且可饰乎？中美能黄，上美为元，下美则裳，参成可筮。犹有阙也，筮虽吉，未也。

子服惠伯之所以认为"筮虽吉，未也"，一个是因为"夫易，不可以占险"，即易不能用在预测危险的事情上；而另一个原因，则是缺失了占筮条件最重要的一项因素，即占筮之人的"德"。他认为，南蒯缺乏忠、信、恭三德，故虽占筮获得吉卦，也于事无补。可见，春秋时期，人们已经将"德"视为决定占筮结果的决定性因素。正如陈来先生所指出的："'德'的因素成为卜筮活动自身所要求的一个重要原则，这是以前所没有过的。"[①]这说明，人自身的力量相对于占筮等宗教活动更具决定性。

---

① 陈来：《古代思想文化的世界——春秋时代的宗教、伦理与社会思想》，北京：生活·读书·新知三联书店，2009年，第46页。

这一时期，神性的失落与人性的崛起、人之独立地位的确立，不仅使人们对“德”更加认可与信赖，同时，人之知性和理性也在西周原有的基础上进一步积蓄和发展起来。实际上，以“德”来决定占筮结果，本身就是人之知性与理性得到相当发展的表现。除此之外，从当时人们对于自然异象以及社会人事的诸多解释中，都能够看到这种知性与理性思维的进步。例如：《左传·哀公九年》史墨解释晋国救郑的卜象时，考虑了阴阳五行的因素：

> 盈，水名也。子，水位也。名位敌，不可干也。炎帝为火师，姜姓其后也。水胜火，伐姜则可。

《左传·僖公十五年》，晋侯因有病而疑神疑鬼，医和则认为：

> 近女室，疾如蛊。非鬼非食，惑以丧志。

《左传·僖公十六年》，有五块陨石落到宋国，宋襄公疑问是什么吉凶之兆，叔兴则以阴阳之说解释之：

> 是阴阳之事，非吉凶所出也。吉凶由人。

《左传·昭公二十一年》，鲁国大旱成灾，僖公想要焚女巫以求雨，而藏文仲则不迷信于巫术，认为干旱与女巫不相干，焚巫以祈雨，根本无济于事，重要的是要采取切实的措施以防止干旱：

> 非旱备也。修城郭，贬食省用，务穑劝分，此其务也。天欲杀之，则如勿生；若能为旱，焚之滋甚。

可见，对于解释自然现象以及解决人事问题，人们已经从最初求助和依赖于天、鬼神，转向开始理智地运用阴阳、五行，更多地考量“德”的因素，更倾向于依靠人自己的力量。这与当时占星术、天文学等知识的发展和增长是分不开的，反映了春秋时期理性精神的进一步濡养和普及，而最能体现人之理性高扬的是这一时期的“天道”观念的形成。例如：

> 礼以顺天，天之道也。（《左传·文公十五年》）
>
> 忠、信、笃、敬，上下同之，天之道也。（《左传·襄公二十二年》）
>
> 盈而荡，天之道也。（《左传·庄公四年》）
>
> 盈必毁，天之道也。（《左传·哀公十一年》）

天道盈而不溢，盛而不骄，劳而不矜其功。（《国语·楚语下》）

天道皇皇，日月以为常，明者以为法，微者则是行。阳至而阴，阴至而阳；日困而还，月盈而匡。（《国语·楚语下》）

可见，春秋时期，“‘天道’概念已经出现并被广泛使用，天道观已经完全形成”[①]。这一时期的“天道”概念内涵比较宽泛，不仅具有自然规律法则之意，而且还不同程度地被道德化、人间化了。如以“忠、信、笃、敬”为天之道，本身就是赋予了天道以道德的内容，而“盈而荡”，“盈必毁”，“盈而不溢，盛而不骄，劳而不矜其功”的说法则既体现着自然的规律，亦彰显着社会的法则。可以说，这一时期的“天道”总离不开与人事之间的关系，“天道”不再神秘莫测，人们完全可以通过人的知行来判断天意。更严格来说，人道才是人们所关注的重点，人事的得失祸福全在人道本身，这是以人为本的理性主义。

要之，“夫民，神之主也”的原始宗教的转化可谓春秋时期人道思想的最高成就，其意义非常重大，因为正是在重神向重人的人神关系逐渐转化过程中，才使人之主体地位得以确立，德与理性获得不断发展，才培育出春秋末年至战国时期孔子、孟子等道德与智慧兼备的思想家。换言之，如果没有这样的宗教转向作铺垫，要希冀儒家知识论的诞生几乎是不可能的。正如吾淳先生所指出的那样：“‘民为神主’实则阐述了一种人道的思想，这一人道思想对于后来包括孔子在内的儒家相关的人道思想显然产生有深刻的影响。”[②]

二、对德、礼的追求

春秋时期对德、礼的追求是西周礼乐文化的延伸和展开。然而，随着西周末年神本思想的衰落以及宗法制度的瓦解，至春秋已呈现出“礼崩乐坏”的社会景象。惨烈的社会现实，激发出人们恢复周代之璀璨的礼乐文化的强烈愿望。于是，与“礼崩乐坏”的现实相对立，春秋时期的人们对德、礼的追求热情

---

① 吾淳：《中国哲学的起源——前诸子时期观念、概念、思想的发生与成型的历史》，上海：上海人民出版社，2015 年，第 254 页。

② 吾淳：《中国哲学起源的知识线索——从远古到老子：自然观念及自然哲学的发展与成型》，上海：上海人民出版社，2015 年，第 342 页。

较西周有增无减,出现了敬德崇礼的思潮。

尧舜禹以及殷商时期的“德”,大多指的都是“德治”,即帝王个人之德与政治践行紧密结合,表现为一种安邦保民的政治德行。到了周代,由于天命观念的形成以及宗法制度的推行,德成为天子上以承奉天命、下以安邦保民的凭依。此时,“德”的内涵已经开始丰富,在“承天命”与“德治”的内容之外,还出现了立基于家庭乃至宗族关系的家庭道德以及人与人之间的交往性道德。如孝、礼、让、信、义等,《左传》《周书》《国语》等书可以为证。而到了春秋时期,随着原始宗教神本向人本的转化,人的地位的不断提升以及敬德思想的进一步发展,人们对“德”观念的思考也达到了空前的广度和深度。

在西周“敬德保民”的德治思想的基础上,春秋时期的“德治”思想获得了进一步发展。子产所谓“德,国家之基也”(《左传·襄公二十四年》)是最具代表性的说法。子产所谓的“德”指的正是“德治”。他认为,德治为国家之根本,君王有德,国家和人民的稳定与幸福就有了保障,所谓:“有基无坏,无亦是务乎!有德则乐,乐则能久。”(《左传·襄公二十四年》)反之,若不实施德治,则必然导致衰亡,所谓:“不修其德政,而贪昧于诸侯,以逞其愿,欲久,得乎?”(《左传·襄公二十八年》)

春秋时期列国争强,战乱频仍,因而在内以“保民”的基础之上,外以“会盟”也同样成为人们所关注的重要问题。反映在德治思想上,即要求“以德会盟”和“以德和民”。“以德会盟”是指将德作为诸侯国之间交往的基本原则,“无德不可以伐人,无德不可以和戎,无德不可以主盟”①。而“以德会盟”的基础则是“以德和民”,正如《左传·成公二年》中所说的那样:“无德以及远方,莫如惠恤其民,而善用之。”意思是,若德行无法远播诸侯,不如先从惠民恤民做起。可见,同周代一样,春秋时期德治思想的中心内容也是“民”。《左传》《国语》中的许多记载可以为证。例如:

> 政德既成,又听于民。(《国语·晋语六》)
>
> 大上以德扶民,其次亲亲,以相及也。(《左传·僖公二十四年》)
>
> 二君不务德,而力争诸侯,民何罪焉?我请退,以为子名,务德而安

---

① 陈来:《春秋时期的人文思潮与道德意识》,《中原文化研究》2013年第2期。

民。(《左传·哀公十年》)

臣闻以德和民,不闻以乱。(《左传·隐公四年》)

恤民为德,正直为正,正曲为直,参和为仁。(《左传·襄公七年》)

这里的“听于民”“以德抚民”“务德而安民”“以德和民”以及“恤民为德”,与西周“敬德保民”的德治思想可谓一脉相承,都可视为“民”为德治之根本的直接体现。这一点反映在民神关系上,则是“夫民,神之主也,是以圣王先成民而后致力于神”(《左传·桓公六年》)的“民为神主”的神民关系;反映在君臣关系上,则是“苟利于民,孤之利也。天生民而树之君,以利之也。民既利矣,孤必与焉”(《左传·文公十三年》)的“保民才能保君”的君民关系。

春秋时期,个人德行以及伦理德行也得到了进一步的彰显和发扬。此时的“德”不仅是德行实践,而且还具有了抽象的意义,即由德治扩展为有了具体的德目。譬如,有九德、二德、十德、六德、五德、三德、十一德、十二德等德的子目,包括了亲、仁、祥、义、敬、忠、信、仁、义、智、勇、教、孝、惠、让、固、顺、安、度、莫、明、类、长、君、比、文、怀、诹、谋、询、周、礼、善、衷、淑等几十种具体的德目。春秋时期的德目数量之多,内涵之丰富,可见一斑。故陈来先生谓春秋为“德行的时代”①真可谓贴切之至。这一时期“德”之内涵与意义的充分展现为后来孔子以及儒家的知识论思想,尤其是谓孔子“仁”之思想的提出提供了丰富的资源。譬如,《左传·襄公七年》记载:“恤民为德,正直为正,正曲为直,参和为仁。”这里,“参和”指综合、统合之意,表明仁非指单一之德,而是多德的统一体,这正可谓孔子以“仁”为统摄诸德的最高之德的思想雏形。

与这一时期个人德行及伦理德行的大发展相应,道德评论在这一时期已经变得非常普遍。如《国语·楚语下》中记载了蓝尹亹对吴王阖庐和夫差两人德行的评论与比较:

子患政德之不修,无患吴矣。夫阖庐口不贪嘉味,耳不乐逸声,目不淫于色,身不怀于安,朝夕勤志,恤民之羸,闻一善若惊,得一士若赏,有过必悛,有不善必惧,是故得民以济其志。今吾闻夫差好罢民力以成私好,

① 陈来:《古代思想文化的世界——春秋时期的宗教、伦理与社会思想》,北京:生活·读书·新知三联书店,2009年,第269页。

纵过而翳谏，一夕之宿，台榭陂池必成，六畜玩好必从。夫差先自败也已，焉能败人。子修德以待吴，吴将毙矣。

与这种以德行品评人物的道德评论相对应的是，大量有关“德”的赞美性或批评性的词语在《左传》与《国语》中出现了，如：

忠为令德，非其人犹不可，况不令乎？（《左传·成公十年》）

让，德之主也。让之谓懿德（《左传·昭公十年》）

天为刚德，犹不干时，况在人乎？（《左传·文公五年》）

节有度，守有序，盛德之所同也。（《左传·襄公二十九年》）

明德以昭之，和声以听之。（《国语·楚语下》）

齐方勤我，弃德不祥。（《左传·僖公三年》）

齐桓公存三亡国以属诸侯，义士犹曰薄德。（《左传·僖公十九年》）

先君之败德，及可数乎？（《左传·僖公十五年》）

这里的“令德”“懿德”“刚德”“盛德”“明德”都是对值得推崇的美好品德的赞美，而“弃德”“薄德”“败德”则是对不符合道德的行为的批评。春秋时期的这种道德评论是人们能够自觉以“德”约束自己和评定他人的一种道德智慧，可被视为道德自觉意识的萌芽。鲁大夫叔孙豹所谓的“三不朽”之说，可谓将这种道德智慧展露无遗：

大上有立德，其次有立功，其次有立言。虽久不废，此之谓不朽。若夫保姓受氏，以守宗祊，世不绝祀，无国无之，禄之大者，不可谓不朽。（《左传·襄公二十四年》）

很明显，春秋时期，“德”的意义已经非比寻常。“立德”被视为居于“立功”“立言”之上的人之最高价值，这正是人之道德智慧的最直接体现。虽然这一时期的“德”还未内化于孔子之时的“内在德性”，但“春秋时期之道德评论，即中国人自觉的道德智慧之流露之开始，其作用亦唯在确定传统仁义之道”[①]。孔子后来所谓的“君子喻于义，小人喻于利”（《论语·里仁》）以及“君子谋道不

① 唐君毅：《中国文化之精神价值》，南京：江苏教育出版社，2005年，第34页。

谋食”,“君子忧道不忧贫”(《论语·卫灵公》)的道德自觉意识都可谓直接承此而来。而“三不朽”之说对人何以为人、人之生命价值何在等人类自身问题的思考,更是直接将人道思想的光辉呈现了出来,从而渲染出儒家知识论思想之注重道德的主色调。

上文业已指出,宗法制度是周代礼乐文化的制度保障。然当春秋时期宗法制遭到破坏,势必就会导致礼崩乐坏,即出现司马迁所描述的“弑君三十六,亡国五十二,诸侯奔走不得保其社稷者不可胜数”(《史记·太史公自序》)的社会乱象。但有趣的是,这一时期礼崩乐坏的另一面,是“礼”之发展的空前繁盛。易言之,春秋时期所谓的礼崩乐坏,是制度层面的礼崩乐坏,而礼乐文化不仅没有崩坏,反而得到了社会普遍的重视。诚如刘泽华先生所言:“春秋时期的礼崩乐坏只是表明礼的实行范围发生了变化,礼的形式有改变,而礼的本身并没有被废弃,相反,礼在改造中又获得了新生。”①“礼”之新生,突出地体现在礼之制度与内在意义的剥离,这意味着人们开始重新审视礼本身的合理性和正当性,开始思考礼之为礼的深刻内涵和意义。《左传·昭公五年》中记载:

> 公如晋,自郊劳至于赠贿,无失礼。晋侯谓女叔齐曰:“鲁侯不亦善于礼乎?”对曰:“鲁侯焉知礼!”公曰:“何为?自郊劳至于赠贿,礼无违者,何故不知?”对曰:“是仪也,不可谓礼。礼,所以守其国,行其政令,无失其民者也。今政令在家,不能取也。有子家羁,弗能用也。奸大国之盟,陵虐小国;利人之难,不知其私。公室四分,民食于他。思莫在公,不图其终。为国君,难将及身,不恤其所。礼之本末将于此乎在,而屑屑焉习仪以亟,言善于礼,不亦远乎?”君子谓叔侯于是乎知礼。

鲁昭公在出访晋国期间,从郊外慰劳到赠送财货,处处符合礼制的规定。对此,晋平公认为他“善于礼”。然女叔齐却认为遵守礼制规定的鲁昭公是“焉知礼”,理由是,外在的形式化的繁文缛节:“是仪也,不可谓礼”,而真正的“礼”是“守其国,行其政令,无失其民者也”。女叔齐对“礼”与“仪”所作的区分,以及

① 刘泽华、葛荃:《中国古代政治思想史》,天津:南开大学出版社,2005年,第22页。

他对礼之根本要义的重新理解，说明春秋时期的人们已经意识到礼不只是一些形式化的仪式和制度，而是安邦安民、维护国家政治秩序的实质性的措施。又如《左传·昭公二十五年》中记载：

> 子大叔见赵简子，简子问揖让周旋之礼焉，对曰："是仪也，非礼也。"简子曰："敢问何谓礼？"对曰："吉也闻诸先大夫子产曰：'夫礼，天之经也，地之义也，民之行也。'天地之经，而民实则之。则天之明，因地之性，生其六气，用其五行。气为五味，发为五色，章为五声。淫则昏乱，民失其性，是故为礼以奉之。……乃能协于天地之性，是以长久。"

赵简子向郑国大夫子大叔询问"揖让周旋之礼"时，子大叔回答说："是仪也，非礼也"，并引用子产对礼的论述指出礼是"天经地义"的原则、百姓行为的依据。子产认为，无礼，则会导致"民失其性"，这里所谓"民性"，实际就是"人性"。而有礼，就能使人性"协于天地之性"。显然，春秋之礼在周礼的基础之上获得了更普遍的意义，"礼"已由旧有的制度之礼转变为贯通天道与人道的合理秩序。"'礼'不仅符合'天经地义'的宇宙之道，又符合'民实则之'的理性和人性，天道人心是赋予礼仪合理性的依据，也是仪礼的价值的来源。"①也就是说，"天经地义"的宇宙之道与"民实则之"的人性既是礼之来源的绝好依据，又统统归之于"礼"。"礼的观念，是萌芽于周初，显著于西周之末，而大流行于春秋时代"②，"礼"在春秋时期的意义与功能大有代替一切的势头。例如：

> 礼，经国家，定社稷，序民人，利后嗣者也。（《左传·隐公十一年》）
>
> 礼以体政，政以正民，是以政成而民听。（《左传·桓公二年》）
>
> 夫礼，所以正民也。（《国语·鲁语上》）
>
> 夫礼，国之纪也。（《国语·晋语四》）
>
> 礼，国之干也；敬，礼之舆也。不敬，则礼不行，礼不行，则上下昏，何以长世？（《左传·僖公十一年》）
>
> 礼，政之舆也；政，身之守也。怠礼，失政；失政，不立，是以乱也。

---

① 葛兆光：《七世纪前中国的知识、思想与信仰世界》，上海：复旦大学出版社，1998 年，第 166 页。

② 徐复观：《中国人性论史·先秦篇》，北京：九州出版社，2014 年，第 42～43 页。

(《左传·襄公二十一年》)

礼之可以为国也久矣,与天地并。(《左传·昭公二十六年》)

礼,上下之纪,天地之经纬,民之所以生也。(《左传·昭公二十五年》)

春秋时期人们对"礼"的理解可谓纷繁复杂,国家的政治秩序、社会的规范、个人的行为准则无不与"礼"密切相关。但对于"礼"的诠释无论多么复杂、丰富,最终都离不开一个根本要义,即伦理规范。简言之,礼的精髓就是规范人与人之间的伦理秩序,所谓"礼,上下之纪"。春秋之礼由形式化的礼仪向伦理性的礼义的变化,使"礼"不仅是治理国家,维护政治秩序的核心原则,而且扩展到一切人与人之间,成为每个人规范自己思想和行为的根本原则。"礼"之意义在春秋时期已经发生了突破性的变化,礼之伦理特性的内在意义和精神实质凸显出来,为后来孔子以礼为仁之表现提供了直接的思想资源。

上文业已指出,周代宗法之典礼制度虽是礼乐文化的制度保障,但它的最终依归则是"德"。然而到了春秋时期,由于崇礼思潮的发展,制度之"礼"向礼义之礼的转变,使"礼"的本质和功能发生了转变,它不再仅是外在的形式化的典礼制度,而是成为政治秩序乃至于人与人之间秩序的维护手段。这样,礼与德一样,具有了合理性与永恒性。《左传·僖公七年》中管仲"招携以礼,怀远以德。德礼不易,无人不怀"的说法可为典型例证。"德礼不易",就是认为德与礼都非常重要,需共同追求与维护。显然,这种转变的出现正是春秋时期人们对礼之本质和精髓进行反思的结果,即人们意识到礼是人与人之间的伦理、原则与规范,是国家治理之根本。正是由于人们对礼之意义的思考和发掘,使春秋之礼突显出来,成为与德对应的核心观念,使敬德崇礼成为当时人们的共识。而这一时期礼之意义的突起,同时也伴随着德之意义的内在化。对于这一时期德与礼的关系,我们可以这样概括:德是自我约束,是道德自觉意识,礼为外在约束,为伦理规范,两者密切相连。应当说,这种对德与礼的处理,对后来孔子仁礼合一的思想,有重要影响。

综上所述,儒家特定的知识论类型之形成,是由尧舜一直到春秋时期的思想传统决定的。纵观儒家知识论由尧舜一直到春秋时期的整个起源过程,可以发现,其思想的传承,如孔子早就揭示的那样,始终是因袭损益的。一方面,人之主体地位与价值的确立是一个渐进的过程,体现在天人关系中,即由"神为民主”逐渐发展为“民为神主”的人性的萌芽、崛起和神性的衰败、下落。而与这一过程相对应的是，德的观念越来越受到重视，发挥的作用越来越大，礼的本质与意义也愈发凸显出来且发挥着实际的功效，这些都为孔子知识论思想的产生奠定了深厚的根基。另一方面，古哲人始终扎根在朴素务实的实践上，并亘古不变地追求着德的理想，由最初尧舜禹时期的帝王之德政实践，逐渐发展为春秋时期的一切人与人之间的交往性道德智慧或者说人文理性，皆昭明着这一点。可以说，先秦儒家知识论思想以“道”这一人性的完美境界为最高真理以及其尤为重“行”的思想特点，皆根源于此。于是，在古代思想所提供的合适的土壤上，孔子的知识论思想应运而生了。

第二章　孔子的知识论思想

冯契先生说："考察性与天道，认识自我和认识世界之间的关系，使之逐渐地变得自觉起来，这就是哲学的智慧。"①可以说，孔子是真正获得这种自觉的第一人。孔子在对古代思想深刻反思的基础上，在不已的努力学习中获得了对"性与天道"的自觉，更严格来说，是获得了对人之性体仁心的自觉，从而建立起以"仁道"为核心的一体而连贯的知识论体系。性道合一，是孔子知识论思想之最大贡献；仁智合一，是孔子知识论思想之最大特色。此后的先秦儒家知识论思想，虽具体内容或有所不一，或在某一侧面上着重揭示，但基本上未有超孔子知识论之范式者。

第一节　知之限度与来源

钱穆先生说："西方哲学上之知识论，大要有两问题，一在问我之何以而能知？一在问我之所能知者究是些什么？换言之，即何者为我者所能知。中国传统知识论，则重在先认识了第二个问题，再来探讨第一个问题。"②就中国传统知识论来说，钱穆先生所言，可谓合情合理。孔子说："知之为知之，不知为不知。是知也。"(《论语·为政》，本章下引《论语》只注篇名）孔子此语"实为中

---

① 冯契：《冯契文集》(三)，上海：华东师范大学出版社，1996年，第198页。

② 钱穆：《人生十论》，北京：九州出版社，2014年，第54页。

国传统知识论奠基"[①]。在中国传统知识论这里，知道自己知道的，亦知道自己不知道的，这才能称得上是"知"。因而，人能够知什么？相应地即成为中国传统知识论中探讨的第一个问题，而紧接着而来的第二个问题则是人何以而能知？这两个问题是我们研究中国传统知识论问题的前提和基础，以下详细论之。

一、与人相关的世界

如庄子所云："吾生也有涯，而知也无涯。"(《庄子·养生主》)浩浩荡荡的宇宙间总共到底有多少"知"，是我们无法知道的。但有一点是可以肯定的，即人生有限，人能认识的对象亦有限，故人的知识必然也有限。既然知识具有有限性，人必有不能知者，那么我们就要探索"人能够知什么"。这是我们研究知识对象乃至整个知识论问题的前提。正如冯友兰先生所说："知识论的出现，是因为思想本身就是知识。照西方某些哲学家所说，为了思想，我们必须首先明了我们能够思想什么。"[②]因此，只有首先认清"人能够知什么"这一问题，才能让我们对孔子之知识的有限性及其有限性的具体范围有明确的认识。更重要的是，有助于我们更加严谨、更加准确地研究孔子知识论的相关问题，这是我们讨论此问题的目的和意义之所在。

对于这一问题，《论语》中虽然没有能够展示出孔子的看法的直接相关言语记载，但我们依然可以从孔子对鬼神和死亡的态度上窥其门径。

> 子不语怪、力、乱、神。(《述而》)
>
> 子曰："务民之义，敬鬼神而远之，可谓知矣。"(《雍也》)
>
> 季路问事鬼神。子曰："未能事人，焉能事鬼？""敢问死？"曰："未知生，焉知死？"(《先进》)

可见，孔子对鬼神及死亡之事持一种谨慎且"敬而远之"的态度。据此，有的学者便给出了这样的结论："孔子认为人知识的有限不能超越人的生存世

① 钱穆：《人生十论》，北京：九州出版社，2014 年，第 54 页。

② 冯友兰：《中国哲学简史》，北京：生活·读书·新知三联书店，2015 年，第 2 页。

界。”[①]但同样是根据孔子的鬼神观和生死观进行分析，冷天吉先生却给出了不一样的结论：“孔子的世界是一个与人相关的世界。”[②]看似相近的两种观点，仔细推敲后，则发现实际意义相差甚远。“不能超越人的生存世界”这一说法，是将孔子之知识限定在了经验世界里，而“与人相关的世界”这一说法，却不必如此。这两种观点大致代表了学者对此问题的两种基本看法。

对“人能够知什么”这一问题的看法，西方传统知识论者大致是属于第一种观点。例如，近代科学知识论之开启者康德认为，人只能认识由经验限定的现象界，而对于主观之人无法经验的现象，人对其是不可知的。正因为西方知识论持这样一种观点，故他们评价孔子对此问题的看法时，往往是偏于一隅的。如雅斯贝尔斯认为，孔子“在不可避免地谈到死自然以及世界秩序的时候，他的回答总是使这些问题保持着开放。并不是因为他喜欢故弄玄虚，而是因为这些事情的本性使然。对于终极问题的探索不仅基于错误的动机，这也正是思想家所不愿面对的。重要的是完全没有可能客观地讨论这些问题，他们永远不会以适当的方式成为一种对象。”[③]若事实真的如雅斯贝尔斯所言，那么，孔子在《为政》篇中说自己“五十而知天命”显然是无法解释的。因为毫无疑问，“天命”是非经验的。如此一来，我们就不能简单地将孔子的认知范围限定于人生存的经验世界。

笔者以为，“与人相关的世界”这种观点，更能准确地表达孔子的本意。雅斯贝尔斯认为，非经验者不可知是因为他们永远不会以适当的方式成为一种认识对象。然而在孔子这里，他却找到了使之成为一种认识对象的合适方式，那就是“学习”。孔子认为，“学习不仅是经历并思考无疑存在的事物”[④]，“在人的经验和学习中，我们可以在现实的许多层面链接许多问题”[⑤]。由于人对

---

① 夏丽志：《〈圣经〉〈论语〉知识论之比较》，《齐鲁学刊》2009年第5期。

② 冷天吉：《孔子的知识论》，《河南师范大学学报》(哲学社会科学版)2005年第2期。

③ 〔德〕卡尔·雅斯贝尔斯：《大哲学家》，李雪涛主译，北京：社会科学出版社，2005年，第138页。

④ 〔美〕成中英：《合外内之道——儒家哲学论》，北京：中国社会科学出版社，2001年，第39页。

⑤ 〔美〕成中英：《合外内之道——儒家哲学论》，北京：中国社会科学出版社，2001年，第38页。

未知领域的想象、体悟或精神寄托，使这些不可经验之事与人发生了联系，他们虽不存在于现实的经验世界中，却存在于人的思想以及现实需要中，并以这种方式成为人认知的对象，构成人的知识。正如，一般情况下，“鬼神”与我并无联系，对我而言，它是“不可知”的。而当我们举行葬礼和祭礼以寄托我们对祖先的悲恸或哀思之情时，鬼神以我的情感寄托的方式与我发生了链接。此时，它对我来说才是有意义的存在，才是“可知”的，而此时我对它的感悟、精神寄托便构成了属于我的知识。

在孔子这里，能不能知，其关键不在于它们是不是经验的事物，而在于它们有没有以合适的方式与人发生联系。“学习”正是孔子联系的工具。我们发现，孔子之认知对象并非从“知”中分辨出来，而是通过与“我”的关系被塑造出来，具体来看，是通过学习的经历、思考、感悟与人发生联系而成为被认知的对象。简言之，孔子认为“人能知”的是能与人发生联系的一切事物，即“与人相关的世界”。

值得玩味的是，孔子在对诸如鬼神的非经验事物的态度上，“人”始终是一个最重要的因素。普通的宗教祭祀活动，其关注点在于鬼神，满足了鬼神才能够满足人的私欲，获得赦罪或庇佑得福。而在孔子这里，鬼神变得不那么重要，祭祀的中心点是“人”，祭祀时所进行的一切活动，表达的始终是人的感情，满足的始终是人的精神需要，但这种感情和精神需要并不是一种为自己的自私的动机，而“只在尽一己之德，并无所求于鬼神”①。《论语》中“吾不与祭，如不祭”(《八佾》)的说法，就是最佳证明。孔子认为若不是亲身临祭，便如没有祭祀一般。很明显，与重视祭礼相比，他更重视的是祭礼之时祭者之心情。《乡党》篇中有“乡人傩，朝服而立于阼阶”的记载，傩是古人驱逐疫鬼的一种仪式，孔子穿上朝服立于家庙的东阶之上，难道是真的相信傩礼吗？只是表达其对乡党群众之敬意而已。另外，《论语·雍也》篇中孔子对樊迟问知的回答，也很好地说明了这一点：“务民之义，敬鬼神而远之，可谓知矣。”敬鬼神，其实等于是敬民；远鬼神，亦是民意使然。“知”就是不惑于鬼神之可知或不可知，而能专心用力于人道上。总之，在孔子这里，能知的范围是以“人”为中心的设

---

① 徐复观：《中国人性论史·先秦篇》，北京：九州出版社，2014 年，第 76 页。

定，孔子之知识论从本质上说是一种"人本知识论"。

二、"生而知"与"学而知"

"人何以而能知"的问题，换一个提法，即"知识之来源"的问题。这一问题亦是中国传统知识论之基础问题。张岱年先生就曾说过："知论之最基本的问题，是知之性质与来源问题。"[①]人的知识从哪里来？是天生既有，还是后天所得？孔子对于这一问题有过明确地思考和回答。

孔子言："生而知之者上也，学而知之者次也；困而学之，又其次也；困而不学，民斯为下矣。"(《季氏》)孔子从知识来源的角度把人依次分为"生而知之者""学而知之者""困而学之者"以及"困而不学者"四个等级。他认为有的人生来就自然而然地拥有了一切的知识，无须任何的途径，这种人是"生而知之者"；有的人虽生来不具有知识，却通过后天的积极主动的努力学习同样获得了知识，这种人是"学而知之者"；还有一种虽也属于"学而知之者"，却非积极主动的学习，而是在现实生活中遇到困难、行不通时才去学习；而最后一种人，是自暴自弃，完全放弃追求知识的人，这种人不会获得知识，是"不知""无知"之人，即孔子所说的"困而不学者"。孔子言："唯上知与下愚不移"(《阳货》)。只有上知与下愚之人不可改变。也就是说，"生而知之"的"上知"与"困而不学"的"下愚"，是先天注定而无法改变的，而能够改变的只是通过后天学习而获取知识的"学而知之者"和"困而学之者"。这两类人实际上可归结为一类人，即"学知"者，也是孔子口中的"中人"。孔子说："中人以上，可以语上也；中人以下，不可以语上也。"孔子认为人先天就有智力水平、认识能力以及道德品质的差异，因此施教时也应当有所不同。对于"中人"以上的人才可以同他们讲大道理，而对于"困而不学"的"下愚"，就不需要浪费口舌了。由上可见，实际上孔子认为，知识的来源途径有两种：生知与学知。

孔子虽然将"知"的来源归结为"生而知之"和"学而知之"两种，但值得注意的是，对于"生而知之"者，整部《论语》，无论是对他人还是对孔子自己，都看不出孔子对这种存在的肯定。《论语》中提到许多孔子推崇的历史人物，如尧、

① 张岱年：《中国哲学大纲》，北京：商务印书馆，2015年，第720页。

舜、禹、汤、周公，还有当时的诸侯、大夫、卿士、隐士以及孔门诸弟子等，均未说过他们当中的哪个是“生而知之”者。孔子晚年在当时已经成为颇具盛名的学问家了，而他却明确地说：“我非生而知之者，好古，敏以求之者也。”(《述而》)实际上，孔子一生都致力于不断地努力求学中，他说：“吾十有五而志于学”(《为政》)，又说：“十室之邑，必有忠信如丘者焉，不如丘之好学也。”(《公冶长》)他以亲身经历告诉人们：想要获得知识就必须要努力学习。另外，即使对于圣人，孔子也不许以“生而知之者”。孔子不仅不认为自己是圣人，甚至连圣人是否真的存在，孔子也不十分肯定。他说：“圣人，吾不得而见之矣，得见君子者，斯可矣。”(《述而》)

由此我们可以知道，所谓“生而知之者”，在孔子的知识论思想中只是一种理论假设而已。我们要想获得知识的唯一途径就只有“学”。

第二节　以人性为立足点的求道之知

“人能够知什么”的问题与“人应该知什么”的问题虽同是关于孔子认知对象的问题，但却是两个不同维度和不同层次的问题。“人能够知什么”的问题向我们揭示了孔子之知的有限性以及此有限性的具体范围，是我们讨论“人应该知什么”问题的前提和基础。但相对于“人能够知什么”这一问题，孔子更注重的是“人应该知什么”的问题。在现实生活中，人具体所知只不过是占了人能知的范围的一小部分而已。但恰恰是这一小部分，才是人自身主观意愿选择的真正体现，而孔子所关注的也正是这一部分。易言之，孔子重视的是对知识的选择。《论语·子路》篇中所记载的一个例子，即很好地说明了这一点。樊迟向孔子请求学种庄稼和蔬菜的知识，孔子说：“我不如农民。”等樊迟退出后，孔子却训斥道：“小人哉，樊须也！上好礼，则民莫敢不敬；上好义，则民莫敢不服；上好信，则民莫敢不用情。夫如是，则四方之民，襁负其子而至矣；焉用稼！”孔子自称是“诲人不倦”(《述而》)之师者，对待学生常常“循循然善诱”(《子罕》)。《论语》中孔子如此怒斥学生的情况是不多见的。而孔子之所以训斥樊迟为小人，正是因为他错误地选择了小人之学，不懂自己“应该知什么”。

“人应该知什么”的问题，勾勒出了孔子知识论的整体轮廓。它是孔子认知的对象乃至整个孔子知识论思想的核心和重中之重。若用一句话来概括这一问题，那就是：孔子认为，人应该知“道”。的确，孔学不是器物经验之学，亦非纯思辨之学，而是根植于人性，通达着天道的“一以贯之”的仁道之学。故孔子说：“君子不器”(《为政》)；“游于艺”(《述而》)。所谓“不器”，即认为人不能限定在某一领域、某一方面而停滞不前。所谓“游于艺”，即不拘泥于某一艺而能够涵泳自如地对待与运用知识。相对于“道”而言，“器”“艺”主要指的是特定的对象和具体的领域，作为特定与具体之事物，不仅彼此间有界限，其用途亦是一定的。而“道”的内在旨趣，则意味着打破与超越这种界限性与限定性，以达到对宇宙人生的浑然无间的整体认识。

一、孔子之道：“仁”以贯之

与以“器”“艺”的形而下的知识来把握宇宙人生明显不同，孔子对于知识的追问，是超越了“器”“艺”层面的形而上的智慧之思、仁道之学。易言之，“道”就是孔子孜孜以求之真理，是孔子为学求知的终极目标。孔子所谓的“朝闻道，夕死可矣”(《里仁》)即是最佳证明。孔子认为，人若在早上得以闻“道”，即便是夕间死去也是值得的。显然，“道”之于孔子而言已然是超越生死的存在。而孔子的一生就是坚定不移地向着“道”的方向努力奋进的一生。

孔子曾对自己为学修养的一生有过高度地概括：“吾十有五而志于学，三十而立，四十而不惑，五十而知天命，六十而耳顺，七十而从心所欲，不逾矩。”(《为政》)冯友兰先生说：“孔子说他自己‘十五而有志于学’，是说懂得了立志学道。”①我们知道，孔子所谓“志”，就是树立一个终身为之奋斗的目标，它不是一时兴起，而是一旦决定了，便一生坚定不移。正是基于此，孔子才说：“三军可夺帅也，匹夫不可夺志也。”(《子罕》)孔子之“志”有“志定而不可夺”之意。因此，孔子所言：“志于道，据于德，依于仁，游于艺”(《述而》)，就是明确了“道”乃其一生为之奋斗的目标，而据于德、依于仁、游于艺的最终目的都在实现这

① 冯友兰：《中国哲学简史》，北京：生活·读书·新知三联书店，2009年，第2页。

个“道”。孔子对于“道”的态度与决心就是“死守善道”(《泰伯》),同时视“道”的价值甚至超出生命:“朝闻道,夕死可矣。”(《里仁》)以上种种都表明:“道”在孔子心目中的至高地位,是任何东西都无法比拟的。可以说,“道”的理想与价值所在,也正是其人生的理想和价值所在。故孔子言:“君子谋道不谋食”,“君子忧道不忧贫”(《卫灵公》),“人能弘道,非道弘人”(《卫灵公》),“笃信好学,死守善道”(《泰伯》),“就有道者而正焉”(《学而》)。一言以蔽之,“道”是孔子为学求知的终极对象和最高目标。

那么,何谓孔子所志之“道”?《论语》中言道的地方颇多,笔者统计约有89次之多。但孔子未给出严密的界说,其意义不尽相同。总结来看,有治理引导之义,如:“道千乘之国”(《学而》)“道之以政”(《为政》);有道路之义,如:“道听而涂说,德之弃也”(《阳货》);有社会政治理想之义,如:“邦有道,不废;邦无道,免于刑戮”(《公冶长》);有方法原则之义,如:“以道事君”(《先进》)、“说之不以道,不说也”(《子路》);有宇宙人生的终极真理之义,如:“志于道”(《里仁》),“道不同,不相为谋”“君子谋道不谋食”(《卫灵公》),等等。纵观孔子对于“道”的所有论述,不难看出,他所谓的“道”,实与孔学的每一侧面都相关联而又超出之,实际上可视为是孔学的最高程度的概括。事实上,孔子曾明确说明,其所追求的“道”,有一个“一以贯之”的东西:

> 子曰:“参乎!吾道一以贯之。”曾子曰:“唯。”子出,门人问曰:“何谓也?”曾子曰:“夫子之道,忠恕而已矣。”(《里仁》)

无疑地,这为我们了解孔子之道的本质指明了方向。易言之,只要我们弄明白“吾道一以贯之”之“一”的具体所指,就能够了悟清楚何谓孔子之道了。正如来可泓所说:孔子所谓的“一”“可能就是一个本质的东西,只要掌握了本质的东西,就一通百通了”①。

那么,何谓孔子“吾道一以贯之”之“一”?孔子的学生曾子第一个回答了这个问题,他认为孔子所谓的“一以贯之”之“一”指的是“忠恕”——“夫子之道,忠恕而已矣”(《里仁》)。那么,曾子以“忠恕”释“一以贯之”之“一”,是否能

① 来可泓:《论语直解》,上海:复旦大学出版社,1996年,第417页。

明摘其蕴意呢？持肯定答案的学者不在少数。“自宋以来，学者大多以曾子的阐释为定论，‘忠恕’成了孔学之枢机、儒家之纲领。”①如朱熹《四书章句集注》载程子语曰：“圣人教人各因其才，吾道一以贯之，惟曾子为能达此，孔子所以告之也。曾子告门人曰：‘夫子之道，忠恕而已矣。’亦犹夫子之告曾子也。”②蔡节《论语集说》中云：“忠为体，恕为用，用之周乎物，即事体之流行者也，此所谓一以贯之也。其曰‘夫子之道，忠恕而已矣’者，舍忠恕之外，他无足以发明一以贯之也。”③当然，不认同以“忠恕”释孔子“一以贯之”之“一”的学者也不在少数。如钱穆说：“曾子以忠恕阐释师道之一贯，可谓虽不中不远矣。若由孔子自言之，或当别有说。”④崔宜明认为：“以‘忠恕’为‘一以贯之’之‘一’，大谬！”冯友兰指出：“‘忠恕之道’，孔子认为，这就是把仁付诸实践的途径，也就是孔子所说的‘仁之方’。”⑤

笔者以为，与其在各家疏解中寻求道之本质内涵的答案，不如将目光转移回孔学之本身。“道”既然是孔子为学求知的终极目标，那么，要理解孔子所志之“道”的内涵——“一”，就必须将其与为学求知之具体对象紧密结合。孔子为学求知的一生，虽然在不同阶段有种种不同的具体的对象和目标，但终极对象和最高目标皆是为了实现此所志之“道”。孔子亦是学而知之者[所谓“我非生而知之者”(《述而》)]，其学的对象也就是其知的对象。虽然孔子没有具体解释所志之“道”为何，但我们依然可以从他学习的具体对象上一探究竟。《论语》中最直接的关于孔子学习对象的记载见于公孙朝与子贡的一段对话中：

> 卫公孙朝问于子贡曰：“仲尼焉学？”子贡曰：“文武之道，未坠于地，在人。贤者识其大者，不贤者识其小者，莫不有文武之道焉。夫子焉不学？而亦何常师之有？”(《子张》)

子贡所谓“莫不有文武之道”的回答，比较明确地道出了孔子学习的主要

---

① 崔宜明：《先秦儒家哲学知识论体系研究》，上海：上海人民出版社，2014 年，第 23 页。

② (宋)朱熹：《四书章句集注》，北京：中华书局，2011 年，第 71～72 页。

③ (宋)蔡节：《论语集说》第二卷，台北：商务印书馆，1983 年，第 23 页。

④ 钱穆：《论语新解》，北京：生活·读书·新知三联书店，2015 年，第 90 页。

⑤ 冯友兰：《中国哲学简史》，北京：生活·读书·新知三联书店，2009 年，第 47 页。

对象:“文武之道”。《中庸》云:“仲尼祖述尧舜,宪章文武。”刘宝楠《论语正义》注曰:“大道之传由尧舜,递至我周,制礼作乐,于是大备,故言文王既没,其文在兹。”[①]可见,文武之道指的就是西周以来的礼乐文化,而这也正是孔子所说“其文在兹”之“文”的主要内容。孔子曾感叹:“人而不仁,如礼何?人而不仁,如乐何?”(《八佾》)孔子认为,“仁”是礼乐文化的内在本质,“仁是礼乐的超越原则,礼乐要有真实的意义,就要靠这个仁”[②],没有“仁”就不可能有“礼隆乐盛”的文武之道。孔子所推崇的“文武之道”是其为学求知的具体对象和主要内容,而支撑“文武之道”的内在灵魂——“仁”则是孔子追求的终极对象和最高目标。换句话说,孔子认为,我们应当追求的是文武之道,而最终应当追求的是“仁道”。另外,按孔子所说“君子学道则爱人”(《阳货》)以及“樊问‘仁’,子曰:‘爱人’”(《颜渊》)的对话,也可以明显看出,孔子所志“朝闻道,夕死可矣”之“道”指的就是“仁道”。明乎此,我们即可理解何以孔子将“仁”看作是可以舍弃生命的存在了,乃所谓:“志士仁人,无求生以害仁,有杀身以成仁。”(《卫灵公》)论述至此,我们可以得出结论:“仁”是孔子之“道”的本质内涵,孔子之道“仁”以贯之。易言之,于孔子而言,求“仁”就是求“道”,“道”即“仁道”。

二、对人性的自觉:孔子仁道思想之来源

孔子之知识论是以“仁”为中心构建起来的一种人本知识论,其为学求知的最终目的就是为了实现“仁”。而孔子“仁”的思想来源于他对“天人关系”的自觉,更准确来说,来自他对“人性”的自觉。虽然《论语》中孔子言“性”之处仅一见,所谓“性相近,习相远也”(《阳货》),然他对人性的深刻洞见却渗透在其言辞和行为之中,可谓无处不见。

在孔学以及儒学传统中,人的本质属性是道德性,人是在“德”的意义上被贞定的。《中庸》引孔子曰:“仁者,人也。”就是说,“仁”是人之异于禽兽的“类本质”,是使人成为人的根本原则,是人性。徐复观先生对此也有精彩的见解:孔子“实际上认定仁是对于人之所以为人的最根本的规定,亦即认为仁是作为

① (清)刘宝楠:《论语正义》下册,北京:中华书局,2015年,第750页。

② 牟宗三:《中国哲学十九讲》,吉林:吉林出版集团有限责任公司,2010年,第48页。

生命根源的人性”[1]。

当然，除了人的本质属性——仁，人还有其他的性，因为人不但是人，而且是动物。正如冯友兰所说：“生物之性、动物之性，亦是人所有的，但不是人之性，而是人所有之性。感情欲望等，大概都是从人的人所有之性发出的。”[2]也就是说，人之性有两个涵义，一是人之所有之性，这层意义上的性，可谓“生之为性”的自然欲求，如告子所说的“食色性也”（《孟子·告子上》）；一是人之异于万物之性，即孟子所说的“人之异于禽兽者几希”之性，也就是人之为人的根本之性。孔子所谓的“性相近”之性，应当是包含了上述两种性的涵义的。孔子对人之“生之为性”的自然欲求有着清醒地认识，他说：“吾未见好德如好色者也”（《卫灵公》）；“三年学，不至于谷，不易得也”（《泰伯》）。显然，一方面，从人之好色好利的自然欲求来看，人性是不完美的。但另一方面，孔子又认为，人性是充足完备的，因为克服自我人性弊端的力量就内在于人性本身，即孔子所谓“仁”。孔子所关注所重视的正是这一层次的人性，这一点是需要特别指出的。

孔子说：“性相近。”（《阳货》）此一说，确立了“仁”之性体的共同性和普遍性。“仁”为人人皆有之本性，故仁不远人。此乃孔子所谓“仁”之最为简单平易之处。然仁不远人，并非意味着人就能达到“仁”，因为“仁”还有其最高的超越之处——“天”。“天”不仅是孔子人性之“仁”的本原，亦为其开启了不断追寻的目标和方向。“诗曰：‘天生蒸民，有物有则。民之秉夷，好是懿德。’孔子曰：‘为此诗者，其知道乎！故有物比有则，民之秉夷也，故好是懿德。’”（《孟子·告子上》）天生育万物，万物皆有所秉承，而人对天的秉承造就了人对美好之德的喜爱和追求。孔子在此透彻地表达出了人与天的关系，即人之德本于天之德而向于天之德。孔子说：“天何言哉？四时行焉，百物生焉，天何言哉？”（《阳货》）天于无言中使四时行而百物生，此天道之德实为最纯然至善、伟大无私，而人性即直接承此天道之德。

孔子之“人承天德”的思想与西周传统的天神观念迥然有别，更与西方宗教“人承天心上帝”的思想相去甚远。西周以来，传统天神的权威受到很大的

---

① 徐复观：《中国人性论史·先秦篇》，北京：九州出版社，2014年，第90页。

② 冯友兰：《冯友兰散文觉解人生》，北京：北京联合出版公司，2015年，第22页。

冲击，人开始萌生对自身价值和地位的自觉。春秋时已有“国将兴，听于民；将亡，听于神。神，聪明正直而壹者也，依人而行”(《左传·庄公三十二年》)的思想。孔子天道、天命的思想便直接发轫于此。但孔子的伟大绝不在于他延续了西周以来的“以德配天”的天命观，而在于他“以仁发明天道”的人的主体地位的完全挺立。正如唐君毅先生所指出的：“孔子以前亦有天，人亦知信天，而敬天学天之仁等；然自觉天之所以为天道，即是此仁，而惟以仁道言天者，则自孔子始。惟孔子而后真知人文之道与天道，惟是同一之仁道，而立人道以继天道。”①孔子自觉人性本身即充分自足，尽涵万物，赋有无穷无尽的创造力量。这一伟大的突破与觉醒，决定了后人永远不会走西方宗教式的文化进路。在西方基督教那里，人对上帝的信仰虽亦出自上帝有此无私之德，然上帝的绝对超越性，造成了人在上帝面前不免卑逊且多罪孽深重之感。而在孔子这里，人既秉承于天，那么在德的意义上，人与天是同质的，二者既相反又相感相通。同时，人与天是俱尊的，人性虽有弊端，如“吾未见好德如好色者也”(《卫灵公》)，但人性却无罪。人秉承天道之无私至善之德也并非出于为自己的动机，而乃就于人本有此潜在的性体仁心。于是人责无旁贷，务必努力奋进，不断地扩充此仁心，使其不断的由内发乎外，而最终上达于天道，达到如《易传》所云：“大人者与天地合德”的最高人格境界。故孔子之“人承天德”，不为西方宗教之信天而求福与不朽，而在于对人性本身的自觉自信，挺立人之为人的道德人格本源。孔子以此仁心发明此天道，即是以仁道言天道，是重在立人道，而立人道即是见天道。即在孔子这里，天道、人道、仁道是三而一的，天道即仁道，亦即人道。

值得注意的是，天道虽遥远地与仁心相感相通，但要实践仁心以上达天道，却非易事，其关键在于学。但仁心若非天赋人性，学以实践仁心便成了无中生有、凭空造作。正如钱穆先生所说：“德由修养，然非具此天性，则修养无所施。”②所以天道虽为孔子之仁开启了精神方向并激发了其无限向上的力量，但究其根本则在于人性本身。人是“天地之心”(《礼记·礼运》)、“天下至

---

① 唐君毅：《中国文化之精神价值》，南京：江苏教育出版社，2005年，第36页。

② 钱穆：《论语新解》，北京：生活·读书·新知三联书店，2015年，第168页。

诚”(《中庸》),故唯有人能秉承天德,并有能力将此天赋人性步步提升、扩充,而最终与天道合一,成就完美的人格;动物则永远不可能承此天道之仁,亦永远不可能通过学习与受教开显此仁,因为它们从根本上就不具备这种性体。

由此而论,在孔子这里,严格来说,天道并没有独立的意义和地位,孔子讲“天道”是基于“人性”讲的,孔子对“天道”的自觉根本上是对“人之为人”的人性主体的自觉。用牟宗三的话来说,即是“开主体”“道德的自觉心”①。成中英对此也有十分精彩的解说:“人对自己的了解不可避免地有一个本体论的方面,即人有一种内在的冲动,实现他身内朝着不断增长不断扩大的社会与现实的统一的趋向,在这种冲动中,他将看到自身的不断更新,以及对他自己的定义。从这个意义上说,人即包含了理性与存在统一的开始,也包含了完成这一统一的可能。”②所以在孔子眼中,天之生人,乃借人性显其德,因而人性本身即潜涵一切存在,且富有现实的创造性的力量。故孔子说:“仁远乎哉?我欲仁,斯仁至矣。”(《述而》)

总而言之,自孔子始,有了一种人性的自觉,才挺立起人作为一个人的道德主体地位,从而使人生有了目标,生命亦充满意义。因此,对人性的自觉,不仅是孔子“仁道”思想的来源和立足点,亦是儒家人生哲学最为鲜明的特色,甚至构成了儒学乃至整个中华民族的基本精神。③

---

① 牟宗三先生认为,孔子重点讲“仁”就是开主体,开主体就是道德的自觉心。就是因为道德意识强,主体才会首先透露出来。开主体并不是不要天,而是主体和天可以通在一起。笔者以为,牟先生之见解非常精辟。参见牟宗三:《中国哲学十九讲》,长春:吉林出版集团有限责任公司,2010年,第69～71页。

② 〔美〕成中英:《合外内之道——儒家哲学论》,北京:中国社会科学出版社,2001年,第44页。

③ 钱穆先生于《人生十论》一书中提到过,日本吉川幸次郎曾对他说:“中国人骂人说,你算个人吗?这是中国文化的特点。”钱穆先生对此感叹道:“他可算得明白了中国文化。”(钱穆:《人生十论》,北京:九州出版社,2014年,第163页)显然,做得做不了一个“人”是中国人最看重的。这个“人”不是自然意义上的人,而是“道德”意义上的人,是我们古人常说的“人品”,亦是我们现在人所说的“人格”。然若要对这一“人”之文化追根溯源,则根于两千五百多年前孔子对人之为人的人性之“仁”的自觉。此后,做一个“人”的观念牢牢地扎进了国人的生命里,绵延千年而不坠。因而可以说,发轫于孔子的“人”之精神,可谓是整个中华民族的基本精神。

三、"仁"之蕴意

孔子言:"民之于仁也,甚于水火。水火吾见蹈而死者矣,未见蹈仁而死者也。"(《卫灵公》)孔子此语,意在表达"仁"之于人之重要意义:人生之有赖于"仁",更甚于有赖于水火,所谓"民非水火不生活"(《孟子·尽心上》),而人离了"仁"的生活简直是不可想象的。现实中只见因蹈水火而死的,却未见因践行仁而死了的。所以孔子勉励人们应当"志于仁"(《里仁》)、"依于仁"(《述而》)。

仁对于人如此之重要,究竟"仁"谓何?关于仁,《论语》中孔子谈得很多:

> (樊迟)问仁。曰:"仁者先难而后获,可谓仁矣。"(《雍也》)
>
> 子贡曰:"如有博施于民而能济众,何如?可谓仁乎?"子曰:"何事于仁!必也圣乎!尧舜其犹病诸!夫仁者,己欲立而立人,己欲达而达人。能近取譬,可谓仁之方也已。"(《雍也》)
>
> 樊迟问仁。子曰:"居处恭,执事敬,与人忠;虽之夷狄(敌),不可弃也。"(《子路》)
>
> 樊迟问"仁"。子曰:"爱人。"(《颜渊》)
>
> 子张问仁于孔子。孔子曰:"能行五者于天下,为仁矣。"请问之。曰:"恭、宽、信、敏、惠。恭则不侮,宽则得众,信则人任焉,敏则有功,惠则足以使人。"(《阳货》)

我们可以看到,孔子对于"仁"的解答,是"孔子在不同的场合,针对不同性格、志趣、学识、根器的学生和人物,随机作答,方便权说呈露的"①。也就是说,孔子自始至终都没有对"仁是什么"给出一个确定的定义。正因为如此,孔子弟子及后代的儒学研究者,对其所谓"仁"之内涵的理解也就众说纷纭。如王树人所说:"要把这个概念解释清楚,要使这个问题得到公认的解决,至今仍然是困难的。"②

事实上,笔者认为,要完全地理解孔子之所谓"仁"的真正意蕴,是极其困

---

① 颜炳罡:《论孔子的仁礼合一说》,《山东大学学报》(哲学社会科学版)2001 年第 1 期。

② 王树人:《〈论语〉中仁的不同含义辨析》,《孔子研究》1991 年第 1 期。

难的，之所以如此，是因为孔子对“仁”的自觉，以及最终的“成仁”，不是谈空说玄，而是通过其发愤忘食、自强不息地努力好学而“实知实证”的。孔子最喜以“好学”自许与期人，他的一生都致力于奋力不懈地学习中：

> 十室之邑，必有忠信如丘者焉，不如丘之好学也。（《公冶长》）
>
> 学如不及，犹恐失之。（《泰伯》）
>
> 加我数年，五十以学《易》，可以无大过矣。（《述而》）

孔子晚年对自己一生为学求知的人格修养过程做了一番总结：“吾十有五而志于学，三十而立，四十而不惑，五十而知天命，六十而耳顺，七十而从心所欲，不逾矩。”（《为政》）所谓“五十而知天命”，朱熹注曰：“天命，即天道之流行而赋予物者，乃事物所以当然之故也。”[①]而天道之流行所赋予人者，即人性。如此，知天命亦是知人性，是对人性的自觉，而《中庸》一语“天命之谓性”更是昭明了此义。如上文所说，人一旦知天命，有了对人性的自觉，便会油然而生一种当仁不让的人之为人的道德自觉和道德责任感，如此，想要达到“从心所欲，不逾矩”的“仁”之最高人格境界便是“我欲仁，斯仁至矣”（《述而》）。易言之，一个人一旦有了对人性之“仁”的自觉，就能够做到坚定不移、心无旁骛地以“仁”来成就自己。

虽然知天命，有了“仁”的自觉，并非意味着已经达到“仁”，但却意味着已经真切地明白了何谓“仁”。因为“孔子‘五十而知天命’的‘知’，是‘证知’的知，是他从十五志学以后，不断地‘下学而上达’，从经验的积累中，从实践的上达中，证知了道德的超经验性。这种道德的超经验性，在孔子便由传统的观念而称之为天、天道、天命”[②]，而正如上文业已指出的，天道即是仁道。故孔子之“仁”并没有什么神秘的性质，它是可以经由道德工夫被证知的。但值得注意的是，也正因为孔子之仁是被“证知”的仁，因此，我们若不经由一番“下学而上达”的艰苦的道德工夫，是无论如何也无法真正理解孔子所谓“仁”之真正蕴意的。“仁”就如同“幸福”一样，完全属于个人之事，若自身不真正体验，而只听他人诉说，就永远都无法体会到幸福的真谛。故在孔子这里，比起“仁”是什

---

① （宋）朱熹：《四书章句集注》，北京：中华书局，2011年，第56页。

② 徐复观：《中国人性论史·先秦篇》，北京：九州出版社，2014年，第79页。

么而言，如何求仁才是孔子最关心的。把握了这一点，我们就很容易理解何以孔子答弟子之“问仁”会如此不同了。孔子之答弟子“问仁”，其目的不在于告诉他们何谓仁，而在于告诉他们实现“仁”的方法和途径，即怎样去做以追求仁、符合仁。如樊迟问仁，孔子“居处恭，执事敬，与人忠，虽之夷狄，不可弃也”（《子路》）的回答，以及颜渊问仁，孔子“克己复礼为仁”（《颜渊》）的回答都很好地证明了这一点。

当然，即使我们难以完全了解孔子之所谓“仁”，也并不意味着我们对于孔子之“仁”只能一无所知。事实上，我们依然可以从孔子诸多的关于“仁”的谈论话语中，了解到“仁”的一些蕴意。也就是说，虽然“仁”这个概念无法解释得十分清楚，但并不妨碍我们获得一些有关它的基本共识。在此，笔者不揣浅陋，试提出自己认为最重要的两点。

首先，如前文所说，仁是人性、仁性，亦是仁道、天道。故可以说，“仁是融合性与天道的真实内容”①。更严格来说，仁是包容天道万物的真实内容。于孔子而言，仁就代表人之主体，仁就是人性，“孔子拈出一个仁字，就是表明人能超出主体而接纳、包含、润泽外在之人之物”②。与西方知识论中主客对立的关系完全不同，孔子之仁是“仁者浑然与物同体”。西方知识论之主客对立造成了主体对客体认知的主宰性与决定性，而儒家所谓的“浑然同体”，则是主体之人不要求对客体的主宰性，而自有其主宰性，这个主宰性就是人之仁性。正如牟宗三所说：“儒家主要的就是主体，客体是通过主体而收摄进来的，主体透射到客体而且摄客归主。”③可见，仁不仅是与物无碍，且是与物不分。易言之，仁者不仅自身有仁，亦使自身以外的一切万物同化入此一“仁”境，这正是仁之“成己成物”的精神。孔子所说的“夫仁者，己欲立而立人，己欲达而达人”（《雍也》），更是直接将“仁”这一“成己成物”的要求彻底昭揭。自己求立，亦帮人立，自己求达，亦帮人达。不仅自强不息，且善为人谋，这正是紧扣仁之“成己成物”的精神说的。

---

① 徐复观：《中国人性论史·先秦篇》，北京：九州出版社，2014 年，第 84 页。

② 〔美〕成中英：《合外内之道——儒家哲学论》，北京：中国社会科学出版社，2001 年，第 352 页。

③ 牟宗三：《中国哲学十九讲》，长春：吉林出版集团有限责任公司，2010 年，第 70 页。

具体而言，仁之“成己”，意味着仁是人的完成，且唯有仁才能够使一个人真正地完成自我。因为“仁”是人之为人的本质规定，故人格的成就必然是以发挥此仁性来实现的。因此，一个人追求“仁道”的实现过程，也恰恰是其完成自我人格的过程，其最终结果必然指向人格臻至完美境界的“圣人”。正如成中英先生所说：“一个人知‘道’越多，养性愈深，所应为就愈成为所欲为。他甚至能达到所欲为即所应为的境界。这即是孔子所说‘从心所欲，不逾矩’的境界。”①而荀子认为圣人是道的集中体现，所谓“圣人也者，道之管也”（《荀子·儒效》），更是将这一意思表达得十分清楚。总之，在孔子这里，追求圣人的完美人格与追求“仁道”的终极对象和最高目标是一致的，故我们说仁是人的完成。就“成物”的方面言，孔子认为最重要的一点就是“爱人”②。这一对他人的“爱”乃指一种由内心而发的真实情感，是诚心诚意地、毫无条件地对他人的关心、负责，尊重。同时，这种爱的情感还需转化为实际的行动，对他人有实际的益处，乃所谓“爱之能勿劳乎？”（《宪问》）孔子所谓的“爱人”不是一时的善举，而是一项需要一辈子努力与坚持的艰巨任务。的确，一个人想要在一件事上“爱人”不难，但想要持之以恒就很困难。由此，我们可以了解《论语》中所说的“仁以为己任，不亦重乎，死而后已，不亦远乎”的意义的深切。

总之，孔子之“仁”，界定人、发展人、成就人，实现人的至善，同时又在成己中成物，实现天的至善。简言之，“仁”是“天人不隔”“物我不隔”的境界，是成己成物的学问。

再者，在孔子，“仁”必涵“智”。《论语·雍也》篇曰：

> 宰我问曰：“仁者，虽告之曰，‘井有仁焉。’其从之也？”子曰：“何为其然也？君子可逝也，不可陷也；可欺也，不可罔也。”

宰我问孔子：有仁德的人若闻有人坠井，他是不是就会毫不犹豫地贸然入井施救呢？孔子回答说：君子闻人之告，可以被诱骗使之前往察看，却不会被陷害被迷惑自投入井。显然，“仁”之于孔子不仅是爱人之情，亦是智慧、理性的运

① 〔美〕成中英：《合外内之道——儒家哲学论》，北京：中国社会科学出版社，2001年，第42页。

② 《论语·颜渊》篇中载：“‘樊迟’问仁。子曰：‘爱人’。”

用。我们常闻有愚忠愚孝，却未闻有愚仁，因为忠孝是发自内心的爱的情感，情感可以被愚弄，但是“仁”是德性的最高境界，其中包含着“智”的运用，因而仁者不可被愚弄。而且“仁者”既能不愚昧，又能展露本心，做到不虚伪、不姑息。如孔子所说：“唯仁者能好人，能恶人。”（《里仁》）孔子此语虽浅，其意却深。喜欢好人，憎恶恶人，人孰不能？但不仁之人，心有私欲杂念，易多生顾虑，故对于其所好恶，皆无法得其正。而唯有有仁德之人能真心地喜欢人，亦能真心地憎恶人。因为虽仁者本爱人，却不是单纯地爱人，其中闪耀着明辨善恶、是非的智慧、理性的光芒。正如冯契先生所说：“孔子的‘仁’是‘情’（爱心，同情心）和‘理’（理性的要求）的统一，是人道原则与理性原则的统一。这是孔子以‘仁’为核心的人道观的最本质的东西。把握了这点，也就容易理解为什么孔子常常把‘仁’‘知’并提了。”①也就是说，孔子常常仁智并提，是因为“仁”本身就蕴含着“智”。

孔子虽常常仁智并提，但并不意味着仁与智是两种平行的德性。如朱熹所说：“仁，则私欲尽去心德之全也。”②所谓心德之全，意在“仁”虽自身即成一德，却并非是普通的一德，而是“最高的德，所以兼摄诸德”③。因而孔子说：“仁者必有勇，勇者不必有仁。”（《宪问》）同样地，“仁者必有智，智者不必有仁”。对于“仁者必有智”，前文已经论述过，而孔子在《论语》中也已明确说明，乃所谓：“里仁为美。择不处仁，焉得知？”（《里仁》）对于“智者不必有仁”，《论语》中亦可找到许多证据。如“知及之，仁不能守之，虽得之，必失之”（《卫灵公》）。若有智者必有仁，那么便不存在“仁不能守之”的情况，孔子此语也就无法讲通。又如，孔子说：“仁者安仁，知者利仁。”（《里仁》）从“安”与“利”两字的区别，也能看出“仁”与“智”的高低。《中庸》中阐明了三种行道之由：“或安而行之；或利而行之；或勉强而行之。”显然，只有仁者能安于仁道，而智者则是因为知道仁对于他有利，所以才去追求仁。孔子之所以说“知者利仁”，是因为“智中蕴仁”，乃所谓：“博学而笃志，切问而近思，仁在其中矣。”由上述可见，在

---

① 冯契：《中国古代哲学的逻辑发展》上册，上海：东方出版中心，2009年，第62页。

② （宋）朱熹：《四书章句集注》，北京：中华书局，2011年，第91页。

③ 张岱年：《中国哲学大纲》，北京：商务印书馆，2015年，第403页。

孔子这里,智德不及仁德。孔子之所以常常将"智"特别列出来与"仁"并提,其原因正如徐复观先生所说的那样:"《论语》中的仁所概括的东西,实际是内底实践的有机历程。历程的自身,自然形成一种统一,这是道德实践的特性。但为了立教的关系,则须把这种内底实践的内容,客观化到外面来以使人接受了解,则原有之实践,至此而成为一种摆在外面的知识。"[①]也就是说,仁虽兼涵诸德,如智、勇、忠、恕、敬等,其自身当然就不在其所涵摄的诸德之外,但即便如此,在实际需要中也要常常提及其他诸德。

总之,"仁"是孔子知识论的核心理念、根本旨归。仁之蕴意,即显现出孔子知识论之特点。"仁"是成己成物的学问,是"天人不隔""物我不隔"的境界,这揭示了孔子知识论之整体性与全面性。具体而言,孔子之知识论反对将主客分离而视为各自孤立的系统,而能从人生之全体出发,全面认识与关照宇宙万物,这不仅反映出孔子的知识论是一种整体知识论,亦折射出其以价值关切为根本内容的特性。"仁"必蕴含着"智",这说明孔子之知识论虽以价值关切为根本内容,但也同样包含认知的内涵,即既涉及"应当"的价值意义,同时也关乎"是"的真假内涵,可谓认知与价值合而不分,德与知相依不离。更严格来说,就是"有德即有知","仁者即真知"。

第三节 "君子学以致其道"

上文业已指出,孔子认为,人应该知"仁道"。更具体来说,人应该"学"以知"仁道"。但这仍然不能完整地表现出孔子知识论之总轮廓。因为,在孔子这里,追求"仁道"是有主体性限制的,唯有"君子"才能够担当得起"仁道"的大任。故深谙孔子思想的子夏的一句话:"君子学以致其道"(《子张》),无疑地就成为孔子知识论思想之总命题,它高度集中地概括了孔子知识论的思想宏旨。让我们深入探讨之。

① 徐复观:《中国学术精神》,上海:华东师范大学出版社,2004年,第17页。

一、君子:孔子知识论之主体性限定

孔子说:“君子学道则爱人,小人学道则易使也。”(《阳货》)孔子认为,君子学习道,就会爱人,小人学习道就会容易使唤。为什么同样是学“道”,但其功用却如此不同?《宪问》篇中孔子又言:“君子而不仁者有矣夫,未有小人而仁者也。”既然人人都学习“道”,而孔子却断言“未有小人而仁者”,这又是为什么呢?我们从孔子和其弟子的话语中找到了答案。孔子说:“君子不可小知,而可大受也;小人不可大受,而可小知也。”(《卫灵公》)刘宝楠《论语正义》注曰:“君子之道深远,不可以小了之而可大受;小人之道浅近,可以小了知而不可大受也。”[①]钱穆《论语新解》注曰:“一事之能否,不足以尽君子之蕴,故曰不可小知。任以天下之重而泰乎绰然其可任,故曰可大受,小人非无一才之长可资器使,但不可任以大事。”[②]又如子贡说:“文武之道,未坠于地,在人。贤者识其大者,不贤者识其小者。”(《子张》)子贡认为,文王武王的大道散在人间,随处可见,人人可学,只是贤者能够认识其中的大道,而不贤者认识其中的小道而已。显然,在孔子这里,追求“仁道”是有主体限制的:“仁道”之深远之大,并非人人都能认识得了,也非人人都能担当得起,唯有“君子”才能成全之。

那么,何以“君子”能够堪当得起孔子“仁道”的主体?《中庸》一语:“苟不至德,至道不凝焉”透漏出其中的玄机。这句话的大意是:没有极高的德,就不能够成就极高的道。显然,这个主体是在“德”的意义上贞定的。《中庸》载孔子语曰:“修道以仁。”孔子此语进一步彰明了,此极高的德指的就是“仁德”。朱熹曰:“仁者,心之德,非外在也。”[③]孔子说:“仁者,人也。”(《礼记·表记》)孔子认为,“仁”是人内心之德,是人性,是人之所以为人的根本。那么,既然“仁”为人的内心之德,又何以向外寻求“仁道”的实现呢?而且,“仁德”既然为人性、为人之所以为人的根本,人人皆有,又为何独需君子成全之?事实上,孔子并不认为这里存在什么问题。因为,虽然人天然地拥有此仁德,但此仁德只

---

① (清)刘宝楠:《论语正义》下册,北京:中华书局,2015 年,第 639 页。

② 钱穆:《论语新解》,北京:生活·读书·新知三联书店,2015 年,第 378 页。

③ (宋)朱熹:《四书章句集注》,北京:中华书局,2011 年,第 96 页。

是一潜在的幽闭体，它不能自显。所以，必须经过后天的日渐学习才能将此人性内在之德不断涵养、扩充而由内发乎外。正如杜维明先生所指出的："从本体上讲，我们都是圣人，因为我们人性中内在的'明德'决定了我们之为我们；但是，从现实存在的角度讲，我们又必须一开始就为完全实现内在的潜能，由此了解我们应该成为什么样的人而奋斗。"①而"为完全实现内在的潜能"其前提是我们能够自觉天然地拥有此仁德。故孔子所贞定的主体，必须能够反身自觉，自我本身就是一充分自足的主体，能够彻悟"人能弘道"的内在理趣，即如孟子所说的："万物皆备于我"（《孟子·尽心上》），也如《周易》所说的"厚德载物"。

虽然事实上，人本身即是拥有"仁"的充分自足的主体，但要自觉到这一点，却是非常不易的，甚至需要付出毕生的努力。君子之所以为君子，就在于他是一个能够对人性之"仁"有高度意识和自觉的人，是一个必然选择以"仁"傍身且以"仁"来成就自己的人。孔子说："不知命，无以为君子也。"（《尧曰》）君子之所以能够反身自觉人性之"仁"，就在于其"知命"。"知命"亦是"知天命"。君子知命的境界是不易达到的，连孔子也自称是"五十而知天命"（《为政》）。钱穆先生说："惟知命，乃知己之所当然。"②所谓"知己之所当然"，即是对自己有真正的觉解。唯有知天命，才能知此人性之"仁"乃天所赐予我，既是天所赐予我，我也就天然地拥有它，此即孔子所说的："天生德于予。"（《述而》）"《论语》里不多讲性，但多讲命，因'性'是'天所命'，'知命'就是'知性'了"③，即有了"仁"的自觉。值得注意的是，能够自觉自我的人性之"仁"，只是君子的起点，而不是君子的终点。君子的终极目标是"博施于民而能济众"（《雍也》）的"仁道"目标的最终实现。虽然成为君子不意味着"仁道"目标的最终实现，但想要达到"仁道"之终极目标，第一步就必须成为一名君子，因为唯有君子能够学以致"仁道"，故孔子教育其弟子"女为君子儒！无为小人儒！"（《雍也》）

---

① 〔美〕杜维明：《道、学、政：儒家公共知识分子的三个面向》，钱文忠、盛勤译，北京：生活·读书·新知三联书店，2013 年，第 49 页。

② 钱穆：《论语新解》，北京：生活·读书·新知三联书店出版社，2015 年，第 463 页。

③ 钱穆：《中华文化十二讲》，北京：九州出版社，2012 年，第 11 页。

二、“下学而上达”的君子塑成之路

既然要达到“仁道”之终极目标，第一步就是必须成为一名君子，那么接下来的问题就是，如何才能成为一名君子？上文业已指出，君子的显著特征是知天命，知天命者才是君子，而“不知命，无以为君子也”（《尧曰》）。那么，怎样才能达到知天命之境呢？孔子说：“不怨天，不尤人；下学而上达。知我者，其天乎！”（《宪问》）所谓“下学而上达”，刘宝楠《论语正义》中注曰：“下学人事，上知天命。”[①]孔子说得非常明白：人人皆可由下学人事中求得上达天命。那么，何为“下学”？孔子之“学”内容虽广，但总结来看，就是“文”和“行”。颜渊明确说明：“夫子循循然善诱人：博我以文，约我以礼。”（《子罕》）孔子认为，“下学”的内容即是“博文约礼”，倘若能够做到“博文约礼”，便自然可上达于天命。“文”，主要是指礼、乐、射、御、书、数这“六艺”，后来也以《诗》《书》《礼》《乐》《易》《春秋》这“六经”为“六艺”。吕思勉先生认为：“自人之学言之，谓之六艺。自书言之，谓之《六经》。”[②]“六艺”古已有之，孔子不仅自己兼综“六艺”之学，而且删《诗》《书》，订《礼》《乐》，修《春秋》，学《易》以教人。孔子说：“六艺于治一也。《礼》以节人，《乐》以发和，《书》以道事，《诗》以达意，《易》以神化，《春秋》以义。”（《史记·滑稽列传》）孔子认为，“六艺”各有其用而归于一，即归于塑造理想的道德人格。可以说，孔子是真正将“六艺”之精义传承并发扬光大之第一人。因为“六艺”经过孔子的整理，已然成为一套广大精微、无所不备的完整的文化系统。而孔子以“六艺”设教，即全面地包含人类一切文化精髓于其中。孔子之教人学文要“博”，正在于此。

但能够博学于文，不代表真“知”，真知必当验之于“行”。故孔子强调要“约之以礼”。“博学之，当约使归己，归于实践，见之行事。”[③]孔子一向重“行”，因为他知道，就培养人格的意义上说，单靠“知”的进路是没有价值的，一切的“知”都必须落实在“行”上才有意义。故孔子说：“行有余力，则以学文。”

① （清）刘宝楠：《论语正义》下册，北京：中华书局，2015年，第592页。

② 吕思勉：《先秦学术概论》，上海：东方出版中心，2008年，第47页。

③ 钱穆：《论语新解》，北京：生活·读书·新知三联书店，2015年，第147页。

(《学而》)但这并非意味着"文"不重要,若"不学于文求多闻博识,则心胸不开,志趣不高,仅一乡里自好之士,无以达深大之境"[①]。因此,孔子的真正意愿,是希望诸弟子对"文"与"行"皆加重视,从而使二者齐头并进,相辅相成,共同发用以塑成理想的君子人格。

值得玩味的是,既然孔子已明确地指明了"下学"的内容,那么弟子们只要遵循孔子之教,上达"知天命"之境,似乎就是顺理成章的事了。然而,"下学而上达"的实际过程却远非如此简单,反而是艰辛甚至是令人绝望的。孔子最为得意的弟子颜渊,对此就有着最深切的体悟:

> 仰之弥高,钻之弥坚,瞻之在前,忽焉在后!夫子循循然善诱人:博我以文,约我以礼。欲罢不能,既竭吾才,如有所立卓尔;虽欲从之,末由也已!(《子罕》)

颜渊遵循孔子的教导,在博文约礼中欲罢不能,但已竭尽全力,却仍见前面有所立卓尔者,想要继续向前,却无奈已无路可循。颜渊所面临的困境不是个例,另一位孔门弟子也作出了同样的回应。子贡说:"夫子之文章,可得而闻也;夫子之言性与天道,不可得而闻也。"(《公冶长》)子贡所叹不可得而闻也之"性与天道"亦犹颜渊之所叹"虽欲从之,末由也已"。孔子平日只教人"博文约礼",却较少言"性与天道"。显然,孔门弟子于孔子的无言之中陷入了困顿。

值得注意的是,孔子教人,有所言亦有所不言。毋庸置疑,孔子非常重视言教。《左传·襄公二十五年》载孔子语曰:"言以足志,文以足言。不言,谁知其志?言之无文,行之不远。"正因为"言以足志""不言,谁知其志?"所以《论语》中常可见孔子答弟子之问孝、问仁、问友、问政等。孔子一向善待问者,亦乐于解答弟子之疑,然却单单对"性与天道"的学问始终不曾深言,这不禁使人感到疑惑。

事实上,孔子之无言,可谓正是孔子教人之深切与高明之处。孔子自己已达"知天命"之境,有了对人性的自觉,然而孔子深知,这种自觉永远且完全是个人之事。正如成中英先生所说:"我们在理论上及表面上拥有同样的知识,

---

① 钱穆:《论语新解》,北京:生活·读书·新知三联书店,2015年,第10页。

人之所以为人的根本知识，以及我们生活深处的知识，从科学的角度讲，是无法分享的。”①杜维明也认为：“孔子自己实际获得的东西永远不可能被重复。当我们为成为一个完人而奋斗时，并没有可遵循的蓝图。我们既不能模仿孔子，也不能学会通过孔子认识自我。”②所以孔子之无言，是想让弟子们体悟到：“学”最终要靠自己。学当然要依靠师教，然而，“上达”的境界突破与人格的最终成就却无可替代的只能由自己完成。正所谓“为仁由己，而由人乎哉？”(《颜渊》)人性虽由天赋，道德人格却由己成。若不学以立己之德，则无以明己之“性”，不能明己之性则不能扩展此“仁心”，而天道亦不可见。所以，人人皆有成就自我道德人格的能力，且只能自己对自己负责。因此，孔子告诫弟子，任何困难也不足以构成为自己的懒惰开脱的理由：

> 子曰：“有能一日用其力于仁矣乎？我未见力不足者。盖有之矣，我未之见也。”(《里仁》)
>
> 冉求曰：“非不说子之道，力不足也。”子曰：“力不足者，中道而废。今女画。”(《雍也》)

冉求以“力不足”为借口，不再前进。故孔子说其“画地自限”。然颜渊虽有“末由也已”之叹，但仍然在孔子的“博文约礼”之教中“欲罢不能”，奋力向前。故孔子赞叹道：“吾见其进也，未见其止也！”(《子罕》)显然，深谙孔子思想的颜渊已经领悟了孔子无言的深意。孔子之无言，在于教学生自悟真理，而非让其被动地接受孔子的体悟。此种无言实属于“予欲无言”“天何言哉”式的深沉的思考。

孔子既教人“下学”，更启人“上达”。孔子说：“二三子以我为隐乎？吾无隐乎尔。吾无行而不与二三子者，是丘也。”(《述而》)孔子是一位无私的师者，他倾其一生教人育人，不曾对弟子有任何保留。孔子以其自身的行事为“下学而上达”做了最完美的诠释：君子人格的养成并没有什么可隐瞒的神秘之处，

---

① 〔美〕成中英：《合外内之道——儒家哲学论》，北京：中国社会科学出版社，2001年，第40页。

② 〔美〕杜维明：《道、学、政：儒家公共知识分子的三个面向》，钱文忠、盛勤译，北京：生活·读书·新知三联书店，2013年，第37页。

不过是赖于在日常生活中的“博文约礼”而已。然就在此“博文约礼”中，而自有其高深不可及处。简言之，成为君子没有什么捷径可走，唯有靠自己不断努力地“学”而已。

三、学之具体方法

在孔子这里，君子之所以能够反身自觉其人性之“仁”，并最终成就自我，绽放“仁道”之意义，全依仗于“学”。正是“学”，使人达于“知天命”，自悟得其性；也正是学，使人性之“仁”不断澄明，使它从一潜在的可能转化为君子实际的躬身践履，并最终与天道合一以成“仁”，正所谓“君子博学于文，约之以礼，亦可以弗畔矣夫”(《雍也》)。君子广博地学习礼乐文化，并自觉地践行礼乐文化，就不会违背仁道了。可见，“学”是通往仁道的唯一路径。有学，必有学之方法。但手段未必一定能达成目的，目的也不一定使手段合理。唯有好的学习方法才能衍生好的结果，坏的方法不能实现好的目的。故孔子非常注重学习的方法，“孔子的方法涵盖了以后各哲学家的方法之萌芽”①，“有孔子而开始有学的方法的自觉，因而奠定了中国学术发展的基础”②。

孔子为学的总精神可归为“好学”，孔子不以“圣与仁”自许：“若圣与仁，则吾岂敢？”《述而》却喜以“好学”自许：“十室之邑，必有忠信如丘者焉，不如丘之好学也。”(《公冶长》)《学而》篇中，孔子对“好学”有着非常全面和清晰地诠释：

> 君子食无求饱，居无求安，敏于事而慎于言，就有道而正焉，可谓好学也已。(《学而》)

笔者以为，这是“好学”之完整方法纲领。“食无求饱，居无求安”，朱熹认为：“不求安饱者，志有在而不暇及也。”③显然，要做到“食无求饱，居无求安”，赖于“有志”。有志才有可能“安贫力学”；“敏于事而慎于言”，勤劳敏捷地做事、谨慎地说话，这其中既包含了严谨谦虚发愤忘食的学习态度，亦包含着思与行的工夫；“就有道而正焉”就是到有道者那里去匡正自己。由此可见，在孔子这

---

① 张岱年：《中国哲学大纲》，北京：商务印书馆，2015 年，第 766 页。

② 徐复观：《中国学术精神》，上海：华东师范大学出版社，2004 年，第 65 页。

③ (宋)朱熹：《四书章句集注》，北京：中华书局，2011 年，第 54 页。

里，好学就要做到有志，善思，端正学习态度，力行以及近贤者。

需要说明的是，《论语》中所说的“学”，有广、狭两种含义。广义的“学”，即孔子所说的“好学”，包含思与行二者在内。如孔子之所以称赞颜渊为唯一的好学者，其中不可或缺的重要原因就在于他不仅善思，能够“闻一以知十”（《公冶长》），又能将所学的体现于行为中，做到“不迁怒，不贰过”（《雍也》）。狭义的“学”，一般是指不包含思与行的学。如“学文”“子以四教：文，行，忠，信”（《述而》）之类。在此，需要指出的是，下文所涉及的孔子所谓“好学”的具体方法指的就是这种狭义的学。

（一）学贵有志

《礼记·学记》曰：“凡学，官先事，士先志。”“志”，可谓是学习第一要务。孔子在自述其一生的为学过程时，第一句话便是“吾十有五有志于学”（《为政》）。孔子将“志于学”作为其一生事业的开端，由此可见，立志对于学习的重要性。那么，何为“志”？朱熹认为：“心之所之谓之志。志乎此，则念念在此而为之不厌矣。”[①]钱穆先生认为：“‘志’者，心所欲往，一心常在此目标上而向之趋赴之谓。”[②]可见，在孔子这里，“志”就是树立一个终身为之奋斗的理想和目标，它不是一时兴起，而是一旦决定了，便一生坚定不移。因此，孔子之“志”还包含了百折不挠、至死不渝的坚强意志。正因为如此，孔子才说：“三军可夺帅也，匹夫不可夺志也”（《子罕》）；“磨而不磷”“涅而不缁”（《阳货》）。显然，孔子之“志”即“志定而不可夺”之意。故他说：“譬如为山，未成一篑；止，吾止也！譬如平地，虽覆一篑；进，吾往也！”（《子罕》）

“志”的关键是“所志者何？”这是确立人生追求的理想和目标，决定人生的意义与价值的问题。孔子自己从十五岁起，就立下了“志于道”（《里仁》）的终生学习目标，孔子之志，可谓是对此问题的最好解答。他说：“君子谋道不谋食”，“君子忧道不忧贫”（《卫灵公》），认为“士志于道，而耻恶衣恶食者，未足与议也”（《里仁》）。显然，在孔子看来，君子正因为志于道，才能够“食无求饱，居无求安”。但如果一个“志于道”的人，却以“恶衣恶食”为耻，就根本不必同他

---

① （宋）朱熹：《四书章句集注》，北京：中华书局，2011年，第56页。

② 钱穆：《论语新解》，北京：生活·读书·新知三联书店，2015年，第24页。

谈道了，因为这种人纵有志，也根本是虚志，不得称之为“志”。在孔子心目中，真正的有志之人，甚至可以和仁人相提并论，乃所谓“志士仁人，无求生以害仁，有杀身以成仁”(《卫灵公》)。总之，学贵有“志”，有“志”才能有目标，有方向，有动力，亦才能坚定不移、百折不挠地“死守善道”。

(二)学贵端正态度

对于学习之正确态度，孔子做出了最好的示范，乃所谓：“子绝四，毋意，毋必，毋固，毋我。”(《子罕》)孔子平日为学求知，绝不有此四者：不妄自臆度，不绝对肯定，不固执，不自我。“四毋”对于学习尤为重要，它构成了孔子对于学习态度的总要求。

与“四毋”密切联系的是诚实坦荡、谦虚谨慎、学而不厌、发愤忘食的学习态度。孔子认为，学习是一件严肃的事情，不知道就要认真老实地学，而不是不懂装懂，凭空造作。故他教育弟子要“知之为知之，不知为不知”(《为政》)，批评那种“亡而为有，虚而为盈”(《述而》)的佯装态度。孔子认为，不仅对待自己不懂或不十分确定的地方，应当诚实坦荡，采取保留态度，即使是自己非常有自信的部分，也要谨慎地对待，不可轻易地评论。因而他说：“君子于其所不知，盖阙如也”(《子路》)；“多闻阙疑，慎言其余”(《为政》)。对于待学习诚实坦荡是非常重要的，正如张岱年所说：“宇宙之大，事物之蕃，何能尽知？对于所不知的，自承其不知，而不造作妄说以自欺欺人，实为进于真知第一条件。”①

孔子还特别重视学而不厌、发愤忘食的学习精神。孔子说：“学如不及，犹恐失之。”(《泰伯》)他教育学生，要坚定学习的态度，为学要像在追逐似的，唯恐追不上，追上了也要时时警惕，担心会失去。孔子认为，学习不是一蹴而就的，而是需要日日月月，持之以恒的努力。故孔子强调要“学而时习之”(《为政》)。对于孔门弟子中唯一能做到好学的颜回，孔子称赞道：“回也，其心三月不违仁，其余则日月至焉而已矣。”(《雍也》)而对于那些懒惰的人，孔子认为再怎么教育也是无用的。故宰予白天睡大觉，孔子批评他说：“朽木不可雕也，粪土之墙不可圬也；于予与何诛？”(《公冶长》)孔子也批评一些学生“饱食终日，无所用心，难矣哉！”(《阳货》)整天除了吃饭无所事事，这种人是不可能教化

① 张岱年：《中国哲学大纲》，北京：商务印书馆，2015年，第873～874页。

“成仁”的。总之,孔子强调学习应当端正态度,诚实、谨慎的同时还要有发愤忘食的决心和持之以恒的劲头。

(三)学贵与思结合

孔子说:“学而不思则罔,思而不学则殆。”(《为政》)这就是说,学习时若不积极思考,就会陷入迷惘而不知所措;但是思考若不以学习为基础,思考就只是胡想空想,没有一点实际意义。简言之,思必须渗透在学的过程中,片刻不能须臾离。譬如,“多闻阙疑”“多见阙殆”的怀疑精神;“温故而知新”(《为政》)、“回也闻一以知十,赐也闻一知二”(《公冶长》)、“告诸往而知来者”(《学而》)的由已知求未知的推理能力;“叩其两端”(《子罕》)的从两端出发加以推敲考量的方式;“察其所安”(《为政》)的辨察、忖度;“绎之为贵”(《子罕》)的演绎、分析以及“多闻,择其善者而从之”“多见而识之”(《述而》)的选择与默识;等等,无一不是“思”的作用。所以说,学习的关键,就在于能够把学与思结合起来。孔子批评那些思想懒汉,他说:“不曰:‘如之何,如之何’者,吾末如之何也已矣?”“举一隅不以三隅反,则不复也。”(《述而》)孔子认为,不追问“如之何”,不能举一反三,都是因为缺少了思的工夫,而学习时不会思考,是不值得教诲的。

思不仅是向外的与物相接之思,更是向内的自省与自克。孔子说:“见贤思齐焉,见不贤而内自省也”(《里仁》);“已矣乎,吾未见能见其过而内自讼者也”(《公冶长》);曾子说:“吾日三省吾身”(《学而》)。此处的“思”“内自省”“内自讼”与“省”都是指自我的反省、反思。在自我反省的同时,孔子还提出了自克的要求。孔子说:“克己复礼为仁”,“非礼勿视,非礼勿听,非礼勿言,非礼勿动。”(《颜渊》)孔子教人以礼来克制与约束自己,从而使自己的言行举止都合于礼。自省与自克,是必不可少的为学功夫。反省,才能看到自身的不足与缺陷;克己,才能端正自己,避免走弯路。如此就能在未来的学习中找准方向,而不至于偏离“道”的轨迹,才能做到“死守善道”。自省与自克的另一个重要作用在于“改过”。孔子说:“过,则勿惮改”(《子罕》),又说:“过而不改,是谓过矣。”(《卫灵公》)孔子真正重视的,不是不犯过错,而是犯了过错能够反省改正,并且能够自克以保证不再重复犯错,这些都是思的作用。

同时,孔子对思的标准问题也有考虑。孔子对“季文子三思而后行”提出批评，认为："再，斯可矣。"(《公冶长》)朱子注曰："君子务穷理而贵果断，不徒多思之为尚。"[①]只思一次，未免草率，再思恰到好处，三思就极可能产生算计、邪恶之心。孔子认为应当"思无邪"(《为政》)，多度的思，虽多而无益，而再思恰好可以避免邪恶思想的产生，是最合适不过了。思固然非常重要，但若只是一味地思考也是行不通的，因为思考本身不能代替学习，扎实的学习基础是思考的前提。所以孔子才说："吾尝终日不食，终夜不寝，以思，无益，不如学也。"(《卫灵公》)所以，在孔子这里，为学贵在能够学思结合。

(四)学贵力行

孔子尤其重行，杜维明先生对此深有见地："《论语》与其说是孔子言语的记录，还不如说是孔子行为的记录。孔子的为己之学是通过实践获得的一种自我理解。"[②]孔子重行的突出表现，在于他视行与学互相依赖、相辅相成，不可须臾离。首先，在孔子这里，学必须行，"学即行"。他曾明确说明："诵《诗》三百；授之以政，不达；使于四方，不能专对；虽多，亦奚以为？"(《子路》)就是说，若不能学以致用，即使学的再多，也是毫无用处的。学必须行，否则就失去了学的意义，就不可谓之学。再者，孔子还把"行"看作是"学"，"行即学"。例如，孔子特别欣赏颜渊，认为他是唯一好学者的一个重要原因，就在于他能力行——"不迁怒，不贰过"(《雍也》)。孔子说："听其言而观其行"(《公冶长》)；又说："众恶之，必察焉；众好之，必察焉。"(《卫灵公》)此处的"观"和"察"即有待于身体力行地观察和考验。孔子认为，想知道一个人如何，不能仅根据他所说的话进行判断，也不能依赖别人对他的评价，而要亲自去考察这个人的行为。此处，"行"不仅是评判他人的标准，也是了解一个人的方法。因而，在孔子这里，"行即学"。故孔子说："弟子，入则孝，出则弟，谨而信，泛爱众，而亲仁。行有余力，则以学文。"(《学而》)深受孔子思想的影响的子夏亦说："贤贤易色；事父母，能竭其力；事君，能致其身；与朋友交，言而有信。虽曰未学，吾必谓之学矣。"(《学而》)显然，在孔子这里，"行"本身就是学与知的内容之一。

---

① (宋)朱熹：《四书章句集注》，北京：中华书局，2011年，第79页。

② 〔美〕杜维明：《道、学、政：儒家公共知识分子的三个面向》，钱文忠、盛勤译，北京：生活·读书·新知三联书店，2013年，第45～46页。

对此,我们上文业已指出,孔子学之内容虽广,但总结来看,亦不过“文”和“行”而已。

孔子重行的最重要的一点是,他视“行”为学与知的最后目标。张岱年说:“中国哲人探求真理,目的乃在于生活之迁善,而务要表见于生活中。”[①]这话用在孔子身上,可谓贴切至极。孔子之为学是为了追求“仁道”的真理,而“仁道”本质上又是一个价值的目标,如“君子学道则爱人”(《阳货》)。也就是说,学与知的最终目的是价值的实现,这显然不仅肯定了“学”的实践性,亦彰明了孔子为学求知的最后目标落实在了“行”上。

孔子虽尤其重行,但在他看来,“行”要以学与知为基础。《先进》篇记载的一个例子很好地说明了这一点。子路举荐子羔去做费宰,孔子认为这样做是害了别人的儿子。子路不解说道:“有民人焉!有社稷焉,何必读书,然后为学?”结果遭到孔子的严厉驳斥:“是故恶夫佞者。”在孔子看来,子羔不学习,就没有足够的经验知识,更别提道德品质的实践和发挥了,如此,自然是无法胜任此岗位的。孔子认为,学与知是行的指导。没有学习的积累,行就变成了盲行,根本无法发挥其实际的价值。显然,孔子是主张学与行相互依赖,不能偏离任何一方的。正因为如此,他特别强调“言行一致”的意义。主张“君子欲讷于言而敏于行”(《里仁》);“敏于事而慎于言”(《学而》),又以“言行不一致”为可耻:“君子耻其言而过其行”(《宪问》)。总之,孔子主张,追求仁道应当“学”“行”并重。

我们知道,“知行关系”的问题是传统儒学中经久不衰的话题之一,可以说,孔子之“学贵力行”的思想是儒家知行问题的开端。正如方克立先生所说.“在中国哲学史上,孔丘是第一个自觉地探讨了知行问题的思想家。”[②]

(五)学贵就贤

正所谓:“学,效也。”(《尚书大传》)学习就是效仿贤德的人。孔子对此非常重视,他教育弟子要“就有道而正焉”(《学而》),认为学习就是要到有道者那儿去匡正自己。《礼记·学记》中说“就贤体远”,亲近贤德的人,体恤贫寒的

---

① 张岱年:《中国哲学大纲》,北京:商务印书馆,2015年,第26页。

② 方克立:《中国哲学史上的知行观》,北京:人民出版社,1997年,第23页。

人。荀子也说："学莫便乎近其人，学之经莫速乎好其人。"（《荀子·劝学篇》）学习没有比在贤者身边更有利的了，崇敬贤者是最便捷的学习途径。而其原因，《荀子·性恶篇》中说得非常清楚："夫人虽有性质美而心辩知，必将求贤师而事之，择良友而友之。得贤师而事之，则所闻者尧舜禹汤之道也；得良友而友之，则所见者忠信敬让之行也。身日进于仁义而不自知也者，靡使然也。"这就是说，人即使有美德智慧，也一定要向贤师学习，与良友结交。向良师学习，学的尽是"尧舜禹汤"的大道；与良友结交，学的尽是"忠信敬让"的行为。于是，自己就在潜移默化中不知不觉地进入了仁义的境界，而这一切都是亲近与效法贤者的结果。

因而，学习要崇敬贤师。在孔子与儒家这里，"好老师的言传身教与身体力行是真正具有效力的。儒家思想家一向知道，尽管逻辑的严密和修辞的精巧也许会使思想动人心智，然而，只有具备榜样力量的教育才能触及内心、净化灵魂、提升精神"①。沐浴在孔子之教中的孔门弟子们对此有着最切身的感受。《乡党》篇中，孔门弟子对孔子在乡野面面俱到、细致入微的描绘，就是最佳证明。试问若不是受感召至深，又怎能将孔子在日常生活中不同场合下的礼节态度、容貌言辞、饮食衣着如此摹写如画？另外，学习还要结交良友。孔子说："有朋自远方来，不亦乐乎？"（《学而》）有志同道合的朋友来，是非常快乐的事情，而"独学而无友，则孤陋而寡闻"（《礼记·学记》），所以学习应当"友善士"（《管子·四称》）。概而言之，学习应当亲近与效法贤者。

综上所述，孔子的知识论是以"仁道"真理为核心的一贯的理论体系。简言之，孔子的知识论就是他的仁道之学。它以能与人发生联系的一切事物为知识的范围与界限，以学为知识的唯一来源，以仁道为根本旨归，以君子为求道的主体。用一句话来概括就是"君子学以致其道"（《子张》）。这句话准确而高度集中地概括了孔子知识论的思想宏旨："仁道"是孔子知识论之最高真理，但"仁道"之大之深远并非人人皆能成就，而需得由"仁德"成就，这也就注定了追求"仁道"是有主体性限定的，其主体性基础乃是对人性有自觉意识的"君

---

① 〔美〕杜维明：《道、学、政：儒家公共知识分子的三个面向》，钱文忠、盛勤译，北京：生活·读书·新知三联书店，2013年，第53页。

子”，成为君子以及君子最终达到“仁道”的终极目标都依仗于“学”。同时，孔子知识论的本质特点也在这一命题中得以昭明，即对人性完美境界的终极眷注。孔子开创且构建起以“仁道”为核心的知识论思想体系，从而细致而完备地勾画出了儒家知识论思想的整体轮廓和主要内容。以后的先秦儒家知识论思想，皆是本于孔子之“仁道”思想的进一步展开和创造。诚如崔宜明先生所说：“‘仁’不仅是孔子学说中一以贯之的核心，也是后世儒家学说一以贯之的核心，而随着社会生活的变革和时代中心问题的演替，后世儒学围绕着这一核心展开了‘仁’的不同侧面。”①

① 崔宜明：《先秦儒家哲学知识论体系研究》，上海：上海人民出版社，2014 年，第 31 页。

第三章 《中庸》的知识论思想

《中庸》的知识论思想是对孔子知识论思想的继承和发扬，其知识论体系的核心不离孔子之所谓“仁”，是《中庸》的“道”，也称为“诚”“中庸”“君子之道”。“诚”“中庸”“君子之道”用语不同，而其意则一，乃指能贯通天人、成己成物之“道”。同时，《中庸》在儒家知识论思想中具有特别的意义，这突出的表现在其言至简洁而意至丰富地诠释出了孔子“性与天道”的高深智慧。《中庸》以性与天道为追问的对象，其思想之深远豁达，可谓直抵儒家知识论思想的核心。

第一节 《中庸》之道与性

先秦儒家从孔子开始，就确立了以“道”为人之终极追求的真理路向。但孔子之道是被“证知”的道，是孔子通过“下学而上达”（《论语·宪问》）的道德实践功夫而实证实知的。因此，一个人若不经由一番“下学而上达”（《论语·宪问》）的艰苦道德实践工夫，是无论如何也无法真正理解孔子所谓“道”之真正蕴意的。也就是说，关于性与天道的真理，完全属于孔子切身经验到的个人之事。故孔子罕言“性与天道”，并非有意隐瞒，而是包含着孔子欲人于道德实践工夫中自窥见之的深沉用意。而《中庸》之所以被称为儒家的道论，就在于它是孔子弟子们所不可得而闻之的“性与天道”。显然，子思作《中庸》无疑正是经过道德实践工夫的切身体悟后对“性与天道”之真理的集成之思。故如果说“性与天道”的真理在孔子那里，还散见于其“天生德于予”“我欲仁，斯仁至矣”(《论语·述而》)的话语以及其“吾无行而不与二三子者”(《论语·述而》)的行事中的话,那么这一真理的整体性的全般呈露乃从《中庸》开始。以下笔者便探寻《中庸》之堂奥,揭示《中庸》之最高真理,最大智慧——道。

一、“率性之谓道”

对《中庸》之道的叩问当然只能从子思的“中庸”开始。“中庸”即是《中庸》之所谓“道”,也可以称之为“中庸之道”,是《中庸》之学的核心和灵魂,故准确地把握“中庸”之蕴义就成为把握《中庸》知识论思想的最基本和最重要的一环。孔子说过:“中庸之为德也,其至矣乎!”(《论语·雍也》)但究竟何谓“中庸”?“中庸”又为何如此难以达到?孔子却没有做进一步的解释。正因为没有明确的内涵所指,所以人们对“中庸”的解释历来仁者见仁,智者见智。郑玄注“君子中庸”句说:“庸,常也,用中为常道也。”①“二程”说:“中者,只是不偏,偏则不是中。庸只是常。犹言中者是大中也,庸者是定理也。定理者,天下不易之理也,是经也。”②朱熹云:“中庸者,不偏不倚,无过不及,而平常之理,乃天命所当然,精微之极致也。”③徐复观认为:“完全的说法,应该是所谓‘庸’者,乃指‘平常的行为’而言。所谓平常的行为,是指随时随地,为每一个人所应实践,所能实现的行为。”④庞朴认为:“公正地而不是徇私地听取对立两造的申诉,便能得‘中’。那么,这样的‘中’,已经不是道德范畴,而属于认识领域了。这就是说,‘中’不仅是善,而且也是真。”⑤冯契认为:“‘中’就是不偏不倚,无过与不及;‘庸’就是平常的意思。”⑥成中英认为:“中庸的中就是使中能应用在生活之中,庸可以说是平常、普通而普遍的日用生活。庸是指用,普遍而具体的用。所以‘中庸’就是‘中用’,‘中’用在事物上面、生活经验上面,且

① (汉)郑玄注、(唐)孔颖达等正义:《礼记正义》,《十三经注疏》,上海:上海古籍出版社,1997年,第1625页。

② (宋)程颢、程颐:《二程集》,北京:中华书局,1981年,第160页。

③ (宋)朱熹:《四书章句集注》,北京:中华书局,2011年,第21页。

④ 徐复观:《中国人性论史·先秦篇》,北京:九州出版社,2014年,第102页。

⑤ 庞朴:《儒家辩证法研究》,北京:中华书局,1984年,第80页。

⑥ 冯契:《中国古代哲学的逻辑发展》,上海:东方出版中心,2009年,第115页。

须基于本体的认识与实践的热忱而用之。”①

笔者以为，单从“中”“庸”二字所表达的意义上着眼来理解“中庸”，不能准确地切中《中庸》之道的深刻内涵。想要从哲学的高度全面深入地理解何谓“中庸”或者说何谓“道”，则必须深入《中庸》文本，对其作系统性、整体性的把握。笔者以为，事实上，《中庸》之“道”的谜底从一开始就涵潜在《中庸》的开篇之笔中，即所谓：

> 天命之谓性，率性之谓道，修道之谓教。道也者，不可须臾离也；可离，非道也。

子思此语可谓言简意赅而意蕴丰厚，是统摄《中庸》全书之纲领。尤其是其中“率性之谓道”一句，更可谓是简略而深刻地将儒家性道之学的中心要义尽之。让我们深入讨论之。

何谓“道”？子思提出“率性之谓道”，明示：顺着人性而发，依着人性而行的，就是“道”。显然，子思此语乃直接将“道”的问题归结为“人”的问题。即认为性之所趋即人之所应为，人只有发展本性，率性而行，才能上达于天，达致道境，此道即天道，亦即中庸之道。如此，“道”之意义被完全诉诸人之性体，人性乃构成了《中庸》之道之所以为道的关键。展开来说：若人性不存在，道之意义亦不存在；若人性存在，道之意义就存在。用徐复观的话说即：“道即含摄于人性之中，人性以外无所谓道。”②这意味着，道之意义就定位于其与性的关系中，道之本在于性，性道不离。

紧承“率性之谓道”的后两句，即“修道之谓教”和“道也者，不可须臾离也；可离，非道也”。实际上，这两句话所表达的实质含义亦包含于“率性之谓道”中，可谓是“率性之谓道”的自然呈现。

“修道之谓教”一句话，指的是道在政治上的实现。牟宗三先生认为：“‘率性之谓道’是一义，‘修道之谓教’是另一义。前者是个人之事，后者是政教之

① 〔美〕成中英：《合外内之道——儒家哲学论》，北京：中国社会科学出版社，2001 年，第 129 页。

② 徐复观：《中国人性论史·先秦篇》，北京：九州出版社，2014 年，第 107 页。

事。”[①]因为，“‘修身’者以道修持自己也。但‘修道’却不是对于道本身有所修，乃是将道修之于家国天下”[②]。牟先生将修道与修身之意区别开来，颇得《中庸》思想之奥义，但其表述却值得商榷。因为，就儒家而言，“道”的实现，本就是一个道德、伦理、社会与政治一致而连贯的过程，而这一过程的实现正如《大学》中所言“一是皆以修身为本”。具体来看，即：“知所以修身，则知所以治人；知所以治人，则知所以治天下国家矣。”(《中庸》)“修身”是“治人”“治天下国家”的基础和前提，而“治人”“治天下国家”则是“修身”的深入和延伸。也就是说，道的实现不仅仅关涉着最崇高的人格德性，也关涉着最伟大的社会功业，是一个内以修己成圣、外以治家国天下的合二为一的过程，故“修道”即“教”当然属于“个人修身”的一极，是率性而行的应有表现。由此看来，“修道之谓教”一句话所表达的意义，实际上与“率性之谓道”所表达的意义并无实质性的差别，“教”是对“道”的澄明，而这一澄明过程即是率性而行。换言之，教化、修道是基于对人性的自觉而实现的，它们的本身不是背离人性，而是率性而行以实现道的题中应有之义。

“道也者，不可须臾离也；可离，非道也”，这实际上是对“率性之谓道”的一种具体表述。首先，正因为“率性之谓道”，即道的问题就是人性的问题，道之本在于人性，道不可离人而存在。故谓“道不可须臾离”，否则，“道”将“非道”。其次，道不可须臾离，还意味着“道”总要“待其人然后行”(《中庸》)。也就是说，道虽涵潜于人性之中，但这个“道”无法自发、自行，亦不可当下实现，而总是要在人日常生活的经验世界中，在圆满的人际关系中，通过道德践行而实现，所谓“道行之而成”(《庄子·齐物论》)。对此，孔子双目如炬，一语道破天机：“君子博学于文，约之以礼，亦可以弗畔矣夫。”(《论语·雍也》)意思是，想要实现“道”，就必赖于日常的“博文约礼”。我们知道，孔子虽罕言“性与天道”，但实际上，孔子却以自身的行事为这一问题做了最完美的诠释：日常的“博文约礼”看似平凡，却深藏着不平凡的“性与天道”的大道理和大智慧。所

① 牟宗三：《心体与性体》(上)，上海：上海古籍出版社，1999年，第202页

② 牟宗三：《心体与性体》(上)，上海：上海古籍出版社，1999年，第203页。

以孔子说:“我欲载之空言,不如见之于行事之深切著名也。”[①]子思深得孔子思想之精髓,其《中庸》谓:

> 子曰,道不远人,人之为道而远人,不可以为道。……君子之道四,丘未能一焉。所求乎子,以事父未能也;所求乎君,以事君未能也;所求乎弟,以事兄未能也;所求乎朋友,先施之未能也。庸德之行,庸言之谨,有所不足,不敢不勉,有馀,不感尽。言顾行,行顾言。君子胡不慥慥尔。

这段话完全是“道也者,不可须臾离也;可离,非道也”的具体阐述。它表明:“道”是现实当下人人可以实践的庸言、庸行,就在此日常人伦的庸言、庸行中即孕育着高深的“道”的真理。故中庸之道从来就存在于人伦日用中,而非脱离现实。正如李泽厚所说:“‘中庸’者,实用理性也,它着重在平常的生活实践中建立起人间正道和不朽理则。”[②]当然,道虽表见于日常生活的庸言、庸行中,但想要真正地实现道,却绝非易事,而是必须要付出不断地向上的努力。正因如此,孔子才感叹:“道其不行矣夫”;“天下国家可均也,爵禄可辞也,中庸不可能也。”(《中庸》)但无论如何,道的实现并无其他路可走,唯赖于人当下可以学习实践的庸言庸行而已。这即是说,道不离人性而存在,不离人之日用常行而存在,此正是“率性之谓道”的真实意义。

总而言之,《中庸》之道的意义的规定性是从性上来的,道不离人性而存在,不离人之当下现实生活而存在,道的问题即是人的问题。此番蕴意若浓缩于一句话中,就是“率性之谓道”。《中庸》对于性、道的解读,与孔子保持着同一价值取向。在孔子那里,严格来说,道并没有独立的意义和地位,孔子讲道是基于人性讲的,他对道的自觉根本上是对“人之为人”的人性主体的自觉。孔子之仁道的达成,亦是以发挥人性来实现的。而《中庸》之道的理趣亦同样涵潜于人性之中,道之意义的绽出是通过对人性的自觉而实现的。只不过《中庸》对性与道的解读与孔子相较完全敞开了,这一敞开就体现在《中庸》对“中和”的解读上,乃所谓:

---

① (汉)司马迁撰,(宋)裴骃集解,(唐)司马贞索隐,(唐)张守节正义:《史记·太史公自序》,北京:中华书局,1963年,第3297页。

② 李泽厚:《论语今读》,北京:生活·读书·新知三联书店,2004年,第186页。

喜怒哀乐之未发,谓之中;发而皆中节,谓之和。中也者,天下之大本也;和也者,天下之达道也。致中和,天地位焉,万物育焉。

这一段话,可以说是对"率性之谓道"的具体展开。"喜怒哀乐之未发,谓之中",朱熹注曰:"其未发,则性也,无所偏倚,故谓之中。"也就是说,"中"就是人性本来的样子。喜怒哀乐为人之常情,其未发之时,也就是人未思虑、未行动之前的一种无私欲、无杂染的纯真纯正、平衡和谐的境界。故孔颖达以"未发之时,澹然虚静"①诠之。人性既是无私欲无杂染,则必是善的。《中庸》虽然并未明确指出性善,但其对人性本有状态——"中"的诠释,即意味着肯定了性善。故"中"可以说是对人性本身为善的认识。"发而皆中节,谓之和"即是说,喜怒哀乐之"发"是顺着"性"这种本来的纯真纯正的状态而发,故一旦发出来就能自然而然地得到恰如其分的表现——"中节",这种状态就是"和",正如朱熹所云:"发则中节,情之正也。无所乖戾,故谓之和。"②"和"的状态就是主观心性与客观世界平衡和谐的境界,人与天道于此可合而为一,即所谓天人合一。人性之中,发而为行为,就能达到"致中和",便能够符合中庸之道。这意味着,道之谓道的理据全在于性本身是纯正、无所偏执的存在,即"中"的存在。人性原本的真实存在,便是道之意义的显现,同时也是人之意义的展现。如是,"率性之谓道"的内在价值——完全地实现人性纯正纯真的本真之善就是"道"——即显露无遗。

二、知性

既然《中庸》知识论之最高真理是"道",而"道"的实现就是人性本真之善的完全实现,那么,要想实现"道",自然第一步便要弄清楚,何谓人性的本真之善?这是实现《中庸》之道的前提。易言之,"率性之谓道",不仅表示性、道不离,还进一步揭示了如斯意味:只有知性,才能知道、达道。那么,何谓知性?所谓"知性",简单说,就是对性的了解与自觉。《中庸》中所说的"天命之谓

---

① (汉)郑玄注,(唐)孔颖达等正义:《礼记正义》,《十三经注疏》,上海:上海古籍出版社,1997年,第1625页。

② (宋)朱熹:《四书章句集注》,北京:中华书局,2011年,第20页。

性”,正可视作子思知性境界的最好体现。“天命之谓性”这句话直截了当地给性下了一个定义,即天所命于人者谓之性。故知天命即是知性。孔子的“五十而知天命”,是知人性乃天所赐予我,既是天所赐予我,我也就天然地拥有它,这正是子思所说的“天命之谓性”。

“天命之谓性”,彰明了人之性乃由天命下贯而来,但实际上,人之所以能秉承这种天命之性,究其根本,乃在于人有秉承这种天命之性的性体仁心,而动物就无论如何也不可能秉承这种天命之性,因为它根本不具备这种性体。诚如牟宗三先生所说:“其流行于人而命于人,而人能受之。即为人之‘性’,是即为‘天命之谓性’。其流行于物而命于物,而物不能受之而为性,则于此只好说‘天命之谓在’。”[①]“《中庸》言天命虽可普就人物而总言之,然天命岂止是命人与物之‘生’或‘存在’耶?就人而言‘天命之谓性’,则不但命人之生,亦命其性,是‘天命’即‘降衷’也,而人亦独得之矣。就物而言天命,因物不能推,则天只命其生或存在,而不命其义理当然之性,是则只成‘天命之谓在’,而人与物亦区以别矣。”[②]也就是说,“天命之性”是单就“人”而言之,宇宙万物中,唯有“人”能秉承天命以为“性”。那么,该如何理解这种天性?也就是说,这个“天命之性”的本质是什么?《中庸》中子思如是说:

> 天地之道,可一言而尽也:其为物不贰,则其生物不测。天地之道:博也、厚也、高也、明也、悠也、久也。

所谓天道,一言以蔽之,诚也!具体来说,即:“其为物不贰,则其生物不测。”“‘为物不贰’指出天道精纯不杂的本质,正因为精纯,故又是精诚。正因为精诚深奥,所以它‘生物不测’。”[③]因此,天道——“诚”即化生万物、成就万物的无私纯然至善。也就是说,宇宙万物之所以生生不息,其根本原因在于天道之“诚”的至善之德。故天道之“诚”既是道德性之“善”,又是创造性之“生”,而道德性之善就蕴含了创造性之生。“其为物不贰,则其生物不测”一语中“则”字所表现出来的明显因果关系足以为证。而天道之诚的道德性之善又是

---

① 牟宗三:《心体与性体》(上),上海:上海古籍出版社,1999年,第200页。

② 牟宗三:《心体与性体》(上),上海:上海古籍出版社,1999年,第201页。

③ 牟宗三著,罗义俊编:《中国哲学的特质》,上海:上海古籍出版社,2007年,第42页。

通过其创造性之生而显示的。也就是说，诚之创造性之生体现了其道德性之善。故"善"可以是"生"，"生"也可以是"善"，两者是密切关联着的。因而，《易传·系辞传》中说："天地之大德曰生。"孔子也说："天何言哉？四时行焉，百物生焉，天何言哉？"（《论语·阳货》）总之，正是天之纯然无私至善之德才使四时行而百物生，此即孔子之所谓"仁"，在《中庸》这里称之为"诚"。而人所禀受的"天命"之"性"的本真之善正是"诚"。钱穆先生对此深有见地："《中庸》天命之性则实是一诚，即是一'至善'也。"[①]《中庸》中云：

诚者，天之道也。诚之者，人之道也。诚者，不勉而中，不思而得；从容中道，圣人也。诚之者，择善而固执之者也。

《中庸》以一个"诚"字，贯通了天人之道。如此，"天命之谓性"的蕴意便明朗了，即人性乃直承天道之"诚"。具体来说，宇宙万物的生长、运行都源于天道之"诚"，人亦不例外。但人之所以为人就在于人不仅如其他万物一样禀受天命而"生"，而成自然生命，更重要的是，人能禀受大道之诚而"善"，而成己性。这个己性或者说人性，可自生而言之，却非性即生，而是包含着人之为人的道德性的当然义理之善。由此而论，人的存在从来就是一种"性体"的存在，人与物的最大区别，正在于人有禀受天道之"诚"的性体，而物则无之，故人自能侔天配天，以成天地之功。当然，人所禀受的这种"诚"的天命之性，起初只是一个潜在的幽闭体，务必要经过后天的日渐学习才能将其不断地涵养、扩充而由内发乎外。但人若不是天然地拥有这种天性，则无论如何也不可能在后天的学习中自觉得到它，更不用说进而将其实现了。反之，正因为人天然地具备此天性之"诚"，就一定有能力将其步步提升、扩充，而最终与天道合一，成己成物。因为，在《中庸》这里，人性既由天赋，那么人与天在根源之处就是同质的，同时，也是相感相通的。这样，天之"诚"的无私至善之德，即具备于人性之中，成为人之为人的道德价值之源，所以人的崇高价值和完美境界不必在远离人的外面追寻，因为它就在自己的性分内。正如杜维明先生所说："完全实现

① 钱穆：《〈中庸〉之明与诚》，《中国学术思想史论丛》（二），北京：九州出版社，2011年，第117页。

天人合一理想的可能性,是每个人的本性中所固有的。"[①]也就是说,在儒家看来,实现天人合一是人与生俱来、无法逃避的真正的天命或使命。人性本身就有自我贞定、自正其命、尽性为善的潜能,故人注定要自己成全自己且进一步成物。这便是对"天命之谓性"的自觉意识,即"知性"。孔子"人能弘道,非道弘人"的旨趣即在于此,这显示了人性之发展的能力,这一发展的目的即是成己成物。对此,下一节再着重讨论。

讨论至此,"天命之谓性"的蕴意,就不只是"人性乃直承天道之诚"这么简单了,涵淹在其中的深刻思想愈发地凸显出来,那便是"天命之谓性"。从根本上说,是以人性之"诚"向上契合"天命""天道",再以"天命""天道"之"诚"反过来解释人性,由此来贯通天命与人性,即贯通天人。也就是说,天道之诚在《中庸》中是作为彰显人道之诚以及赋予其正当性的意义上而被使用的,天道之诚是人性之诚的一种投射,是可以由人之性体得已明见的。这实际上与孔子"以仁心发明天道",由此以挺立起人之为人的道德主体地位的思想是一致的。因此,与其说"天命之谓性"意味着唯有人能禀受天命以成性,不如说"唯此人之能自诚之性或性德,乃为吾人之真正之性"[②]更加严格、准确一些。诚如李泽厚先生所言:"主观的道德修养(人)与这个客观品德化的宇宙本体(天),普遍的外在运动(诚者)与独自的内在修养(诚之者),先验本体与情感心理,就不但变成了一个东西,而且主体内在的道德修养还成为具有决定性的关键环节。"[③]

总之,"知性",简单来说,也就是人对其天命性体的自我意识,这一自觉意识是不可或缺的。因为,一旦有了这一自觉意识,人便知这宇宙间唯有人能承受天道之"诚"且最终实现它,故人势必油然而生一种当仁不让的人之为人的道德自觉和道德责任感。如此,人之最高人格境界——道的实现,即如孔子所言"我欲仁,斯仁至矣"(《论语·述而》)。也就是说,人之"诚"的天性与天虽表面有距离,而实最后无距离,故终可合而为一,实现天人合一。因此,"知性"是

① 〔美〕杜维明:《中庸:论儒学的宗教性》,段德智译,北京:生活·读书·新知三联书店,2013年,第29页。

② 唐君毅:《中国哲学原论·原性篇》,北京:中国社会科学出版社,2005年,第41页。

③ 李泽厚:《中国古代思想史论》,北京:生活·读书·新知三联书店,2009年,第137页。

极其重要的，它是“率性之谓道”的前提和立足点，而“率性之谓道”是“天命之谓性”的必然发展。因为，既然天赋人性是人之为人的道德价值之源，那么人格的成就必然是以发挥此人性来实现的。简言之，既然道本于性，则必知性、尽性才能达道。

三、“诚”之蕴意

《中庸》中云：“诚者，物之终始。不诚无物。是故君子诚之为贵。”意思是，诚是宇宙万物之所以存在的原因，若没有诚，宇宙万物也就不存在了。在此，“诚”之重要意义可谓显露无遗。那么究竟何为《中庸》之“诚”？请看《中庸》如是说：

> 诚者，天之道也。诚之者，人之道也。诚者，不勉而中，不思而得，从容中道，圣人也。诚之者，择善而固执之者也。

如前文所说，诚在起点处是“人性”，在终点处为“道”，故诚内包含着“道”与“性”的最终统一。《中庸》中又说“率性之谓道”，明示一个人能够期待和完成的“道”的境界就在他自己自然而然的人性中，不必外求，亦无需他求。这意味着，在《中庸》这里，道之本在性。严格来说，道（天道）并没有独立的意义和地位，《中庸》讲“诚者”虽以“天道”名之，但究其实质，则是基于“人性”讲的，是以“人”为中心的。因而“诚者”的真正涵谓当体现在《中庸》的如下话题中：“诚者，不勉而中，不思而得，从容中道，圣人也”；“诚者，自成也，而道自道也。”显然，《中庸》中“诚”（道）之意义是由人性完美境界的“圣人”的终极目标贞定的，圣人之道“洋洋乎，发育万物，峻极于天”；圣人之德“溥博如天，渊泉如渊”（《中庸》），而人性之诚的本真就在于向着“从容中道”的“圣人”的至高完美境界而自我完善、自我实现，即所谓“诚之者，择善而固执之者也”，“其次致曲，曲能有诚”。由此而论，“诚”就是人性的自我实现，而这一自我实现的过程内在地包含着宇宙万物的实现，诚如唐君毅所言：“人之能自诚之性，即一既求成就自己，亦求成就其所感通之一切人物之性。”[①]简言之，诚就是人性之普遍的、创

---

① 唐君毅：《中国哲学原论·原性篇》，北京：中国社会科学出版社，2005年，第43页。

造性的发挥及实现。

朱熹以“真实无妄”[①]注“诚”，笔者以为，这是不够完备的，因为诚不仅是这样一种“中”的纯真纯正的性体本真，更重要的是，它直接激活、开拓以及实现人性。也就是说，诚还是一个动词，它蕴含着实现真理的力量和活动。还有的学者认为：“《中庸》的中心主题并不是人性善，而是天、地、人之和谐发展的天道。”[②]笔者以为，这种观点也是值得商榷的。诚然，《中庸》中有诸多对天道之无私至善之诚的描述，如“天地之道，可一言而尽也：其为物不贰，则其生物不测。天地之道：博也、厚也、高也、明也、悠也、久也”等。但《中庸》绝不是一篇天道的赞美诗，它的中心主题一直都是人。“《中庸》对天的意向的描绘不是把它塑造成一个上帝，而是体现‘至诚’的一种精神。这种精神显然与人有直接的关系，是人自身想象的一种投射，是从人的存在状态来理解天应该是一种什么样的形态。反过来，又从天的这种‘至诚’精神来解释人，寻找人的存在的终极性意义，塑造形而上的意义世界。”[③]事实上，天就在那里，“不见而章，不动而变，无为而成”（《中庸》）地发挥着它化育万物的无私至善之德，而重点在于人如何能够成为“天”似的存在，同天一起推动与成就万物。同时，《中庸》认为，天、地、人的和谐发展正是人性普遍的、创造性的发挥的内在需要和终极目标。对此，《中庸》中有着明确的说明：

> 诚者自成也，而道自道也。诚者，物之终始。不诚无物。是故君子诚之为贵。诚者，非自成己而已也。所以成物也。成己仁也。成物知也。性之德也，合外内之道也。故时措之宜也。

“诚者自成也，而道自道也”一语，表明了“诚”的创造性精神，也是人的创造性精神。这种创造性精神不仅是善的性体，更是一种积极的力量，这一积极的力量总是在成己并成物（“诚者，非自成己而已也。所以成物也”），并且最终使人达到“与天地参”的天人合一的境界。也就是说，“诚者自成”不仅是自我

---

① （宋）朱熹：《四书章句集注》，北京：中华书局，2011年，第32页。

② 张洪波：《〈中庸〉之“诚”范畴考辨》，《武汉大学学报》（哲学社会科学版）2007年第4期。

③ 景海峰：《从〈中庸〉所言“诚”看儒家人文精神的宗教性》，《社会科学战线》2016年第2期。

完善和自我实现（“成己”），还是宇宙万物的完成与实现（“成物”），是谓仁智统一、合外内之道。用《中庸》的话来说就是：

> 唯天下至诚为能尽其性。能尽其性，则能尽人之性。能尽人之性，则能尽物之性。能尽物之性，则可以赞天地之化育。可以赞天地之化育，则可以与天地参矣。

“天下至诚”能够尽己之性，而能够尽己之性就能进一步尽人之性、尽物之性，乃至最终妙赞化育，与天地合一。也就是说，一个人达到了诚的境界，他便完成了自我生命的价值，并也因此完成了世界上所有人和物的生命价值。《中庸》认为，人是宇宙中最特殊的存在，人有能力尽人之性，发挥人的潜能，使天地位，万物育，而最终“与天地参”。这是人的完美境界，是《中庸》所追求的最高真理、最大智慧，也是儒家所追求的终极理想。如此一来，诚的内在蕴意便朗现了：“诚”是成己成物的创造性力量，是贯通天人的真实内容。《中庸》中所说的“至诚无息”“至诚如神”正是这个意思。请看《中庸》中子思如是说：

> 故至诚无息。不息则久，久则征。征则悠远。悠远，则博厚。博厚，则高明。博厚，所以载物也。高明，所以覆物也。悠久，所以成物也。博厚，配地。高明，配天。悠久，无疆。
>
> 至诚之道可以前知。国家将兴，必有祯祥；国家将亡，必有妖孽。见乎蓍龟，动乎四体。祸福将至，善必先知之；不善，必先知之。故至诚如神。

“至诚无息”，即是说，“诚”是成己成物的创造性力量。诚是不息的，是创造性的。杜维明认为：“作为创造性，诚是‘不息’的。由于它是不息的，他就不是在时空序列之外一次性地完成创造。毋宁说，它的创造是一个存在于时空中的连续的无止境的过程。所以，它是一个‘永久’（久）的事件。”[①]也就是说，正因为诚是“无息”的，它必定能悠久长远、广博深厚、高大光明，亦必定能成就万物。《周易》中“天行健，君子以自强不息；地势坤，君子以厚德载物”，正可谓是

---

① 〔美〕杜维明：《中庸：论儒学的宗教性》，段德智译，北京：生活·读书·新知三联书店，2013年，第100页。

这一"无息"精神的实质之所在。

"至诚如神",即是说,诚是贯通天人的真实内容。天神不是外在的神秘莫测之物,而是内化于人的道德境界之中,成为人与天合一之后而表现出来的一种神妙之境。《中庸》将"至诚"赞之"如神",足以显示人性之光辉伟大以及人之宇宙中心枢纽的重要地位。"至诚"可以通天地、泣鬼神,与天神相通,并非是有另外的一个世界,而是人"与天地参"之后所呈现出来的天神般的大智慧,即天人合一的至高道德境界。

值得注意的是,《中庸》中这一能与天合一、妙赞化育、成己成物的"至诚",实际上,正是孔子所谓的"仁"之浑然与物同体,成己成物精神的全般呈现。请看《中庸》中子思如是说:

> 唯天下至诚,为能经纶天下之大经,立天下之大本,知天地之化育。夫焉有所倚?肫肫其仁,渊渊其渊,浩浩其天。苟不固聪明圣知,达天德者,其孰能知之。

在此,"肫肫其仁"指的是"至诚",孔子之所谓"仁",在《中庸》这里,正是"诚"。《中庸》中"诚者,非自成己而已也。所以成物也";至诚"能尽人之性""尽物之性","赞天地化育","与天地参"以及"仁者,人也"等的说法都可以为佐证。无怪乎徐复观先生说:"(《中庸》)全篇所言之诚,实际皆说的是仁。"[①]这意味着,道就是诚,诚就是仁。"肫肫其仁,渊渊其渊,浩浩其天",表示仁之深远广大可与天合而为一,此即仁之"极高明"处。但同时,仁又是"道中庸"的,因为仁的实现赖于日常的庸言庸行,日常普通的庸言庸行中即涵潜着仁的真精神。

总而言之,"诚"是《中庸》所追求的最高真理"道"(中庸之道),亦是孔子所说的"仁",它继承和发展了孔子"仁"的内涵。"诚"是人性的根本和开始,以及人性发展的完美结果,同时,他还是直接激活和实现人性的过程,世界万物的创造性活动即含摄于"诚"的这一过程中,故"诚"是成己成物的创造性力量,是贯通天人的真实内容。正因为如此,诚才能最终得到定位和理解。

---

① 徐复观:《中国人性论史·先秦篇》,北京:九州出版社,2014年,第107页。

第二节 由“至德”而“至道”

上文业已指出，“道”是《中庸》所追求的最高真理，最大智慧，而道的实现依赖于人性本真之善的完全实现，那么，如何切实履行人性以实现“道”的崇高目标？或者说，如何学习知识以实现人性之善，就相应地成为实现“至道”的过程中不可回避且极其重要的问题。因为，虽然人性本身即善，且有向善的力量和达成善的潜能，但也必须需要学习知识才能“反身而诚”意识到这一点而后方可达成之。以下笔者就这一问题提出自己的思路。

一、“苟不至德，至道不凝”

《中庸》中孔子说：“中庸其至矣乎！民鲜能久矣”；“中庸不可能也”；“择乎中庸而不能期月守也。”那么问题就来了，既然中庸是人人当下可以实践的德行，何以又如此难以达到呢？孔子如是说：“道之不行也，我知之矣：知者过之；愚者不及也。道之不明也，我知之矣：贤者过之；不肖者不及也。人莫不饮食也，鲜能知味也。”（《中庸》）显然，对于中庸之道的不可能实现，孔子认为是由于知者过之，愚者不及，贤者过之以及不肖者不及，然而究其根本原因，则在于“人莫不饮食也，鲜能知味也”（《中庸》）。世上无人不饮食，但能够真正辨知滋味的人却鲜有。孔子寓意深厚的这句话，是非常重要的一句话。《易传》云“仁者见之谓之仁，知者见之谓之知，百姓日用而不知，故君子道鲜矣”（《易传·系辞上》），孟子说“行之而不著焉，习之而不察焉，终身由之而不知其道者，众也”（《孟子·尽心上》），都是孔子“人莫不饮食也，鲜能知味也”的注脚。中庸之道虽是人人当下可以实践的庸言庸行，但对于绝大多数人而言，却只知其行，而茫茫然不知其行之所以然，只知行之事，却不明其为何行之道理。如此，就永远不可能实现道。“终身由之而不知其道者”对道之何以为道缺少一种自觉意识，只是盲目地生活在日复一日的惯性推动中，始终不能自觉地坚定不移地向着道的方向努力奋进。故“知其道”是极其重要的，只有知其道者才能够达其道，这便决定了追求道是有主体性限定的。那么，一个怎样的主体才能知其道以达其道呢？

对于这个问题,《论语》中孔子已明确指出:“君子不可小知,而可大受也;小人不可大受,而可小知也。”(《论语·卫灵公》)孔子认为,“仁道”之深远之大,并非人人都能认识得了,也非人人都能担当得起,唯有“君子”才能成全之。简言之,在孔子的知识论思想中,追求“仁道”的主体性基础以“君子”名之。之所以如此,是因为君子“知天命”。知天命即是知人性,知仁道,具体来说,即知人性之“仁”乃天所赐予我。既是天所赐予我,我也就天然地拥有它——这正是孔子“天生德于予”(《论语·述而》)之意。君子能够反身自觉人性之仁,就能挺立起人作为一个人的道德主体地位,就能坚定不移、责无旁贷地以“仁”傍身且以“仁”来成就自己。正是基于此,孔子才说:“仁远乎哉?我欲仁,斯仁至矣。”(《论语·述而》)

子思承袭了孔子的思想,并进一步深化了这一观点。《中庸》中云:“苟不至德,至道不凝。”意思是,唯有“至德”才能成就“至道”。这句话清清楚楚地表明:道在根本和终极的意义上,是由“德”定位和说明的。而这一“德”的主体就是“君子”,《中庸》中孔子“君子中庸,小人反中庸”的说法可以为证。那么,何以君子能够成为《中庸》“至德”的载体,成就“至道”的真理?笔者以为,问题的答案要追溯到《中庸》的破题开篇处,即所谓:

> 天命之谓性,率性之谓道,修道之谓教。道也者,不可须臾离也;可离,非道也。
>
> 是故君子戒慎乎其所不睹,恐惧乎其所不闻。莫见乎隐,莫显乎微。故君子慎其独也。

君子作为“至德”的载体,其中一个最具代表性的表现即为“慎其独”。郑玄注“慎独”为“慎独者,慎其闲居之所为”[①]。孔颖达对“慎独”解释说:“凡人在众人之中犹知所畏,及至幽隐之处,谓人不见,便即恣情。人皆占听察见,罪状甚于众人之中,所以恒须慎惧。君子独守,能谨守道也。”[②]朱熹认为:“独

---

① (汉)郑玄注,(唐)孔颖达等正义:《礼记正义》,《十三经注疏》,上海:上海古籍出版社,1997年,第1625页。

② (汉)郑玄注,(唐)孔颖达等正义:《礼记正义》,《十三经注疏》,上海:上海古籍出版社,1997年,第1625页。

者，人所不知而己所独知之地也。言幽暗之中，细微之事，迹虽未形而几则已动，人虽不知而己独知之，则是天下之事无有著见明显而过于此者。”[①]显然，依三者之见解，“慎独”即人之独处时谨严不苟、自省自警、时时守持“道”的自我意识。但值得注意的是，这里隐含着一个极容易让人忽略却又非常重要的问题，那就是：道何以在君子那里呈露从而成为其时刻谨严固守的真理？或者说，在人所不知、没有任何外在约束和监督的情况下，君子何以能够始终如一地持有自觉自律自谨的道德意识？笔者以为，“是故”二字构成了揭开此谜的枢机。事实上，“是故”二字明明白白地透露出了“君子慎其独”与前句“天命之性”话题的明显因果关联。如此一来，涵淹在其中的谜底便朗现了：君子之所以能够“慎其独”，就在于君子对“天命之谓性，率性之谓道”达到了高度的自觉意识。反过来，一旦有了对“天命之性”的自觉，就能够自然而然地做到“慎其独”。因为，人若自觉到天所命于人的，即是人之所以为人的人性，而道之意义的彰显就在于人性，而不在于人性主体之外的任何其他因素，那么他就势必不假外求而能够真诚、专一地向着人之主体——性体所努力。如此，外在的约束或异己的他律已然变得毫无意义，因为能不能达道、致道完全依靠自己，这正是孔子所说“仁远乎哉？我欲仁，斯仁至矣”（《述而》）这句话的根本旨意。于是，君子做到“慎其独”岂不是理所当然？正如杜维明先生所说：“君子‘戒慎乎其所不睹，恐惧乎其所不闻’是不足为奇的。……从其基本含义说，他的戒慎和恐惧同外界压力并不相干，他不是针对任何特殊事物而产生戒慎、恐惧，而是针对他自身存在的整个领域”，“君子‘戒慎乎其所不睹，恐惧乎其所不闻’，就是有意识地力求察知到他内在自我表露的精细微妙的表征，从而能充分地实现其本性中所固有的人道。”[②]故牟宗三先生说：“《中庸》讲‘慎独’就是讲主体……慎独这个学问是紧扣道德意识而发出来的。”[③]可以说，“慎独”是人对其天命人性的道德主体意识的真正体认。一旦有了这一体认，在一定程度上，就意味着“我欲仁，斯仁至矣”了。也就是说，成为君子即意味着离道不远了，

---

① （宋）朱熹：《四书章句集注》，北京：中华书局，2011 年，第 20 页。

② 〔美〕杜维明：《中庸：论儒学的宗教性》，段德智译，北京：生活·读书·新知三联书店，2013 年，第 26、32 页。

③ 牟宗三：《中国哲学十九讲》，长春：吉林出版集团有限责任公司，2010 年，第 71 页。

《中庸》中“道”之真理常常直接以“君子之道”名之，就是最佳证明。无怪乎朱熹认为：中庸之道“惟君子能体之”①。

可见，君子之所以能够成为“至德”的载体，成全“至道”的真理，就在于他深知“性与天道”的高深道理，对人性达到了高度的自觉。而对人性的高度自觉既是知性亦是知道。君子知性、知道，而后才能达道、致道。相反，若一个人没有对人性的自觉意识，那么他就如同孔子所说的“人莫不饮食也，鲜能知味也”(《中庸》)一样，虽有庸言庸行，亦只是混沌无知的生活行为，永远不可能真正地绽放“道”之意义。正如《中庸》中所说：“诚身有道：不明乎善，不诚乎身矣。”这里所说的“明乎善”，即是明乎性；明乎性，即是明乎诚、明乎仁。性本身即是善的，而且是一切善之根源，不明乎此，不内求其性反而茫茫然向外求索，岂不是缘木求鱼？怎能诚乎身，达到至诚的仁道境界呢？相反，人有了对人性的自觉意识，就会当仁不让、坚定不移地以人性之“仁”来成就自己。故《中庸》中孔子说：“射有似乎君子，失诸正鹄，反求诸其身。”射箭类似君子的修身之道，没有射中靶心，就反求自身技艺上的失误，说明君子求诸己而不怨乎其外。有了对“人性”的自觉，君子就会时时刻刻“慎其独”，且“求诸己”，君子之“至德”的突出表现就在于其获得人性自觉意识后的时时处处的“反求诸身”。《中庸》所谓：

> 君子素其位而行，不愿乎其外。……君子无入而不自得焉。在上位，不陵下；在下位，不援上。正己而不求于人，则无怨。上不怨天，下不尤人。故君子居易以俟命，小人行险以徼幸。

此处，“不愿乎其外”“无入而不自得”“正己而不求于人”“上不怨天，下不尤人”以及“居易以俟命”的表述，都集中地说明一点，那就是：君子修身、修道的本质就在于无论在何时何种处境下都能够坚定不移地“求诸己”。《中庸》中以一个“强”字有力地突出了君子这种坚定不移的向道决心：

> 故君子和而不流，强哉矫！中立而不倚，强哉矫！国有道，不变塞焉，强哉矫！国无道，至死不变，强哉矫！

① (宋)朱熹：《四书章句集注》，北京：中华书局，2011年，第21页。

"强"可谓正是对君子"慎其独""求诸己"之"至德"的最好赞美与肯定。《中庸》中引《诗经》关于"君子内省不疚,无恶于志"以及"君子之所不可及者,其唯人之所不见乎"的论述,都说明君子求道只是向内反省,"慎其独","求诸己","率性而行"罢了。如此,被动的他律变为自觉的自我完善,人作为一个人的道德主体地位得以充分确立与彰显。

总之,《中庸》之"至道"的真理,乃由"至德"的君子成全,对于君子而言,道之意义是通过其反身对自己的主体性自觉所绽放出来的。孟子所说的"反身而诚,乐莫大焉,强恕而行,求仁莫近焉"(《孟子·尽心上》)正可与此互证。在君子这里,其致道之路的庸言庸行,不是盲目的生活惯性推动,而是时刻持守着这种天命人性的自觉,一言一行无不受其指引,唯恐偏离,正所谓"择善而固执之者也"(《中庸》)。

二、"择善而固执之"的君子塑成之路

既然"道"的真理,必得由能够反身而诚,自觉其性的"君子"成全。那么,如何成为一个君子,就成为致道路上不可不重视的事情。前已指出,君子之所以为君子,就在于他对人性达到了高度的自觉。然而,对于如何才能达到对人性的自觉意识,成为君子。《中庸》中却没有给出正面而直接的解释。关于这个问题,《论语》中孔子已经讲得明明白白,即君子对于人性的自觉是通过"下学而上达"的不已的努力实证实知的。"下学而上达",刘宝楠注曰:"下学人事,上知天命。"①所谓"上达"即"知天命",而知天命即知性,意味着获得了人性的自觉。子思显然深得孔子这一思想的精髓,故《中庸》一开篇,即将道之真理诉诸人性。《中庸》中虽然未如《论语》中那样,将"知天命"一境的获得论述得如此清楚,但《中庸》对知识来源的划分,为我们深入地理解这一问题提供了最好契机。

关于知识的来源问题,孔子有过明确的思考和回答。孔子言:"生而知之者上也,学而知之者次也;困而学之,又其次也;困而不学,民斯为下矣。"(《论语·季氏》)《中庸》中载孔子语曰:"或生而知之,或学而知之,或困而知之,一

① (清)刘宝楠:《论语正义》下册,北京:中华书局,2015年,第592页。

也。"可见，孔子认为，知识的来源途径有两种：生知与学知。子思继承并发展了孔子的这一思想，从知识来源的角度将人归结为两种："诚者"和"诚之者"。"诚者"生来就自然而然地拥有了一切的知识，无须通过任何努力即可达到道，这便是"生而知之"的圣人。可以说，圣人的完美道德境界，本身就是"道"的体现。之所以如此，是因为圣人乃"自诚明"，即天生人性就达到了普遍的发挥，生命即得到了完美的实现，故圣人"不勉而中，不思而得，从容中道"（《中庸》）。与此不同，对于圣人之外的"诚之者"而言，他们不具备天生的知识，想要获得知识，实现道，就必须通过后天的学习，培养本源，修心养性，由完全地发挥人性而后致诚，即所谓"自明诚"。《中庸》中云"诚则明矣，明则诚矣"，明示这两种获得知识，实现道的方法，其结果是一样的。也就是说，诚之者也能够达到极致和完美的圣人境界。比照这两种获得知识的途径，"君子"显然属于"诚之者"，故必须"自明诚"。那么，作为一个诚之者，如何才能"自明诚"？对此，《中庸》中明确说明："诚之者，择善而固执之者也。"实际上，这句话就已经将君子的养成之路交代清楚了：君子之所以能够成为君子，反身而诚，实现道，就全仰仗于其"择善而固执之"。接踵而至的就是"博学之，审问之，慎思之，明辨之，笃行之"的对"择善而固执之"的具体阐释。如此，君子之塑成之路就愈加具体明晰了：君子之道固无其他，"博学、审问、慎思、明辨、笃行"罢了。

"博学"，重点在一个"博"字，即要求不拘泥于一格的广泛涉猎，博闻多识，无所不学。这在学习过程中起着奠基性的作用，是问、思、辨、行的基础。不然，则闻见孤寡，心胸不开，眼界不高，不能学以贯通，达至高深的境界。"审问"，也是学习过程中的重要环节。孔子非常重视"问"，他自己喜欢"每事问""不耻下问"，在孔子的影响下，他的学生也很喜欢"问"，《论语》中常可见孔门弟子之问仁、问礼、问友、问政、问行、问孝、问成人等，而孔子也善待问者，乐解弟子之疑。显然，审问是学习过程中同他人交流，解惑答疑的必要手段。"慎思"，是指谨慎细致的思考。学不可不思，因为"学而不思则罔"（《论语·为政》），同时，思又不可不慎，因为思考不足，未免草率，但过度思考，虽多却无益，还极可能偏离本意而生出算计、邪恶之心。故孔子明确强调应当"思无邪"（《论语·为政》）。故思必须谨慎，才能避免不正思想的产生，达到思考最恰到好处的效果。"明辨"，是思的进一步深化，通过"明辨"辨别真伪，去粗取精，由表及里，才能求得真知。孔子所说“众恶之，必察焉；众好之，必察焉”（《论语·卫灵公》）以及孟子所说“尽信书，则不如无书”（《孟子·尽心下》）都可视作是“明辨”学习方法的实际运用。“笃行”，是坚定不移、百折不挠地践行。成中英先生说：“知识不仅是对世界上事物的了解。一旦我们要行美德，了解世上的事物就只是低层次的活动。”[①]此言就儒学而言，可谓贴切至极，因为在儒家这里，知必须行，否则就失去了知的意义。故孔子说：“诵《诗》三百；授之以政，不达；使于四方，不能专对；虽多，亦奚以为？”（《论语·子路》）荀子说：“知之而不行，虽敦必困。”（《荀子·儒孝》）需要注意的是，“笃行”不是简单的行，而是要有“不为则已，为则必要其成”[②]的决心、勇气和耐力，故紧承“笃行”后，《中庸》接着强调：“有弗学，学之弗能，弗措也。有弗问，问之弗知，弗措也。有弗思，思之弗得，弗措也。有弗辨，辨之弗明，弗措也。有弗行，行之弗笃，弗措也。人一能之，己百之。人十能之，己千之。”学习不是一时兴起，而是一旦开始了，便持之以恒，百折不挠，一生坚定不移。正如《中庸》中孔子夸赞颜回那样：“择乎中庸，得一善，则拳拳服膺而弗失之矣。”如此，则“虽愚必明，虽柔必强”（《中庸》）。

对于君子人格的塑造而言，博学、审问、慎思、明辨、笃行这五者是融合在一起的整个人生的努力，是统一不可分的学习过程，故程子说：“五者废其一，非学也。”[③]王夫之对此也有精彩的见解：“学之弗能，则急须辨；问之弗知，则急须思；思之弗得，则又须学；辨之弗明，仍须问；行之弗驾，则当更以学、问、思、辨养其力。”（《读四书大全说》卷三）显然，此五者相互依赖，相辅相成，缺一不可。笔者认为，此五者涉及内容虽广，但总结来看，就是“知”和“行”罢了。朱熹就说：“学、问、思、辨，所以择善而为知，‘学而知’也。笃行，所以固执而为仁。‘利而行’也。”[④]总之，博学、审问、慎思、明辨、笃行，就是知行统一，知行并进的过程，有如孔子所说的“博学于文，约之以礼”（《论语·雍也》）。孔子认

① 〔美〕成中英：《合外内之道——儒家哲学论》，北京：中国社会科学出版社，2001 年，第 5 页。

② （宋）朱熹：《四书章句集注》，北京：中华书局，2011 年，第 33 页。

③ （宋）朱熹：《四书章句集注》，北京：中华书局，2011 年，第 33 页。

④ （宋）朱熹：《四书章句集注》，北京：中华书局，2011 年，第 32-33 页。

为，“下学”的内容即“博文约礼”，倘若能够做到“博文约礼”，便自然可上达于天命，获得对人性的自觉，并进而实现“道”的终极理想。而在《中庸》这里，“下学”的内容就是博学、审问、慎思、明辨、笃行这五者，想要“上达”，获得对“天命之性”的自觉，成为君子乃至圣人，不已的博学、审问、慎思、明辨、笃行的道德功夫是不二法门。

三、“君子尊德性而道问学”

当我们说上达于“知天命”的境界，养成君子，别无他法，必赖于日常的博学、审问、慎思、明辨、笃行的道德功夫时，这并不意味着养成君子是一件容易事，相反，这实际上是极其难以达到的做人的高度，正因为如此，孔子才感叹：“圣人吾不得而见之矣，得见君子者，斯可矣。”（《论语·述而》）事实上，连孔子自己也是“五十而知天命”（《论语·为政》）。这无疑证明，君子的塑成之路是一个需要付出毕生努力的艰辛过程。尽管如此，“君子”还并非儒家的终极理想，作为“至德”的君子，还担负着“至道”的重任，故还务必要继续的、永不歇止的为学求知。《中庸》中将君子致道之路精辟地阐释为：“君子尊德性而道问学。”“尊德性”，朱熹注曰：“尊者，恭敬奉持之意，德性者，吾所受于天之正理。”[①]故所谓“尊德性”，实际上就是尊崇、修持自己的天命之性，使其不断地扩充，从而由内发乎外，以使人性得已普遍、充分地发挥。“道问学”，指的是博学、审问、慎思、明辨、笃行的道德功夫。

“尊德性而道问学”一语，在历史上曾引发了朱熹与陆九渊关于“尊德性”与“道问学”孰先孰后、孰轻孰重的为学之方的“鹅湖之争”。朱熹主张必须以“道问学”为先为重，主张格物而穷理，认为只有先通过博览群书，观物启心，才能由积累而贯通，以印证天理。陆九渊则反之，主张“先立乎其大者”，“发明本心”，认为只有明确为学的目标和方向，才能做读书接物的功夫。朱、陆二子虽在为学之方上存在分歧，但从根本上都承认“尊德性而道问学”缺一不可。因而，朱陆之争并非截然对峙的思想冲突，而只是对“尊德性”与“道问学”中的一方有所侧重而已。

① （宋）朱熹：《四书章句集注》，北京：中华书局，2011年，第36页。

笔者以为，“尊德性”旨在发扬主体自身固有的天然本性，其前提是主体能够反身自觉到自我主体的天命人性，这实际上依赖的是“道问学”的功夫。孔子所说的“下学而上达”（《论语·宪问》）正是这个意思。若不是经由“道问学”的努力获得对人性的自觉意识，“尊德性”又何从谈起呢？故对于未养成君子的“诚之者”来说，“道问学”是致道的唯一路径。但就君子而言，因为君子已经上达于知天命之境，获得了对人性的自觉，故君子就会时刻持守、涵养且不断扩充自我的天命人性，即“尊德性”。而这种持守、涵养与扩充自我天性的工夫就是君子的“慎其独”。如上文所述，慎独是由君子反身自觉其天命之性后所呈现出来的道德自律行为，而这一道德自律行为在人之性体意义之绽放过程中始终发挥着重要的作用。正如牟宗三先生所说：“这个慎独是通过‘天命之谓性’这个性体，性是首先提出来的，性是个主体，但这个主体必须通过慎独这个工夫来呈现。”[①]故君子必然“尊德性”。然而，当我们说君子通过“慎独”以培养本源，修养心性，将“性”由一个潜在的幽闭体进而步步扩充，直至完全呈现出来时，这并不意味着“慎独”只是在闭关中完成自我修炼或在苦思冥想中寻求大彻大悟，而是需要日常生活中切实的“道问学”的功夫。因为个人只有在圆满的人际关系交往中才能真正地实践“慎独”，正如杜维明先生所说：“在儒家传统中总是把一个人设想为各种关系的中心，则他越是深入内在自我，就越能够实现人与人之间相关性的真实本性。因此，‘慎独’，作为一种精神修养，绝非追求那种像原子般的个人的孤僻，而是意在上升到作为普遍人性之基础的真实存在这个层面。”[②]因此，就君子而言，“尊德性”与“道问学”两者相依不离，即所谓君子“尊德性而道问学”，必如此君子才能“致广大而尽精微，极高明而道中庸”，实现“道”的终极真理。对此，康有为的阐释尤为精辟：“尊者以奉持德性为主也。然人间世与接为构，事理物理，无尽也。非假途问学，虽生知之圣，亦不能通其名物象数，况其他乎？故以问学为道路也。由此达彼，非由道路不能通至，故尊德性而不道问学，犹人终身整洁一室，而不览天下山川

---

① 牟宗三：《中国哲学十九讲》，长春：吉林出版集团有限责任公司，2010年，第72页。

② 〔美〕杜维明：《中庸：论儒学的宗教性》，段德智译，北京：生活·读书·新知三联书店，2013年，第33页。

之美。若道问学而不尊德性，则终身彷徨道路，而绝无一日家室之安，且足不出户庭者，广厦之敷陈必俗；堂室之结构不奇，终身不归家室者，虽游览时或有惧，然而榛皇必嗟羁旅。故二者合之则双美，离之则两伤，此孔子之正道，子思之所亲传。"①

讨论至此，我们可以对——如何切实履行人性以实现"道"的崇高目标，或者说，如何学习知识以实现人性之善——给出答案了。《中庸》之"道"的崇高目标乃由"至德"成全，其主体性基础乃是能够反身自觉其天命之性的"君子"，而君子之所以能够成为一个君子，就赖于其持之以恒的"博学、审问、慎思、明辨、笃行"的问学功夫，君子通过"尊德性而道问学"的道德实践功夫以望最终达成"发育万物，峻极于天"的仁道目的。

① 康有为:《孟子微 中庸注 礼运注》，北京：中华书局，1987 年，第 220 页。

第四章　孟子的知识论思想

孟子言:“乃所愿,则学孔子也”(《孟子·公孙丑上》,本章下引《孟子》只注篇名),此语着实道出了孟子为学的真正愿望,也彰明了其知识论思想是本于孔子之“仁道”思想的进一步展开与创造。事实上,自孔子创建儒家知识论思想体系以来,“仁”即成为先秦儒家知识论贯通始终的思想。而孟子知识论的特殊意义在于其心性学说的完美构建为儒家知识论寻找到了牢不可破的基石,因为儒家之“仁道”真理根本上是以本心、本性为依归的。孟子不仅将孔子、子思没有明确说明的性善说清楚了,而且还“即心言性”,真正将心之地位挺立起来,从此为儒家知识论思想立下不拔根基。故程子曰:“孟子有功于圣门,不可胜言。”①韩愈亦云:“自孔子没,群弟子莫不有书,独孟轲氏之传得其宗。……故求观圣人之道,必自《孟子》始。”②

第一节　知之限度与来源

天地至大,万物至博,人之于无限宇宙,犹如沧海之一粟,无论怎样努力探索与追寻,所能认识者终究是有限。故“人能够知什么”即成为我们探讨知识论的第一个问题,接踵而至的便是“人何以而能知”的问题。可以说,这两个问题是知识论成立的前提和基础。以下笔者就孟子对于这两个问题的思考,详细论之。

① (宋)朱熹:《四书章句集注》,北京:中华书局,2011年,第186页。
② (唐)韩愈:《韩愈集》,北京:中国戏曲出版社,2002年,第250页。

一、"知者无不知"

知识无限，人生有限，故人所能求得的知识必定是有限。而人类所追求的真理，就务必当于人类本身之有限能知中求。无疑地，当务之急就是要弄清楚"人能够知什么"？

在此问题上，中西方传统可谓判然有别。就西方传统而言，对真理的追求，总是向上、向前、向外，直至宗教上之天国上帝而止息。故对于他们而言，知识不可能超越各种可能的经验，比如"鬼神"等不可经验者就无论如何也不可能成为认知对象。而就孔子及儒家传统而言，却不必如此。因为儒家对于真理的追求总是向内、向着人生之本身而求索。譬如，在孔子的知识论思想中，"人"始终是其考量与关注的中心点，这就使得能知的对象不是从知识中分辨出来，而是通过其与"人"的关系中被塑造和定义出来。具体来看，是通过学习的经历、思考、感悟与"人"发生联系而成为被认知的对象。比如，一般情况下"鬼神"与我并无联系，对我而言，它是"不可知"的。而当我们举行葬礼和祭礼以寄托我们对祖先的悲恸或哀思之情时，鬼神以我的情感寄托的方式与我发生了链接，此时，它对我来说才是有意义的存在，才是"可知"的，而我对它的感悟以及精神寄托便构成了属于我的知识。简而言之，在孔子这里，人能知的是能够与人发生联系的一切事物。在这一意义上，人能知的必是一有限中的无限。展开来说，人是一有限存在，人能知的就必然有限，与此同时，人却能通过学习的精力和思考连接无限的空间与事物，故人能知的又是无限。到了《中庸》，子思一语"至诚如神"，更是将人这种有限中的无限表现得淋漓尽致。人成了如神的存在，人与鬼神、天地之间即彻上彻下、相通无隔，人自然无所不知。而到了孟子，孟子不说"如神"，而直接认为圣人不可测度的境界"就是神"。请看孟子如是说：

> 可欲之谓善，有诸己之谓信，充实之谓美，充实而又光辉之谓大，大而化之之谓圣，圣而不可知之之谓神。（《尽心下》）

孟子将"圣人"赞曰"神"，这便是真正将"人"放在了宇宙间最高的位置上，正如钱穆先生所说:“真能认识神的,其本身亦同样是一个神。”[①]人本身同样也可以是一个神,意味着人皆可于当下完全凭借自己的智慧与德性而自得,完全勿需求天地鬼神之相助以申冤雪恨,以至于赏善惩恶。如此,鬼神之类的非经验物便丧失了最后的神秘感和权威力,人便不仅可以认识它们,甚至还可以依据人的思想和意志对其做出改变和宰制。关于这一点,孟子“变置社稷”的说法可以为证。他说:

> 牺牲既成,粢盛既絜,祭祀以时,然而旱干水溢,则变置社稷。(《尽心下》)

“社稷”为“土谷之神”之意,“变置”为“变换改立”之意。王船山认为:“牺牲既成矣,省涤之道尽矣;粢盛既洁矣,烹饪之道尽矣;祭祀既以时矣,恪共之道尽矣;然而或旱干焉,或水溢焉,君无过,而过在社稷,则以其无能利民也,于是毁其坛壝而更置之,以示鬼神之有过而必自新也。”[②]也就是说,在孟子看来,人之祭祀不失其礼,然土谷之神若不能尽其职责为民御灾捍患,人便可以变换改立新的鬼神。孟子之“变置社稷”的观念是前无古人的,是春秋时期“民为神主”“依人而行”观念的真正落实。孟子对鬼神观的态度,正是我们理解其“能知”问题的最好契机。同孔子一样,孟子并不纠结于鬼神的可知与不可知,因为认识对象能不能被认识,是否值得被关注,不在于其是否是由经验所限定的对象,而是完全取决于人是否需要它,它是否能为人服务。也就是说,就孟子而言,能知的范围是以“人”为中心的设定,是以人来窥宇宙万物,定宇宙万物,故必能由有限之人生通向无限之宇宙。

孟子深眼巨识,洞见人性之伟大,从而直心而发,自信与霸气地提出了“知者无不知”(《尽心上》)的命题。“知者无不知”,是以有限之人生去关照与洞察无限之宇宙万物,从而使其有限,亦若一无限。孟子所谓的“知者无不知”,正是在这一意义上立意的。也就是说,人能够通过其内在的觉悟与体验所得而彻上彻下,通内通外,与宇宙万物成为一体,从而无所不知。可以说,就孟子以

---

① 钱穆:《人生十论》,北京:九州出版社,2014 年,第 18 页。

② (清)王夫之著,傅云龙、吴可主编:《船山遗书》第四卷,北京:北京出版社,1999 年,第 2297 页。

及儒家传统而言，"知"就是在有限世界中求有限真理，然而因为人性可尽涵万物，赋有无穷尽的创造力量，故此有限真理即如无限真理，此有限光明即如无限光明。

值得注意的是，紧承"知者无不知"之后，孟子提出了"当务之为急"。请看孟子如是说：

知者无不知也，当务之为急；仁者无不忧也，急亲贤之为务。尧、舜之知而不遍物，急先务也；尧、舜之仁不遍爱人，急亲贤也。(《尽心上》)

朱熹注曰："知者固无不知，然常以所当务者为急，则事无不治，而其为知也大矣。"[①]显然，孟子此语的重点在"当务之为急"这句话上。无不知之知者都以当务之为急，更况于一般人乎？这表明，与"人能够知什么"的问题相比，"知当务之急"才是孟子的真正关心之所在。如此，孟子已由"人能够知什么"的问题进入"人应该知什么"的范围。故我们可以得出结论：孟子根本不认为"人能够知什么"是一个问题，他坚信"知者无不知"，圣人的极致境界便足以弥纶了全宇宙，真正地诠释了何谓真理。

二、"良知、良能"与"学而知"

在弄清楚"人能够知什么"的问题之后，紧接而来的问题就是：人何以而能知？在这一问题上，孔子与子思都有过明确阐述，我们可以将孔子与子思对这一问题的阐发概括为"生而知"与"学而知"两种。"生而知"，顾名思义，"生"就意味着"知"，即是说生来就自然而然地具备了一切的知识，这就是《中庸》中所说的"不勉而中，不思而得，从容中道"的圣人。"学而知"是指不具备天生的知识，必须凭借后天的努力学习，培养本源，修心养性，才能获得知识，即孔子所谓的"中人"，亦是子思所谓的"诚之者"。总之，在"人何以而能知"的问题上，子思与孔子的观点可谓一般无二。

孟子提出"良知、良能"这一概念，可能会给我们这样的印象，即孟子主张"生而知"。例如，夏甄陶就认为："这种'不学而能''不虑而知'的'良能''良

① (宋)朱熹：《四书章句集注》，北京：中华书局，2011年，第340页。

知’,是对‘学而知之’的否定,而包含着‘生而知之’的肯定前提。”[①]然而,笔者以为,这实际上是对孟子“良知、良能”说的极大误解。事实上,“良知、良能”说并不能直接推导出孟子主张“生而知”。从下面这段话中,我们可以看到孟子所谓“良知、良能”的真正意义。

> 人之所不学而能者,其良能也。所不虑而知者,其良知也。孩提之童,无不知爱其亲者,及其长也,无不知敬其兄也。亲亲,仁也。敬长,义也。无他,达之天下也。(《尽心上》)

孟子认为,人天生就有不待学习、不假思虑就能获得的良知、良能。然而,我们不能据此就认为孟子主张“生而知”。很明显,孟子所谓的良知、良能与孔子所说的“生而知”是内涵完全不同的两种意思的表达。诚然,良知、良能作为人生而固有的本能,不是通过学习得到的,也不是通过外界获得的。但问题的症结是,良知、良能只是一种潜在的甚至被屏蔽的能力系统,它不能直接被称为知识,因为它只是知识的种子或者说根基。孟子所说的孩童“知爱其亲”根本是一种本能的自然流露,它不是成熟的爱,亦不是终极意义上的“仁”,而只是“仁”的起点——仁性。相较而言,孔子所谓的“生而知”,是生来就具有了一切完备的知识,是根本无须任何努力就能够做到的“从容中道”的圣人,是“仁”的完全意义上的实现。这显然与孟子所表达的良知、良能意味相去甚远。因此,实际上,孟子并不主张“生而知”,相反,孟子比孔子更加坚定地倡导“学而知”。孟子所谓的良知、良能就如同《中庸》中所说的“诚”一样,它虽是一个人内在固有的天赋性能,但这并不意味着它能脱离日常的学习实践而独存。恰恰相反,良知、良能必须要在学习中才能被觉知、扩充、充分的实现。正如成中英先生所说:“事实上,我们无法做到凡事都能自然知之而爱之,因为知之之道需要投入大量的时间与注意力,也就是我们必须学习、必须探索、必须思考、必须分析、必须综合、必须发展理论与求证方法。”[②]这正是孔子所说的“学而知”的功夫。质言之,孟子所说的良知不是自然的现成的“知”,而是对孔子的“学

---

① 夏甄陶:《孟子认识论思想批判》,《社会科学战线·中国哲学》1992年第1期。

② 〔美〕成中英:《合外内之道——儒家哲学论》,北京:中国社会科学出版社,2001年,第388页。

而知"的续接和进一步发展，故它实质上也是一种"学而知"。简而言之，就"人何以而能知"这个问题而言，孟子是"学而知"的忠实拥护者。

事实上，我们从孟子的圣人观上，也能很清楚地认识到这一点。在孔子和《中庸》那里，圣人就是"生而知"的代表，圣人天生完美且高深而不可及，他为我们提供了道德至高境界的标准且鼓励着我们不断追求极致的为己之学。然而，在孟子这里，圣人虽依然是道德极高境界的典范，但作为"生而知"的先天性的完美"圣人"却不见了，取而代之的是有缺陷的历史上真实的存在，现实生活中的活生生的人。如尧、舜、禹、汤、文、武、周公、柳下惠、伊尹、伯夷等都是孟子心目中的"圣人"，而孔子更是"圣人"中的集大成者。显然，孟子在放宽圣人之尺度、降低圣人之标准的同时，也一并将圣人"生而知"的光环取消了。但这并非意味着孟子完全改变了孔子之所谓圣人的一贯传统，因为根本而言，孟子对"圣人"的规定依然是与孔子一脉相承的，这就体现在圣人对于"仁"的实现上。虽然孟子之圣人有"圣之清者""圣之任者""圣之和者""圣之时者"之分，但在实质上——圣人是"仁"的表征——这一点上是与孔子完全一致的。孟子对圣人"生而知"的规定的取消，使圣人就在每个人的指掌不远处，成为人人都可以企及的人生理想。孟子坚信人人都可以通过自我的学习努力而达到"仁道"的圣人境界，所谓"人皆可以为尧舜"(《告子下》)。而天生就知识完备的人是不存在的，孟子甚至认为，艰难的个人境遇和灾患在很多时候也未免不是人获得知识的契机。他说："人之有德慧术知者，恒存乎疢疾。"(《尽心上》)因此，孟子非常重视"学"。他说："博学而详说之，将以反说约也。"(《离娄下》)孟子的"学"是"尽心"，收其放心，复其本心，以进一步自觉性、实现性，乃所谓："学问之道无他，求其放心而已矣。"(《告子上》)它既包括内在的思省，又包括外在的践行。这是本章第三节的内容，这里姑且不论。

值得玩味的是，"良知""良能"虽然必须通过学才能被觉知、扩充，但这并不意味着良知、良能对于人之追求真理而言是毫无价值的，相反，它是极其重要的。良知、良能是孟子之"学"的基础和依据，若人无天赋的良知、良能，再怎么学习也不可能成己成人。因此，我们可以得出结论：在孟子这里，"学而知"是获得知识的唯一途径和依据，但同时，良知、良能的本然存在也是我们获得知识、实践道德充分且必要的条件。

第二节　孟子之道与性

上文已知，孟子同孔子一样，并不十分关注“人能够知什么”的问题，而是尤其注重“人应该知什么”的问题，即孟子所谓“当务之为急”(《尽心上》)。一个“急”字表达的不仅是一份情感之迫切，更是一种生命之需要。毫无疑问，这一“急”的对象就是“道”。“道”是先秦儒家知识论所追求的最高真理，它不是上帝，不是鬼神，不是命运，而是万事万物之理，是生命的最高价值，是仁人志士超越生死的存在。故孔子说：“朝闻道，夕死可矣”(《论语·里仁》)。孟子接过孔子“道”之大旗，秉着殉道精神，为道之真理的实现而苦心孤诣、不遗余力。孟子所追求的“道”不仅是对孔子之道的继承，更是对其的进一步展开与再建。以下我们就对孟子之“道”详细论之。

一、“仁也者，人也；合而言之，道也”

孟子说：“天下有道，以道殉身；天下无道，以身殉道。未闻以道殉乎人者也。”(《尽心上》)“道”之于孟子的重要性便尽在其中了。道之于孟子如此重要，那么，究竟何谓孟子之“道”？

笔者以为，《孟子》中的一句话可谓将其诠释得淋漓尽致。那就是：

> 仁也者，人也；合而言之，道也。(《尽心下》)

这表明，就孟子而言，“道”就是人之“仁”性的完成和实现。首先“仁也者，人也”，彰明了“仁”是人之为人的天命本性，接踵而至的“合而言之，道也”的“合仁人以言道”的说法，明示了“道”就在人性份之内，人之实现自己，亦即实现道。具体来说，“道”之意义就涵淹在人自己的性体中，人想要洞悟“道”之真理就务必反身面对自我，从自我的本真性体上去探究与寻访。显然，孟子对“道”之真理的阐释与孔子的“人能弘道，非道弘人”(《论语·卫灵公》)以及子思的“率性之谓道”(《中庸》)是一脉相承的。就儒家而言，“道”之意义的贞定和彰显被诉诸“人性”。他们坚信，人之外无道，“道”就是“仁道”，是“仁”之性体的完满实现和完善境界。

同时，此“道”又是“天道”。孟子“夫仁，天之尊爵也”(《公孙丑上》)以及“是故诚者，天之道也；思诚者，人之道也”(《离娄上》)的说法皆可以为证。如是，孟子说“知其性，则知天矣”(《尽心上》)，就等于说“知其性，则知道矣”。从孟子“知其性，则知天矣”的意义上看，必因为性之外无天，因此才能说知性就能知天，若天在性之外，则无法直接由知性而知天，更无法由养性而直接事天，那么，孟子所谓“存其心，养其性，所以事天也”(《尽心上》)便成为无稽之谈了。因此，在孟子这里，人之内在性体与外在超越的本体之天实际上变成了一个东西，而且人之内在性体还成了具有决定性的关键因素。诚如曾振宇先生所言：“‘尽心——知性——知天’这一运思路向和思想架构而言，天是理论预设，而人性有善端则是真理。”[①]孟子下面的话，可谓对此作出最佳证明：

> 可欲之谓善，有诸己之谓信，充实之谓美，充实而又光辉之谓大，大而化之之谓圣，圣而不可知之之谓神。(《尽心下》)

“可欲之谓善”，是说人自身就有实现自我的内在动力和要求——“善”，这个善就是人之善性。由这个善性出发不断地步步扩升、层层升进，终可成就一神妙的圣人之道德极致境界。易言之，性是一个潜在的道的真理，“每一个人的自身，即是一个宇宙，即是一个普遍，即是一个永恒”[②]，即代表了神，彰明了天。

值得注意的是，在儒家那里，人性的完善境界的实现从来不是孤立的个人行为，而是一种公共的社会行为，换句话说，“道”之真理的最终达成同时关涉着一个个体最崇高的人格德性以及社会最伟大的社会政治功业，且二者是一致而连贯的，这才是儒家努力追求的“道”的完整意义。在孔子那里，“道”意味着成己成物。从本体论上讲，“道”意味着人性与天道合一的道德极致之圣人境界的实现；从现实的角度讲，“道”标志着“博施于民而能济众”(《论语·雍也》)的社会政治目标的实现。后者是前者的现实性表现、最佳证明和根本旨归。

孟子继承了孔子之“道”，并将其“道”之于社会政治功业方面的要求更加

---

① 曾振宇：《“仁者安仁”，儒家仁学源起与道德形上学建构——儒家仁学从孔子到董仲舒的哲学演进》，《中国文化研究》2014年第1期。

② 徐复观：《中国人性论史·先秦篇》，北京：九州出版社，2014年，第164页。

突出与扩展出来，作了细致而深入地阐发，形成了他独具特色的政治之学。事实上，虽然孔孟都同样立志于“道”，以治国平天下为己任。但在一定程度上，孟子比孔子更加梦寐以求一个秩序井然的社会以及一个爱民仁政的政府。如果说孔子尚可满足于“忧道不忧贫”“谋道不谋食”(《论语·卫灵公》)的君子的话，而孟子则毫无疑问地更渴望一个能够王天下的王者。孟子对王者的呼唤“由周以来七百有余岁矣。以其数，则过矣；以其时考之，则可矣”以及对自身“夫天未欲平治天下也，如欲平治天下，当今之世，舍我其谁也？吾何为不豫哉”(《公孙丑下》)的期许无不切实地反映了这一点。

孟子之治国平天下的愿望之所以比孔子更加强烈，究其原因，则在于当时的社会政治环境。孟子所生活的战国时代，其社会之混乱、政治之腐败比孔子之时更有过之而无不及。用孟子的话来说就是：“争地以战，杀人盈野；争城以战，杀人盈城”(《离娄上》)；“圣王不作，诸侯放恣。处士横议，杨朱、墨翟之言盈天下。”(《离娄上》)程子对此也有着深刻的见解：“孔子之时，周室虽微，天下犹知尊周之为义，故《春秋》以尊周为本。至于孟子时，七国争雄，天下不复知有周，而生民涂炭已极。当是时，诸侯能行王道，则可以王矣。此孟子所以劝齐梁之君也。盖王者，天下之义主也。”[①]这就是说，孔子之时，周制尚备，方策犹存，恢复周礼尚存有希望，然至孟子之时，礼乐之崩坏已至腐肉败汤，全面崩溃，恢复周礼已全然没有指望了。然而，正如鲁迅先生所呐喊的一样：“不在沉默中爆发，就在沉默中灭亡。”正是在这样一种历史契机下，激发了孟子“舍我其谁”的勇气、智慧以及不屈不挠的“大丈夫”品格，他说：“古之人，得志，泽加于民；不得志，修身见于世。穷则独善其身，达则兼善天下。”(《尽心上》)孟子坚定地认为，一个人无论得志与否，穷通祸福，都要始终如一的“修己以敬”“修身以俟之”，而一旦有机会推行道义，就必须进一步“修己以安人，修己以安百姓”“中天下而立，定四海之民”。无疑，“治国平天下”正是儒家的至善与终极真理。就此而论，于孟子而言，其所推崇的政治之学——秩序井然的社会以及爱民仁政的政府——就是孟子所追求的真理之“道”了。此“道”，孟子称之为“王道”。“王道的本质，是以仁或者仁义作为为政的最高原则，所以王道又可

① (宋)朱熹：《四书章句集注》，北京：中华书局，2011年，第190～191页。

以称作王政或仁政。"[①]即"王道"与"仁政"异名同实。以下就对孟子之"仁政王道"的具体内容作详细的论述。

孟子所追求的仁政王道，究其实质而言，就是"仁"的至善境地。上文孟子"合人仁以言道"以及孟子引孔子语曰"道二，仁与不仁而已矣"(《离娄上》)的说法皆足以为证。与追求"仁"的至善境地相对应的是，孟子极其反对崇尚功利。《孟子·梁惠王上》载曰：

> 孟子见梁惠王。王曰："叟不远千里而来，亦将有以利吾国乎？"
>
> 孟子说："王何必曰利？亦有仁义而已矣。王曰'何以利吾国'，大夫曰'何以利吾家'，士庶人曰'何以利吾身'，上下交征利而国危矣。万乘之国，弑其君者，必千乘之家。千乘之国，弑其君者，必百乘之家。万取千焉，千取百焉，不为不多矣。苟为后义而先利，不夺不餍。未有仁而遗其亲者也，未有义而后其君者也。"

孟子指出，人人以利相交，国家必危亡。故他责望于人君能尚仁义轻功利，认为人君只有以仁义为最高为政原则，才能确立良好的人伦关系，确保国家的长治久安。可以说，"仁义至上"是孟子所孜孜求善的仁政王道的最高原则。

仁政王道的核心理念是"以民为本"。"民本"理念的本质，是以"得民心"作为为政的最高追求目标，所以"以民为本"实际上就是"以得民心为本"。孟子说：

> 桀、纣之失天下也，失其民也，失其民者，失其心也。得天下有道：得其民，斯得天下矣。得其民有道：得其心，斯得民矣。得其心有道：所欲与之聚之，所恶勿施尔也。民之归仁也，犹水之就下，兽之走圹也。(《离娄上》)

这段话明明白白地把"仁政王道"与"民"的关系交代清楚了："仁政王道"的标志就是"得民心"，"得民心"是"仁政王道"的根本依归。孟子认为，舜和纣之所以会丧失天下，就是因为他们失去了民心。任何一个不得民心的君王，都不可

---

① 李景林：《孟子的仁政思想——一种道义至上的精神》，《黑龙江社会科学》2014年第1期。

能实现仁政王道的理想。他说：

> 以力假仁者霸，霸必有大国，以德行仁者王，王不待大。汤以七十里，文王以百里。以力服人者，非心服也，力不赡也；以德服人者，中心悦而诚服也，如七十子之服孔子也。（《公孙丑上》）

意思是，施以仁政、以德服人与施以暴力、以力服人两者判然有别：唯有以德服人才能真正地使民心悦诚服，而以力服人虽亦能得民称霸，却是假借仁义之名的“霸道”，根本无法得民心，使民心悦诚服。那么，为政者应该怎样做才能“得民心”？这就是孟子所说的“得其心有道：所欲与之聚之，所恶勿施尔也”（《离娄上》）。人民所希望的，为政者应当尽量满足，而人民所厌恶的，就不应强加给他们。显然，“得民心”就意味着贵民、重民、保民，以民之利益与意愿为根本主旨。孟子强调为政者应当与民同忧同乐，“乐民之乐者，民亦乐其乐；忧民之忧者，民亦忧其忧”（《梁惠王下》）。甚至连一个人是否贤，是否可杀，也必须诉诸民众决定之，乃所谓“左右皆曰贤，未可也？诸大夫皆曰贤，未可也；国人皆曰贤，然后察之；见贤焉，然后用之。左右皆曰不可，勿听；诸大夫皆曰不可，勿听；国人皆曰不可，然后察之；见不可焉，然后去之。左右皆曰可杀，勿听；诸大夫皆曰可杀，勿听；国人皆曰可杀，然后察之；见可杀焉，然后杀之。故曰：国人杀之也”（《梁惠王下》）。而其中最重要的、最能体现出“得民心”“以民为本”要旨的是孟子“民贵君轻”与“富民教民”的思想。

先来看孟子“民贵君轻”的思想。他说：“民为贵，社稷次之，君为轻。是故得乎丘民为天子，得乎天子为诸侯，得乎诸侯为大夫。”（《尽心下》）依孟子之意，人民是最可贵、最重要的存在，其次为社稷之神，最后才为治人者之君。国家一切的政治经济制度皆是为民而设，无论是为政者的施政行为，还是其政治权力，皆不例外。故治人者之君的价值正当性，完全在于其能“得乎丘民”，若为政者不能“得乎丘民”，则失去了其作为为政者的正当性，就不可为君。故孟子说：“君有大过则谏，反复之而不听，则易位。”（《万章下》）人民才是政权转移的最终决定力量，即“君权民授”。而天神选择人君来执掌政权，实际上看的也是民众的意愿，即民意代替了天意。换句话说，长治久安的政治统治的真正保证就在于为政者之行为可为民所接受，而不在于先天命定。孟子的这一思想，是对春秋时期“夫民，神之主也，是以圣王先成民而后致力于神”（《左传·桓公六年》）的“民为神主”思想的详尽发挥。更为重要的是，孟子“民贵君轻”的主张，实属空谷足音，发前人之未发，将春秋时期“民本”思想上升到了一个前所未有的高度。无怪乎崔宜明说：“孟子喊出了传统儒家民本的最强音。”[①]

再来看孟子“富民教民”的思想。为什么要富民教民？因为“民之为道也，有恒产者有恒心，无恒产者无恒心；苟无恒心，放辟邪侈，无不为已”（《滕文公上》）；“人之有道也；饱食暖衣，逸居而无教，则近于禽兽”（《滕文公上》）。人民若没有恒产，不能饱食暖衣，就不能遵守礼义道德，就容易违法乱纪，胡作非为。故执政者首要的任务就是保障人民的基本生活，使之衣食无忧。但是，仅仅使人民“富之”还远远不够，还必须进一步“教之”。因为人一旦衣食无忧，就特别容易思想懈怠，若不及时的加以教导，同样也会行为放荡，甚至违法乱纪。故孟子认为，富民与教民对于想要得民心的执政者而言，缺一不可。想要使社会安定，国家长治久安，必须“富民教民”，且“先富后教”。所谓“富民”，在孟子那里，为“仰足以事父母，俯足以畜妻子；乐岁终身饱，凶年免于死亡”（《梁惠王上》）。为了达到这一标准，孟子认为离不开两点：其一，制民之产。也就是保障人民最基本的生存之资。孟子强调：“夫仁政，必自经界始。经界不正，井地不钧，谷禄不平。是故暴君污吏必慢其经界。经界既正，分田制禄可坐而定也。”（《滕文公上》）分田制禄，是仁政的基础，人民得到经界分明的田地，不仅保障了人民的基本收益，而且对于统治者的强取豪夺，也是一大限制。其二，使民以时。孟子说：“不违农时，谷不可胜食也；数罟不入洿池，鱼鳖不可胜食也；斧斤以时入山林，材木不可胜用也。谷与鱼鳖不可胜食，林木不可胜用，是使民养生丧死无憾也。养生丧死无憾，王道之始也。”（《梁惠王上》）孟子强调，季节对于农业十分重要。统治者应注意不在农作物耕种、收获之时劳奴扰民，以免耽误农事，影响收成。所谓“教民”，究其实，就是“教以人伦”。孟子说：“设为庠序学校以教之；庠者养也，校者教也，序者射也；夏曰校，殷曰序，周曰庠，学则三代共之：皆所以明人伦也。人伦明于上，小民亲于下”；“圣人有忧之，使契为司徒，教以人伦：父子有亲，君臣有义，夫妇有别，长幼有序，朋友有

① 崔宜明：《先秦儒家哲学知识论体系研究》，上海：上海人民出版社，2014年，第89页。

信”(《滕文公上》)。孟子认为,教民比富民更重要。因为“善政,不如善教之得民也。善政民畏之,善教民爱之;善政得民财,善教得民心”(《尽心上》)。孟子认为,只有使民众得到教化,才能真正得民心,他甚至说,不教化民众,就是在祸害民众,这样的为政者根本没有资格推行王道——“不教民而用之,谓之殃民。殃民者,不容于尧舜之世。”(《告子下》)因此,“人人皆能生活,‘养生丧死无憾’,不过为‘王道之始’。必人人皆受教育,‘明人伦’,然后方为王道之完成。”①

总之,孟子所追求的仁政王道,究其实而言,就是“仁”的至善境地。能“得民心”,民之归仁,就势必“犹水之就下,兽之走圹也”(《离娄上》),仁政王道的理想就指日可待了。这样,孟子之“道”的达致最终被归结在人之“心性”上。得人心才能达道,不得人心,则不能达道。更为重要的是,孟子认识到“人皆有不忍人之心。先王有不忍人之心,斯有不忍人之政矣。以不忍人之心,行不忍人之政,治天下可运之掌上”(《离娄上》)。仁政王道不离人之本性,为政者有不忍人之心,才有了仁政的出台和实施,民众有不忍人之心,才能够接受教化以归仁,必然如此,仁政王道的实现才具有了可能性。换句话说,正因为孟子坚信人性皆善,所以他才能以此为归依来羽翼及实现一个秩序井然的社会以及一个爱民仁政的政府,正所谓:“自天子以至于庶人,壹是皆以修身为本。其本乱而末治者否矣,其所厚者薄,而其所薄者厚,未之有也!”(《大学》)杜维明先生对此深有见地:“儒家知识分子从不离家别居,换句话说,他从道德本体的中心出发,确定何谓政治。”②因此,孟子之知识论思想,虽是以心性的道德本体为起点,以仁政王道的实现为终点所构建起来的一个“内圣外王”的完整思想体系,但显然,这一内圣外王的理想“意味着圣先于王,而且只有圣才有王的资格”③。儒家相信人类能够创建完美的社会秩序和政治统治,究其根本,在于对人性可以通过自我努力得以完善的坚信。

---

① 冯友兰:《中国哲学史》,上海:华东师范大学出版社,2010年,第73页。

② 〔美〕杜维明:《道、学、政:儒家公共知识分子的三个面向》,钱文忠、盛勤译,北京:生活·读书·新知三联书店,2013年,第37页。

③ 〔美〕杜维明:《道、学、政:儒家公共知识分子的三个面向》,钱文忠、盛勤译,北京:生活·读书·新知三联书店,2013年,第37页。

二、"知性"

从孔子之"人能弘道,非道弘人"(《论语·卫灵公》)开始,儒家就坚决摈弃了在远离人的异己性彼中探求道之意义的真理路向,而将"道"的问题归结为"人"的问题。孟子深得孔子将道诉诸人性的思想精髓,提出了"仁也者,人也;合而言之,道也"(《尽心下》)的命题,该命题明示:"仁"是唯有人才拥有的天命本性,而人正是通过其"仁"的本然之"性"而走进道之真理的澄明之路的。这实则是说"仁"之性体外无"道","道"就存在于人性之中,是人性的全面阐发与完全实现。如此,当"道"之意义的贞定和彰显被诉诸"人性",我们要真正获得和体现"道",就必当溯源于人之性体上。即知性然后才可以知道。那么,何谓"知性"?

所谓"知性",简单说,就是对"性"的了解与自觉。在孔子,"知性"是他"五十而知天命"的境界,是知"性"乃天所赐予我,既是天所赐予我,我也就天然地拥有它,也就是孔子所说的"天生德于予"(《论语·述而》)。在《中庸》,"知性"就是知"天命之谓性",展开来说,就是知人性本身就有自我贞定、自正其命、尽性为善的潜能,故人注定要自己成全自己且进一步成物。那么,孟子之"知性"到底是一种怎样的体验?请看孟子如是说:

> 万物皆备于我矣。反身而诚,乐莫大焉。强恕而行,求仁莫近焉。(《尽心上》)

笔者以为,这段话可谓是孟子"知性"境界的最好体现,它高瞻综概了孟子"知性"境界的内在理趣:所谓"万物皆备于我矣",就是说"我"本身就是一充分自足的主体,人性本身即潜涵一切存在,且富有现实的无穷无尽的创造力量。这就足以决定,人务必反身面对自我、反求诸己,才能彰显纯真纯正的性体本真——诚,从而成就万物,获得最大的快乐,这也就是朱熹所说的"反求诸身而自得之"(《朱子语类》卷十九)。由此而论,孟子之"知性",根本而言,就是对"吾性自足,为仁由己"的自觉意识,是对人能通过自我努力而达到人格完美境界的坚定信念。正因为如此,人一旦"知性",便会油然而生一种当仁不让的人之为人的道德自觉和道德责任感,因而,想要实现"道"之真理,便如孔子所说的那样，是“我欲仁，斯仁至矣”（《论语·述而》）。杨时先生说：“知万物皆备于我，则数虽多，反而求之于吾身可也。”[①]知悉与自觉到万物皆备于我是前提，如此便能够反求于己有所得，即尽性。杜维明先生也认为：“在孟子看来，人的独一无二性既是一种特权，也是一种责任。因此，性善说是他坚持道德自主的必然结果。他坚持认为，人生来就具有通过精神思想的认知、情感功能，使自己成为道德人的可能性。”[②]因此，“万物皆备于我矣”的“知性”境界是极其重要的。那么，何以能够“万物皆备于我矣”？或者，人性本真何以能够成就“仁道”的真理呢？问题的答案必当溯源于人之性体本真，这就促使我们来仔细考察孟子关于“人性”的思想。孟子说：

> 人之所以异于禽兽者几希，庶民去之，君子存之。舜明于庶物，察于人伦，由仁义行，非行仁义也。（《离娄下》）

孟子认为，人与动物的不同之性只在区区“几希”上，这“几希”指的就是“由仁义行”的“仁义”。舜之所以能够成就伟大功业（“明于庶物，察于人伦”），就在于其能由仁义之性向外步步扩充、提升。因此，对于孟子而言，“万物”之所以能够“皆备于我”，归根到底乃是由于“人之异于禽兽者几希”之性。唯有“我”才具有“仁义”，才能够绽放“道”之意义。而对于动物而言，达“道”是不可思议的，因为它们从根本上就不具备达“道”的内在根据——仁义之性。由此，我们可以了解，孟子所谓的性善之性，指的并非是人之所有之性，而是人之为人的特殊之性。前者是告子所谓“生之谓性”，后者是孟子所谓“人之异于禽兽者几希”之性。

> 告子曰：“生之谓性。”孟子曰：“生之谓性也，犹白之谓白与？”曰：“然。”“白羽之白也，犹白雪之白；白雪之白，犹白玉之白与？”曰：“然。”“然则犬之性，犹牛之性，牛之性犹人之性与？”（《告子上》）

从万物生而有性的角度来看，告子所谓“生之谓性”的观点并无错误，但对

---

① （宋）杨时：《龟山先生集》卷二一《答练质夫》，明万历十九年林熙春刻本。

② 〔美〕杜维明：《道、学、政：儒家公共知识分子的三个面向》，钱文忠、盛勤译，北京：生活·读书·新知三联书店，2013年，第58页。

于孟子来说,“生之谓性”的主张并不足以将“人之异于禽兽者几希”的特殊性表示清楚。人所独具的,界定我们为人而不为狗牛之属的人类特征的某些东西,是不能用人与动物所共有的生理本能和自然欲望来说明的。而告子“以生之谓性”,是完全从自然的角度来解释人性,这样,就不能正确地认识“人之异于禽兽者几希”的特殊性质,也就无法说明人之为人的所以然了。因此,孟子认为,人性是生而具有的主张是不完备的、片面的。但这并不意味着孟子排斥或反对自然本能的生性,相反,孟子认为它们对于人的生活是基本的,是人之常情。他说:

> 口之于味也,目之于色也,耳之于声也,鼻之于臭也,四肢之于安佚也,性也,有命焉,君子不谓性也。仁之于父子也,义之于君臣也,礼之于宾主也,知之于贤者也,圣人之于天道也,命也,有性焉,君子不谓命也。(《尽心下》)

从事实上看,口之甘美味,目之爱美色,耳之好美声,鼻之喜芬芳,四肢之图安逸,这些自然欲望也是人之性,但对于孟子而言,由于这种性是自然本能的生性,而不是人之异于禽兽的地方,且对人之为人的独特性的发展和提升构成一种限制,故孟子谓之为“命”而不是“性”。而仁义礼智的道德本性是人所异于禽兽的地方,不仅是人之所以为人的本质属性,而且还具有能够进一步向上发展的动力和潜力,故孟子谓之为“性”而不谓“命”。这样,孟子对性与命作出了明显的区分:自然欲望之命在人之外,而仁义礼智之性在人之内。自然欲望之命是对整体个人的外在的限制和影响,而仁义礼智之性则是人之发展的内在而自然的动力和潜力。故孟子说:

> 求则得之,舍则失之;是求有益于得也,求在我者也。求之有道,得之有命,是求无益于得也,求在外者也。(《尽心上》)

之所以能够“求则得之”,“求有益于得”,在于仁义礼智之性是“求在我者也”。也就是说,求的完全可以由人自己控制和掌握。而之所以“求无益于得也”,是因为自然欲望之性“求在外者也”,求的根本不由自己做主。孟子对性与命的区分,不仅将仁义之性与自然欲望之性加以厘清,达到了对人的整体性的全面理解。更为重要的是,它表征了“诚者自诚也,而道自道也”(《中庸》)的仁义礼智之性的自足性和自律性。由此看来，人的自足、自律之性体乃是“万物皆备于我矣”何以可能，从而也是“仁道”之真理何以达成的根本所在。

孟子又进一步说明这种仁义礼智之性就是人的“本心”，所谓“本心即性”：

> 人皆有不忍人之心。……今人乍见孺子将入于井，皆有怵惕恻隐之心；非所以内交于孺子之父母也，非所以要誉于乡党朋友也，非恶其声而然也。由是观之，无恻隐之心，非人也；无羞恶之心，非人也；无辞让之心，非人也；无是非之心，非人也。恻隐之心，仁之端也；羞恶之心，义之端也；辞让之心，礼之端也；是非之心，智之端也。人之有是四端也，犹其有四体也。(《公孙丑上》)

这里，孟子以“今人乍见孺子将入于井”的例证来说明仁义礼智之四端的本然存在，也就是本心的本然存在。所谓“本心”，是心未受欲望干扰时所自然呈露出的一种无私欲、无杂染的完全纯正的状态，是人心的本来面目。孟子强调“乍见”，其意正在说明人性本善，而此人性之善乃是人之固有且可直接经由“心”明白地透显出来。正如孟子宣称的那样：“仁义礼智，非由外铄我也，我固有之也。”(《告子上》)徐复观先生说：“孟子在生活体验中发现了心独立而自主的活动，乃是人的道德主体之所在，这才能作为建立性善说的根据。”[①]但问题在于，日常生活中，人人都有类似的生活经验，且此种生活经验皆可由一般人自行体验。如此，缘何唯有孟子能够从此类生活经验中体悟与自觉到四端之善，而常人却识未及此？乃所谓：“行之而不著焉，习矣而不察焉，终身由之而不知其道者，众也。”(《尽心上》)

这个问题似乎很容易为人所忽略，而简单地将孟子对于人性之善的自觉归因于其对生活经验的深刻体悟。事实上，笔者以为，孟子由“今人乍见孺子将入于井”的例证来说明“四端”之善性乃人固有之的本心，并不等于说孟子对于人之固有善性的自觉是经由日常生活中的经验事实所获得的。易言之，人性为善之佐证，虽可由人之原始感情中见其端倪，但并不意味着孟子是由若干原始情感中获得了人性为善的自觉。这就如同当我们用一个例子来论证我们

---

① 徐复观：《中国人性论史·先秦篇》，北京：九州出版社，2014 年，第 156 页。

的论点的时候，并不必然地意味着我们的论点就源于这个例子中。因此，孟子从实际经验上佐证人性之存在以及人性之善，不应该被看作是孟子“万物皆备于我”，或者说“知性”的简单由来和证据。那么，人究竟何以“知性”?

就儒家而言，“知性”从来就不是一件简单事。虽然性就本然的存在着，但要经验地认识到“何谓性”以及“我们天然的拥有此性”，却要为此付出毕生的努力。譬如，孔子的“五十而知天命”，是通过其“下学而上达”(《论语·宪问》)的不已努力才实证实知的。《中庸》之所谓“知性”——人性本身就有自我贞定、自正其命、尽性为善的潜能，故人注定要自己成全自己且进一步成物——也是需要人的“择善而固执之”的道德实践工夫才能自觉到的。而孟子对“知性”境界的获得，也同样有着明确地认识：“尽其心者，知其性也。”(《尽心上》)

虽然，“知性”是极其难以达到的境界，但“知性”却又是必须和必要的。正如上文业已指出的那样，就儒家而言，“知性”是尽性达道的关键和保证。性乃“非由外铄”，“我固有之”并不意味着必然能够尽性达道，其前提在于“知性”。孟子对此有着清醒的认识，他说：“凡有四端于我者，知皆扩而充之矣。若火之始然，泉之始达。”(《公孙丑上》)这段话可谓将“知性”的重要性表露无遗。“知皆扩而充之”正是“知性”的突出体现，虽四端人皆有之，然只有“知皆扩而充之”，才能使四端如“火之始然”，终必不可扑灭；如“泉之始达”，终必汇成江海。这不难理解，因为“知性”意味着“由仁义行，非行仁义也”(《离娄下》)，它是真正的道德行为，是真正的善。具体地说就是：“知性”意味着一个人对仁义之性内在于人，而为人之为人的本性有了自觉意识。如此，为仁义就成为顺着人之为人的道德本性而发的自觉而主动的自律行为。反之，不“知性”，便不知人本有可以为仁义之性，如此，就没有行仁义之自觉与意欲，道德行为对其来说，就只能是依靠外在强制力量的他律行为。如是，“由仁义行，非行仁义”，“知性”的境界尽在其中了，故孟子要求“尽其心者，知其性也”(《尽心上》)。

诚然，“尽心”才可以“知性”，一方面，“性”唯有通过“心”的实现力才能得以彰明。但另一方面，孟子“尽心以知性”的说法也无疑表明：性为心的本体与根源。事实上，诚如成中英所说：“性对孟子而言，显然是人生之本，而且是所有生命之本，更有进者，性是人的生命的活泼的发展动力与源泉，不但为生命活动之源，且为一切价值追求之源。”[①]就此而言，孟子虽以“尽心”来证明性之存在与性之善，但究其根本，仁义礼智之四端的根源还是出自本源之性。也就是说，通过“心”的认识能力和实践能力可以知性、尽性，心能做到这点就是“本心”，但心能做到这点的原动力还是“性”。因而，要“尽其心”以“知其性”。当然，性的终极根源在于“天”，孟子所谓“万物皆备于我”(《尽心上》)即是明证。但孟子说“乐莫大焉”，一个“乐”字透显出性与天道的自然贯通、彻然无隔，这说明天道不离人性，若离人性，何以有“乐”?

总而言之，仁道真理的实现以“知性”为前提。“知性”就是对“万物皆备于我”(《尽心上》)的人之性体的自足性、完满性的自觉意识，就是对人之“仁”的自觉。孟子之“知性”不是主观臆测，亦不是简单的生活体验和推理，而是一种亲证的、经验的宇宙真实。

三、“仁义”之蕴意

我们知道，儒家知识论思想是探求“道”的学问，也就是人之理想的学问。而孟子“仁也者，人也；合而言之，道也”(《尽心下》)以及“道二，仁与不仁而已矣”(《离娄上》)的说法更进一步说明：“道”的学问，实质上就是“仁”的学问。而所谓“仁”，正如上文业已指出的，它在起点处是性、心，在终点处是道、天。“仁也者，人也”，说明要自“仁”来了解人的本质、潜力和理性。“仁”决定了人的存在意义、人的发展以及人的实现；“合而言之，道也”，说明孟子就是要用人性之“仁”来实现人生之“道”，而实现了人道，便意味着实现了天道，因为仁乃“天之所予我者”(《告子上》)。超越之天为人之仁性赋予了终极依据，它要求人们完满实现“仁”之性体，以达到完善境界——天道，乃所谓“知其性，则知天矣”(《尽心上》)。故可以说，“仁”在根本和终极的意义上，是由其理想与目标(知天)定位说明的。具体来看，就是孟子所追求的仁政王道，就是“亲亲而仁民，仁民而爱物”(《尽心上》)，就是“以其所爱，及其所不爱”(《尽心下》)，就是成己成人以及成物成事。

---

① 〔美〕成中英：《合外内之道——儒家哲学论》，北京：中国社会科学出版社，2001 年，第 99 页。

孟子这一对“仁”的认识与孔子是一脉相承的。而孟子之“仁”对孔子之“仁”所发挥处主要体现在他从“义”的角度对“仁”所进行的阐发，乃所谓“孟子有功于圣门，不可胜言。仲尼只说一个仁字，孟子开口便说仁义”[①]。以下笔者就主要针对孟子之“仁义”详细讨论之。

在孔子，义与仁的关系并未被明确说明，仅仅表明了义是君子应当具备的基本德行，是对行为合适的认知与自觉。譬如：“君子喻于义，小人喻于利”(《论语·里仁》)、“不义而富且贵，于我如浮云”(《论语·述而》)、“见利思义”(《论语·宪问》)、“见得思义”(《论语·子张》)、“行义以达其道”(《论语·季氏》)、“君子义以为上”(《论语·阳货》)、“君子义以为质”(《论语·卫灵公》)等。孟子对“义”的内涵进行了更深的挖掘。孟子之“义”常常以仁义并举的形式出现：

> 仁，人之安宅也；义，人之正路也。(《离娄上》)
>
> 仁，人心也；义，人路也。(《告子上》)
>
> 人皆有所不忍，达之于其所忍，仁也。人皆有所不为，达之于其所为，义也。(《尽心下》)

依孟子之意，仁是人普遍的人性、人心，是人最安适的宅所；义是人最正当、最应当走的道路。他以为，每个人都有一些事情不能忍受，将这种不忍的情感延展到他所能忍受的事情上就是仁；每个人都有一些事情不肯去干，将这种不为的情感延展到他所肯干的事情上就是义。显然，孟子言仁，注重心之状态；言义，注重行为，且孟子之义包含了正当、正确的意思。孟子并非只是简单地将仁与义连接起来，而是将仁义变成内在理趣一致的系统。

(一)仁为义之本

《论语·阳货》篇记载，宰我认为三年之丧似乎期限太久，一年之期也就够了。孔子问他：“食夫稻，衣夫锦，于女安乎？”宰我回答说：“安。”孔子就说：“予之不仁也！”在孔子看来，在不应当做的事情面前“心安”就是不仁；反之，若能够觉得“心不安”，便是“仁”的自觉心的透显。同孔子一样，孟子并不将仁当作

① (宋)朱熹：《四书章句集注》，北京：中华书局，2011年，第186页。

一个概念来下定义，而是从当下心之状态来指点仁。孟子将孔子“仁”的这种“心不安”的心理状态具体诠释为“恻隐之心”“不忍人之心”，乃所谓：

> 恻隐之心，仁也。（《告子上》）
>
> 人皆有不忍人之心。（《尽心下》）

孟子认为，“不忍人之心”或“恻隐之心”，都是“仁”的表征。人通过发展扩充此固有的仁心之善端，即可达到仁。不仅是“仁”，义、礼、智也同样有其心之善端的体验。孟子说：“恻隐之心，仁也。羞恶之心，义也。恭敬之心，礼也。是非之心，智也。”（《告子上》）虽然孟子论仁义或仁义理智之善端，常与“恻隐之心”的“仁”相对并举，亦明确说明“仁义礼智，非由外铄也，我固有之也”（《告子上》），但是我们不能就此认为它们是与仁平行的德性。事实上，羞恶之心、恭敬之心、是非之心皆是基于恻隐之心而起的，诚如朱熹先生所说：“恻隐是个脑子，羞恶、辞逊、是非须从这里发来。若非恻隐，三者俱是死物了。恻隐之心，通贯此三者。”①

值得注意的是，说羞愧是基于恻隐而起的，并不是说必须先发生恻隐的道德情感，而后才能产生羞恶的道德情感。也就是说，我们不能将“恻隐之心”与其他“三心”理解为一种发生次第关系，“仿佛‘恻隐之心’只是‘我’的道德本心发动的某个在先的时间段，其他“三心”是接着这个在先时间段后续而生发的”②。譬如，我们可以看到，“羞愧之心”的“义”的发生具有相对独立性。孟子说：

> 生亦我所欲也，义亦我所欲也；二者不可得兼，舍生而取义者也。生亦我所欲，所欲有甚于生者，故不为苟得也；死亦我所恶，所恶有甚于死者，故患有所不辟也。如使人之所欲莫甚于生，则凡可以得生者，何不用也？使人之所恶莫甚于死者，则凡可以辟患者，何不为也？由是则生而有不用也，由是则可以辟患而有不为也，是故所欲有甚于生者，所恶有甚于死者。非独贤者有是心也，人皆有之，贤者能勿丧耳。一箪食，一豆羹，得之则生，弗得则死，嘑尔而与之，行道之人弗受；蹴尔而与之，乞人不屑也。

---

① （宋）朱熹：《朱子语录》，北京：中华书局，1986 年，第 1289 页。

② 陈立胜：《恻隐之心：“同感”“同情”与“在世基调”》，《哲学研究》2012 年第 12 期。

万钟则不辩礼义而受之。万钟于我何加焉？为宫室之美、妻妾之奉、所识穷乏者得我与？乡为身死而不受，今为宫室之美为之；乡为身死而不受，今为妻妾之奉为之；乡为身死而不受，今为所识穷乏者得我而为之，是亦不可以已乎？此之谓失其本心。(《告子上》)

在孟子看来，欲生恶死，乃人之常情。但还有比生命更值得喜欢的东西，那就是“义”，也有比死亡更令人厌恶的东西，那就是“不义”。故孟子主张要“舍生取义”。而这种“舍生取义”的行为就源于“羞恶之心”。在此，孟子通过一个例子来具体阐述此种羞恶之心的产生，即“不食嗟来之食”。饥者与乞丐因为施舍者的无礼轻视，自尊心受到伤害，从而产生“羞”的道德情感，同时也对施舍者的行为感到痛恨，从而产生“恶”的道德情感。直观地看，这两种使人产生羞恶之心的情况似乎并不必然地伴随着恻隐之心。这似乎表明孟子之“义”，不必涉及“仁”。例如，陈乔见先生就认为：“主体羞恶感的产生并不需要恻隐或不忍来触发，更不必说以其为必要条件了。”[①]然而，事实真的如此吗？笔者以为，羞恶感的产生并不必然地需要恻隐或不忍来触发，正如前文所说，羞恶与恻隐并不是发生次第关系，但恻隐之心是羞恶之心以及其他“三心”产生的必要条件殆无疑义。事实上，在生活中的众多情况下，恻隐或不忍之心的“仁”虽没有明显表现出来，但它却作为一个本体基础，在其他“三心”发动的过程中始终内在于其中，贯通于其中。事实上，指望一个麻木不仁的人，能够羞愧难当或嫉恶如仇，那是不可思议的。无疑，就孟子而言，仁是本源，义根植于仁。“孟子虽仁义并称，或仁义礼智并列，但仁仍是居于统摄的地位；没有仁作基地，没有仁居于统摄的地位，实际便很难推广出去。而当仁体呈露时，它自然会居于统摄的地位。由仁体再向下落实，才是仁义礼智。”[②]

(二)义为仁之用

义不仅根植于仁，而且还在实现仁的方面起着重要作用。这实际上也是孟子将“义”的范畴与层次提出来仁义并举的原因所在。

---

① 陈乔见：《羞恶、义与正当——孟子“羞恶之心，义之端也”详解及其理论内涵》，《中山大学学报》(社会科学版)2016年第2期。

② 徐复观：《中国人性论史·先秦篇》，北京：九州出版社，2014年，第165页。

“义”代表着正义，它是一个人无可逃遁、不得不为的道德责任，孟子“大人者，言不必信，行不必果，惟义所在”(《离娄下》)的说法，即证明了这一点。正是基于此，孟子认为：“非其义也，非其道也，禄之以天下，弗顾也；系马千驷，弗视也。非其义也，非其道也，一介不以与人，一介不以取诸人。”(《万章上》)如果不符合道义，再多的俸禄和财富都不能接受，再少的东西也不能予人或取之于人。孟子对“义”之道德责任的确立，不仅关涉着个人，更关涉着整个国家和社会。《孟子·滕文公下》记载：

> 戴盈之曰：“什一，去关市之征，今兹未能，请轻之，以待来年，然后已，何如？”孟子曰：“今有人日攘其邻之鸡者，或告之曰：‘是非君子之道。’曰：‘请损之，月攘一鸡，以待来年，然后已。’——如知其非义，斯速已矣，何待来年？”

孟子指出，政府赋税过重，就如同偷鸡的行为一样，是窃取他人财物的“不义”行为。从孟子所举的例子可知，孟子正是意在借此来说明为政者的责任和应为之事，目的是使社会公正有序，以实现其仁政王道的理想。事实上，孟子的“义利之辩”，对舜善尽孝道的描述，对政府“谨庠序之教，申之以孝悌之义”(《梁惠王上》)的构想都体现了“义”之道德责任的内涵。而这其中也闪耀出一种理性的光辉。因为，在承担责任、彰显正义之前，首先要辨明什么是正义，什么才是人应当做之事，这实际上也是“义”的题中应有之义。简单说，“义”包含了理智的判断和行为。孔子说：“我未见好仁者，恶不仁者。好仁者，无以尚之；恶不仁者，其为仁矣，不使不仁者加乎其身”；又说：“唯仁者能好人，能恶人。”(《论语·里仁》)孔子以为，仁不仅是好仁，能够恶不仁也是仁。它包括“能好人，能恶人”以及“不使不仁者加乎其身”。显然，这不仅是求正反恶，而且内在地包含了正确的认知和理智的判断。孟子的义，正凸显了孔子仁之明辨善恶是非的智慧和理性。由此而论，孟子“以羞恶之心为义之端可说是一种对社会的道德承担，是一种高度责任感的表现，充分体现了《论语》中‘仁以为己任’所包含的责任意识”①。同时，义又包含了认清价值，做出理智判断的意

---

① 〔美〕成中英：《合外内之道——儒家哲学论》，北京：中国社会科学出版社，2001年，第66页。

思。综言之，义是一种求正求宜的精神，是理智的、合理的尽义务，它根植于仁，又实现仁。

总之，“仁”是孟子知识论的根本要义，它既是人性，又是道；既是成己成人，又是成物成事。而且，“仁”也指向一种天道的高度，天为人之仁性的终极根源，尽仁性便能知天道，达天道。另外，就孟子而言，“仁”与“义”是不可分割的、内在理趣一致而连贯的系统。诚如陈少明所说：“有仁就须有义，行义必定显仁。”[①]由此可见，以“仁”为核心是孟子知识论的显著特征，但还不能完整地概括孟子知识论的本质要旨，唯有仁、义共同发用，在仁义之中才能寻找到孟子知识论的真正意义。

第三节　“君子深造之以道，欲其自得也”

上文我们业已指出，“道”并不神秘，亦不玄远，因为它就存在于人性之中，必由人性而彰明与实现。那么，接下来，如何由人性充分而完美地实现道就理所当然地成为“至道”路上最切要的问题。对于这一问题，简言之，“道”是君子通过“尽心”的功夫自得之而彰明与实现的，乃所谓“君子深造之以道，欲其自得也”（《离娄下》），以下详细论之。

一、“君子所以异于人者，以其存心也”

从孔子开始，儒家追求仁道的主体就被限制在“君子”的范围内。《论语·宪问》中载：“君子而不仁者有矣夫，未有小人而仁者也。”人人都学习道，人人都有实现自我的潜能，乃所谓“人人皆可以为尧舜”（《告子下》），但孔子却肯定地断言“未有小人而仁者”。这便清楚地表明：追求“仁道”是有主体性限制的，“仁道”之深远之大，并非人人都能认识得了，也非人人都能担当得起，唯有“君子”才能成全之。子思深化了孔子的这一观点，明确指出：“苟不至德，至道不

---

① 陈少明：《仁义之间》，《哲学研究》2012 年第 11 期。

凝”;“君子中庸,小人反中庸”,明示唯有“至德”才能成就“至道”。而这一“至德”的主体指的正是“君子”。

在《孟子》中,我们也可以明显看出孟子对于“君子”的肯定和钟爱。《孟子·万章下》篇中说:“大义,路也;礼,门也。惟君子能由是路,出入是门也。”义好比是大路,礼好比是大门,只有君子能从这一条大路行走,由这处大门出入。这便使人不禁疑惑:既然义与礼是人人皆有的善端,何以唯有君子能够“能由是路,出入是门”?《孟子·尽心下》又言:“口之于味也,目之于色也,耳之于声也,鼻之于臭也,四肢之于安佚也,性也,有命焉,君子不谓性也。仁之于父子也,义之于君臣也,礼之于宾主也,知之于贤者也,圣人之于天道也,命也,有性焉,君子不谓命也。”孟子认为,虽然美味、美色等自然欲望与仁义礼智都是天性,但“君子”不视自然欲望为性而强求之,亦不视仁义礼智为命而稍有懈怠,而是视之为性而努力求之。需要说明的是,这里的“君子”是特指,因为孟子曾明确说过“天下之言性也,则故而已矣。故者以利为本。”(《离娄下》)就是说,一般人说性,都是照着人的自然欲望(利)来说的。显然,孟子在此强调的是,君子对于性的自觉,与一般人截然不同。那么,何以君子能够特立独行,以仁义礼智说性呢?无疑,原因就在于君子“知性”,即对“万物皆备于我”或者说“吾性自足,为仁由己”有自觉意识。请看孟子如是说:

> 人之所以异于禽兽者几希,庶民去之,君子存之。舜明于庶物,察于人伦,由仁义行,非行仁义也。(《离娄下》)

在此,孟子将君子何以为君子以及君子“知性”的具体表现阐述得明明白白:人与动物相区别的本质属性唯有“几希”而已,这“几希”之性在一般人那里被舍弃了,在君子那里却被保存着。君子之所以为君子,就在于他保存了这“几希”之性,乃所谓“君子所以异于人者,以其存心也。君子以仁存心,以礼存心”(《离娄下》)。而君子能够呵护、存养人之为人的仁义,或者说仁义礼智之性的前提就是“知性”。毋庸置疑,必须先识得仁性、仁心,然后才能存养之,若没有对仁心的自觉和认知,又何谈存养呢?关于这一点,程颢在《识仁篇》中说得十分明白:“学者须先识仁。”这就是说,首先对仁心是“浑然与物同体”,体会得了然分明,而后才能“以诚敬存之”。故根本而言,孟子所谓“君子”,是在“知性”的意义上贞认的。

“知性”源自对内心之仁的体悟和自觉，是道德境界极高的为己之学和君子之道。人一旦知性，便能够觉悟，人之性体乃人类唯一当循之正道。因此，想要实现人生，实现道，唯有自我向上，努力存养、扩充、增进自身之仁，除此之外，我们别无依靠。觉悟至此，人自然无须任何外在的他律力量而能够自觉主动、诚心诚意地向着自我本真之性而努力奋进，永无止息。“知性”，实际上就是孟子所说的“由仁义行”，它是真正的善。与此相反，“行仁义”则往往注重仁义的外在表现，它是伪善。尽管伪善不是我们生命所本有，但是，倘若我们不能认识和自觉自身的人性，它就会在我们的生命中弥漫开来。也就是说，那些不能够“知性”的人便成为“小人”，更有甚者，那些无“仁义”之自觉却想要“仁义”之名的人便由此滋生出来，这就是孔孟所谓的“乡愿”。孔子斥责乡愿为“德之贼”，孟子进一步解释了孔子之所以称他们为“德之贼”的具体原因：“阉然媚于世也者，是乡愿也。……非之无举也，刺之无刺也，同乎流俗，合乎污世，居之似忠信，行之似廉洁，众皆悦之，自以为是，而不可与入尧舜之道，故曰‘德之贼’也。”(《尽心下》)很明显，“乡愿”的典型特征就是明明缺乏由内心而发的真诚的道德使命感与责任感而又假意为之。正如黄宗羲先生所说：“乡愿惟以媚世为心，全体精神尽从外面照管，故自以为是而不可与入尧、舜之道。”[①]黄宗羲先生对于乡愿的批判可谓切中要害。乡愿无人性之自觉，自然麻木不仁、自以为是，他们媚于此世，体验不到痛苦与羞耻，亦不懂得反省与改过。而孟子所认为的“君子”则正与之相反。孟子下面这段话，将君子“知性”而“必自反”的道德自觉意识，说得十分清楚。

> 君子所以异于人者，以其存心也。君子以仁存心，以礼存心仁者爱人，有礼者敬人。爱人者，人恒爱之；敬人，人恒敬之。有人于此，其待我以横逆则君子必自反也：我必不仁也，必无礼也；此物奚宜至哉！其自反而仁矣，自反而有礼矣，其横逆由是也；君子必自反也：我必不忠。自反而忠矣，其横逆由是也；君子曰：此亦妄人也已矣！(《离娄下》)

① (清)黄宗羲：《明儒学案·江右王门学案二》，北京：中华书局，1985年，第241页。

这段话实际上是对君子何以为君子的另一个角度的表述。君子并非完人，他同样有很多缺陷，也会犯错，但君子因为能够充分地认识人性，因而他依靠的是自我本身的内在内量，他对自身有严格的要求，这便是孟子所谓的"君子必自反"。《孟子·离娄上》篇中，我们亦可以看到孟子对这种君子"反求诸身"的强调："爱人不亲，反其仁；治人不治，反其智；礼人不答，反其敬。行有不得皆反求诸己，其身正则天下归之。"显而易见，君子"反求诸己""反其仁""反其智""反其敬""自反而仁""自反而礼""自反而忠""反身而诚"等的行为传达了这样一个观点，即"为仁由己"。这亦是《易传》所说的"自强不息"。孟子在《尽心上》篇中的一段话，正是君子"知性"而自足圆满、自成自道之境界的突出体现：

> 广土众民，君子欲之，所乐不存焉。中天下而立，定四海之民，君子乐之，所性不存焉。君子所性，虽大行不加焉，虽穷居不损焉，分定故也。君子所性，仁义礼智根于心。其声色也，睟然于面，盎于背，施于四体，四体不言而喻。（《尽心上》）

如上所述，君子"知性"的境界是极其重要的，正因为君子"知性"，君子才能以仁为己任，坚定地以仁来成就自我。然而，令人遗憾的是，"知性"的境界虽如此重要，却并非每个人都能够达到。一般人不知"万物皆备于我"，不知"反求诸己"，反而向外寻求。如此一来，我们便不是因循与依靠着我们本有而正当的"仁"之性体而"自成自道"，不是"由仁义行"，而是"行仁义"。这样，我们就完全可能失去有意义的人生，"道之不行"亦是情理之中的事了。无怪乎孟子哀叹："仁，人之安宅也；义，人之正路也。旷安宅而弗居，舍正路而不由，哀哉！"（《离娄上》）

孟子深知，真正的君子之德是一种"形于内"的，即源于对人性的体悟和自觉基础上的德行，故孟子贞认"君子"为致道之主体。君子的使命在于成为"卫道士"，他从"反求诸己"出发，向"仁道"集合，其学为己、坚定不移、"死而后已"，故终能"反身而诚"，绽放"道"之意义，达到"上下与天地同流"（《尽心上》）的境界。正如孟子所认定的那样："君子深造之以道，欲其自得之也。"（《离娄下》）

二、"尽心以知性"的君子塑成之路

孟子说:"夫君子所过者化,所存者神,上下与天地同流。"(《尽心上》)意思是,君子的力量不仅在实现自我,更在于感化他人,实现他人,以至于达到"上下与天地同流"的天人合一的道德极境。在此,孟子将君子的影响力提高到了无以复加的地步。如果说在孔子那里,君子与圣人还有着明显的差距,孔子说:"圣人,吾不得而见之矣;得见君子者,斯可矣。"(《论语·述而》)那么,在孟子这里,君子俨然同圣人没有了实质性的区别。孟子之所以认定君子有如此大的影响力,根本原因还是在于君子"知性"。诚然,我们不能认为,我们天然地拥有仁义礼智的善端,于是就能凭此自动地实现"仁道"的真理。因为这一善端只是一个根芽,还有待人去认真地培养、开发。然而,孟子坚信,道之终极真理近在咫尺,对人性的信赖就是实现这一真理的直接力量,所谓"知性"就能"知天"。这意味着人性与道之间完全是直通车,君子既然知性,那么他就一定能以仁为己仁,不实现道誓不罢休。所以,说孟子所谓的"君子"就是实现"道"的保证应该没有问题。否则,孟子认定君子能够"上下与天地同流"的话,便无根据。

由此,我们可以体悟到,孟子所谓"知性"的"知"实际上不仅是"认知""认识"那么简单,它还内在地包含了"实践"的意思。也就是说,"知性"还包含着"尽性"的活动。一个人如果没有知性之知做根据与基础,那又怎能产生内在的约束与自律呢?反之,一个人知性而不存养性、实践性,又如何能够叫作知性呢?实际上,就儒家而言,既知则能行,知不仅是认知,还是实现道的一个过程。例如,《论语》中所谓"知礼",显然不仅是对礼义规范及人际伦理的认识,更重要的是强调要知道怎样待人、接物、处事以自立于世,其中包含的是对道德的实践关怀。故孟子说"尽其心者,知其性也。知其性,则知天矣"实际上与"存其心者,养其性也。所以事天也"是一个意思,尽心即是存心,能知性即意味着能养性,而能知天即意味着能事天。这样一来,如何知性或者说如何成为君子就成为致道路上的关键,这就是孟子提出的"尽其心者,知其性也。"(《尽心上》)

很明显,在孟子这里,"心"担当着"知性"的工作,性的自觉与实践都需要心的活动来达到。那么，心具体是如何自觉到性之存在以及性之善并发挥其潜力与潜能的呢？请看孟子如是说：

> 耳目之官，不思而蔽于物，物交物，则引之而已矣。心之官则思，思则得之，不思则不得也。此天之所与我者，先立乎其大者，则其小者不能夺也。此为大人而已矣。（《告子上》）

人皆有耳目心官，但耳目之官没有思的能力，故容易被外物所牵引而沉溺于之中；而心则不同，心有思的能力。“心之官则思，思则得之，不思则不得也”一语清楚地表明：此所谓“思”的作用乃是根本性的，它是“知性”的基本前提，心“思”则能“知性”，心“弗思”则不能知性，即“仁义礼智，非由外铄我也，我固有之也，弗思耳矣”（《告子上》）。

如此说来，“尽其心者，知其性”，就是充分地发挥心之思的作用，使心自觉性、涵泳性以及实践性、完成性。能做到这一点的心就是孟子所谓的“本心”，而本心也一定能做到这一点，诚如徐复观先生所说：“本心即是善，即是道德心。道德之心呈现时，自然能为人的生活做主，而欲望自然会受道德理性的指挥，此时的欲望自然也不是恶。”[①]因而，可以说，“心之官则思，思则得之，不思则不得”之“思”实际上就是本心站在人性的大体上来克服人性的小体，从而坚持本性之善端，以尽性达道的过程。牟宗三先生对此有着精彩地论述：“‘思’正是本心所发之超越而总持之妙用，能提住耳目、主宰耳目，而不为耳目所囿所拖累者也。”[②]当然，不仅有本心之思，还有人心之思，然人心容易放失或陷溺，如道学家所谓“人心惟危”，相应的人心之思亦多为欲望之思。而孟子之所以注重本心，就在于本心之思无妄、纯正，能发挥“先立乎其大者，则其小者不能夺”的作用。因此，孟子将本心之“思”直截了当地视为知性的能力，以及尽性达道的固有潜在实现力。简单说，人性必因本心之思的自觉活动而明，无怪乎唐君毅先生说：“道由思显。”[③]

问题是，在现实人生中，我们常常无法保持本心的善，也就无法正常的发

---

① 徐复观：《中国人性论史·先秦篇》，北京：九州出版社，2014年，第160页。

② 牟宗三：《心体与性体》（上），上海：上海古籍出版社，1999年，第243页。

③ 唐君毅：《人生之体验》，《人生三书》，北京：中国社会科学出版社，2005年，第161页。

挥本心之思。孟子称“弗思”而不能自我做主的心为“放心”:“仁,人心也;义,人路也。舍其路而弗由,放其心而不知求,哀哉。人有鸡犬方,则知求之,有放心而不知求。”(《告子上》)“放心”,孟子也称为“放其良心”“失其本心”。值得注意的是,孟子所谓“放心”,并不是指丧失了本心的固有仁义之善性,而是指放弃了本心固有的仁义之善端。事实上,虽然本心之善可能会永久的潜伏,但却永远不会彻底消失,且永远赋有重生的力量。诚如韦政通先生所言:“良心只会僵化、不会死亡。”[①]成中英也认为:“人的败德只是人放弃和迷失自己的本性,任由环境支配。不过人不会真正失掉他的固有善性和了解需要存善的先天能力。”[②]

孟子以“牛山”为喻来解释人之“放心”的过程。他说:

> 牛山之木尝美矣,以其郊于大国也,斧斤伐之,可以为美乎?是其日夜之所息,雨露之所润,非无萌蘖之生焉,牛羊又从而牧之,是以若彼濯濯也。人见其濯濯也,以为未尝有材焉,此色山之性也哉?虽存乎人者,岂无仁义之心哉?其所以放其良心者,亦犹斧斤之于木也。旦旦而伐之,可以为美乎?……夜气不足以存,则其违禽兽不远矣。人见其禽兽也,而以为未尝有才焉者,是岂人之情也哉?故苟得其养,无物不长;苟失其养,无物不消。孔子曰:‘操则存,舍则亡;出入无时,莫知其乡。’(《告子上》)

郊外牛山的树木原本生机勃勃、枝繁叶茂,但在“斧斤伐之”“牛羊又从而牧之”的反反复复的过程中,最终变得枯枝败叶,“若彼濯濯”。这便如同人一样,即使仁义之心本然、普遍地存在于每一个人的心中,然不知存养、扩充,却是“犹斧斤之于木也,旦旦而伐之”,“梏之反覆”,就会坠入孟子所说的“夜气不足以存,则其违禽兽不远”的境地。人到这步田地就是“放其良心”,“陷溺其心”。一旦我们“放心”,不能保持我们的本心之善,那么外在的环境就对人心产生巨大的影响,人心就会因环境而受到不可估量的侵扰和摧残。对此,孟子有着明确的认识:“富岁,子弟多赖;凶岁,子弟多暴。非天之降才尔殊也,其所

---

① 韦政通:《中国的智慧》,长春:吉林出版集团有限责任公司,2009年,第56页。

② 李翔海编:《知识与价值——成中英新儒学论著辑要》,北京:中国广播电视出版社,1996年,第8页。

以陷溺其心者然也。”(《告子上》)因外界环境所造成的人之懒惰、凶暴,“非天之降才尔殊”,而是由于“陷溺其心”。相反,若我们能保持本心之善,就永远不会屈从于外界环境的干扰和控制,即耳目等官能的发挥便能自然不蔽于物而无不善。实际上,孟子清楚地宣称:“非独贤者有是心也,人皆有之,贤者能勿丧耳。”(《告子上》)

那么,如何“保持本心”? 孟子说:“学问之道无他,求其放心而已矣。”(《告子上》)“求放心”,就是将陷溺的心从耳目的裹挟中解脱出来,复其本心。具体过程即是孟子所说的“养心”:

> 体有贵贱,有小大。无以小害大,无以贱害贵。养其小者为小人,养其大者为大人。……饮食之人,则人贱之矣,为其养小以失大也。饮食之人无有失也,则口腹岂适为尺寸之肤哉?(《告子上》)

孟子认为,有“养心”者,有“养身”者,养心者为“大人”,养身者为“小人”。“养身”会滋生众多的欲望,交战于心,使心受到桎梏,这就是“以小害大”,“以贱害贵”。反之,养心者则能够阻隔外物对于耳目口腹之欲的诱惑,收其放心,复其本心。孟子“牛山”之喻的末尾引孔子语曰:“操则存,舍则亡;出入无时,莫知其乡”正是指出了这一点。简言之,仁义之性虽与生俱来,却难以把握,随时容易放失掉,但只要愿意去“存养”它,“放心”总是可以被求回来的。

孟子说:“养心莫善于寡欲。其为人也寡欲,虽有不存焉者寡矣。其为人也多欲,虽有存焉者寡矣。”(《尽心下》)欲望是人皆有之的人之常情,孟子不提倡禁欲,而主张寡欲。寡欲会使我们拒绝外物的引诱和刺激,“物欲渐寡而‘本心’渐隆,而至物欲不侵,是谓‘不动心’”①。孟子之“养心”功夫正是从其与告子的“不动心”讨论起来的。《公孙丑上》篇中记载,公孙丑问孟子是否对在齐为卿相而动心时,孟子答道:“我四十不动心。”所谓“不动心”,是一种本心不可撼动的高贵,它是孔子所说的“死守善道”的决心与勇气,亦是孟子所谓的“富贵不能淫,贫贱不能移,威武不能屈”的大丈夫精神,它的一个显著特点即深刻体验到与生俱来的使命感。由此,我们可以把“不动心”看作君子“知性”的表

① 崔宜明:《先秦儒家哲学知识论体系研究》,上海:上海人民出版社,2014 年,第 179 页。

现。若非如此，又怎能做到不受物侵，不为事扰，而坚定不移地守住本心呢？

孟子明确说明自己的不动心工夫为“志至焉，气次焉”“持其志，无暴其气”“不得于言，勿求于心，不可”（《公孙丑上》）。这是对告子“不得于言，勿求于心。不得于心，勿求于气”的不动心工夫的回应。告子认为言语是最重要的，故主张不以言求心，不以心求气。与告子不同，孟子认为心、志是最重要的（心、志相通，志是心之所之），知言与浩然之气皆需通过心志的持养才能得以实现。对于“知言”，孟子有明确的说明：“诐辞知其所蔽，淫辞知其所陷，邪辞知其所离，遁辞知其所穷。生于其心，害于其政；发于其政，害于其事。圣人复起，必从吾言矣。”（《公孙丑上》）孟子以为，论辩思议之是非曲直，皆生于心而发于言，如程子言：“心通乎道，然后能辨是非，如持权衡以较轻重，孟子所谓‘知言’是也。”[①]故知言实际上体现出的是一种知性、知道的境界，因而“勿求于心，不可”。同时，孟子还指明了志与气之间感应与互动的关系：志是气之统帅，同时，气充乎体内，亦可反作用于志（“志一则动气，气一则动志”）。因此，孟子“养心”功夫的主旨就是“持其志，无暴其气”（《公孙丑上》），即“持志养气”。

那么，何谓“持志”？（《告子上》）孟子同孔子一样，重视“持志”“立志”的问题，故他说：“羿之教人射，必志于彀，学者亦必志于彀。”（《告子上》）学习必须要立志，确立人生宏大的目标。孟子正是这样要求自己的：“如欲平治天下，当今之世，舍我其谁也？”（《公孙丑下》）孟子以为，学者所志之彀应当是“仁义”，“持志”就是坚定不移地志于仁义，这其中还包含了“意志”的问题。在孟子看来，艰难的意志磨练是增益自我的机会。故他说：“故天将降大任于是人也，必先苦其心志，劳其筋骨，饿其体肤，空乏其身，行拂乱其所为，所以动心忍性，曾益其所不能。”（《告子下》）可见，于孟子而言，目标与意志的建立对“养心”都是充分而必要的。至于“养气”的具体方法，孟子说：“其为气也，配义与道，无是，馁也。是集义所生者，非义袭而取之也。行有不慊于心，则馁矣。我故曰，告子未尝知义，以其外之也。必有事焉，而勿正，心勿忘，勿助长也。”（《公孙丑上》）简单说，孟子之“养气”是通过“集义”完成的，乃所谓“是集义所生者”。此处的义，兼指仁义而言。孟子所谓“集义”不是偶然的正义行为，而是要使自己

---

① （宋）朱熹：《四书章句集注》，北京：中华书局，2011年，第216～217页。

做的每一件事情都符合仁义(配义与道),做到"勿正,心勿忘,勿助长",即持续地以正义来培养气,不半途而废,不勉力而为,自然而然地从自我生命体中激发出"至大至刚"的浩然之气。很明显,"集义"突出的表现了一种理性品格——"行有不慊于心,则馁矣",这正是孟子强调的"强恕而行"(《尽心上》)之意。这说明孟子之"尽心"不是本心之思脱离实际生活的冥想,也不仅仅是反思,而是内在地包含着行。综言之,一个人能够"持志养气",即坚守仁义,且通过不中止的仁义之行为而不使自己气馁,如此心不陷溺,本心本性得以呈现与持驻,本心之"思"得以发挥,就能"先立乎其大者,则其小者不能夺",就能"不动心",而成为"君子"或"大人"。

若说"不动心"是"知性"境界的体现,那么"形色,天性也。惟圣人然后可以践行"(《尽心上》)实际上则意味着人性之完美境界的实现。孟子说:"君子所性,仁义礼智根于心,其生色也睟然,见于面,盎于背,施于四体,四体不言而喻。"(《尽心上》)孟子所谓"践行"的境界就是说本心挺立做主,主宰身体,从而使"四体不言而喻",形色之呈现无所不宜,这实际上正是孔子所谓"从心所欲而不逾矩"(《论语·为政》)的境界。在此一境界中,"万物皆备于我",天人合一,心身贯通,从而诚于中而形于外,于现实生活中有所作为,有所建树,至此,孟子之"尽心"才算完成。由此可见,孟子视"行为"为仁道的最后目标,正所谓"道由思显,思复导行"①。这不难理解,因为儒家之研讨真知,必表见为实际的德行事业,这是孔子所说的"博施于民而能济众",亦是孟子所说的"仁政王道"。

总之,君子之所以能够知性以尽性,绽放仁道之意义全依仗于"尽心"。"尽心"就是充分地发挥本心之思的作用,这需要"求放心"、养心的功夫为前提才能得以实现。正是"尽心"使人性之"仁"不断扩充、澄明,从而由内发乎外,使其从一潜在的善端转化为君子实际的躬身践履。这既是一种精神追求,更是一种知识活动。

综上所述,我们可以用一句话来概括孟子知识论之精义,那就是"君子深造之以道,欲其自得之也"(《离娄下》),它高瞻综概了孟子知识论之思想精髓:

① 唐君毅:《人生之体验》,《人生三书》,北京:中国社会科学出版社,2005年,第161页。

道是孟子知识论之终极真理，依循道、追求道不是抛弃人性也不是违背人性，而是意味着人性的臻于完善。同孔子一样，孟子追求道的主体性基础是君子，君子由于知性，故能够“以仁为己任”，通过“尽心”的功夫而“反求诸已”以“自得之”，以最终实现反身而诚、天人合一的仁道真理，即孟子所谓“惟圣人然后可以践行”(《尽心上》)的人生至境。

第五章　荀子的知识论思想

就思想之渊源而言，荀子的知识论是承孔学而来。他与孟子同为原始儒家之砥柱，但却常被人视为“不醇之儒”。究其缘由，在于荀子主张性恶，似乎无法为儒家之道挺立一个超越性的价值支点或者说道德根源。然而实际上，荀子所谓性恶与孟子所谓性善之间并非真如表面那样壁垒森严、针锋相对。荀子作为一名忠实的儒者，同孔孟一样，坚信人能够通过自我努力达到一种“备道全美”(《荀子·天论》，本章下引《荀子》只注篇名)的道德极致境界，且人能致道的所以可能之根据亦在于主体自身。故根本而言，荀子之知识论思想不失儒门本色，只不过其构建方式与侧重面有所新创。然正因如此，荀子的知识论成为先秦儒家中最鲜明、最独具特色的一支。正如冯友兰先生所说：“孟子以后，儒者无杰出之士。至荀卿而儒家壁垒，始又一新。”①

第一节　知之限度与来源

荀子说：“凡以知，人之性也。可知，物之理也。”(《解蔽》)荀子认为认识是人与生俱来的能力，人有能知之性，而物也有可知之理，故人能够认识世界。孔孟虽没有明确承认认识的可能性，但孔子所谓“知之为知之，不知为不知。是知也”(《论语·为政》)以及孟子所谓“知者无不知”(《孟子·尽心上》)的说法，实际上已经预设了人具有认识能力。在此基础上，“人能够知什么”以及

① 冯友兰：《中国哲学史》上册，上海：华东师范大学出版社，2010 年，第 163 页。

"人何以而能知"的问题是我们讨论知识论问题的前提。以下对这两个问题展开探索。

一、"万物可兼知也"

荀子说:"以可以知人之性,求可以知物之理而无所疑止之,则没世穷年不能遍也。其所以贯理焉虽亿万,已不足浃万物之变,与愚者若一。学,老身长子而与愚者若一,犹不知错,夫是之谓妄人。"(《解蔽》)就是说,虽人有可知之性,物有可知之理,但若是无限定、无范围地去研究探索,则就算是终身辛苦、穷尽年寿也不可能遍知。原因在于人之所学即使可贯理亿万,也不能通晓物之千变万变,所知仍是短促狭小得可怜,其结果就是和愚蠢的人没有本质的区别,如此下去,至身老子长犹不知凝止,那就叫作妄人。荀子此语,与庄子所谓:"吾生也有涯,而知也无涯。以有涯随无涯,殆已;已而为知者,殆而已矣"(《庄子·养生主》)的观点有不二之趣。荀子清楚地意识到,有限之人生不可能穷尽无限之宇宙,人只能够在人之能够应肆周洽的领域内认知。那么,人究竟能够认识什么呢?或者说,人之认知的最大限度和范围是什么?

对于孔孟而言,人能知的世界是一个与人有关的世界。孔子之学,拥有无限的链接能力,它不仅是经历和思考那些无疑存在之物,而且是可以使人认识能与人发生联系的一切事物,这其中就包含了天以及其他的非经验物。孟子洞见人性之伟大,认定圣人不可测度的境界"就是神"——"圣而不可知之谓神"(《孟子·尽心下》),在这一境界中,人自然能够彻上彻下、通内通外而无所不知,这就是孟子所谓的"知者无不知"(《孟子·尽心上》)。综言之,在孔孟那里,人之认识能力是有限中的无限。具体来说,人是有限的存在,却并不妨害人对无限世界的认知,甚至人能够超越由经验限定的对象,得到一种终极之中无限向前之无终极,宁止之中永远奋进之无宁止。如钱穆先生所说:"人生如此渺小,而居然能窥测无限宇宙之真理,这已见人之神。"[①]

荀子对这一问题的理解,按总的趋向而言,与孔孟是一致的。《解蔽》篇中荀子说过这样一段话:

---

① 钱穆:《人生十论》,北京:九州出版社,2014年,第17页。

> 虚壹而静，谓之大清明。万物莫形而不见，莫见而不论，莫论而失位。坐于室而见四海，处于今而论久远。疏观万物而知其情，参稽治乱而通其度，经纬天地而材官万物，制割大理，而宇宙里矣。恢恢广广，孰知其极！睪睪广广，孰知其德！涫涫纷纷，孰知其形！明参日月，大满八极，夫是之谓大人。夫恶有蔽矣哉！

毋庸置疑，荀子是一位忠实的儒者，他完全赞同孔子的信念，即相信人能够通过自我努力达到一种“备道全美”(《天论》)的道德极致境界。这是孔子所谓的“不得而见之”的圣人境界，孟子所谓的“圣而不可知之”的境界，亦是荀子所谓的“大清明”的境界。在这一道德极境中，“万物莫形而不见”，人不仅通于万物、兼容万物，而且能够进一步“疏观万物而知其情，参稽治乱而通其度，经纬天地而材官万物，制割大理”，然后宇宙之真理亦备于其中了。正如王先谦先生所说：“此皆明虚壹而静则通于神明。”[①]因此，荀子之知识论同孔孟一样，不认为“人能够知什么”是一个问题，因为人自身可以通于神，人能够通过自我修养而达到自足而无不知，即所谓“万物可兼知也”(《解蔽》)。故人可于自身求世界之真理，既不必求于神，又无须宗教膜拜。简单说，荀子坚信人能够止于至善而无须超越他自己所生存的世界，说人之认识是一有限之中之无限，正由此可见。

既然圣人可通于神明不测之域，能无所不知，何以荀子又认为“唯圣人为不求知天”？实际上，这是与孔子“知之为知之，不知为不知”(《论语·为政》)一脉相承。请看荀子如是说：

> 天行有常，不为尧存，不为桀亡。……不为而成，不求而得，夫是之谓天职。如是者，虽深，其人不加虑焉；虽大，不加能焉；虽精，不加察焉；夫是之谓不与天争职。天有其时，地有其财，人有其治，夫是之谓能参。舍其所以参，而愿其所参，则惑矣。
>
> 列星随旋，日月递炤，四时代御，阴阳大化，风雨博施，万物各得其和以生，各得其养以成，不见其事而见其功，夫是之谓神。皆知其所以成，莫

---

① (清)王先谦撰，沈啸寰、王星贤整理：《荀子集解》，北京：中华书局，2012年，第385页。

知其无形，夫是之谓天。唯圣人为不求知天。(《天论》)

按荀子的看法，“天”就是“皆知其所以成，莫知其无形”。也就是说，“天”在荀子这里包含两层意思：一是皆知的天之所以成之象——“列星随旋，日月递炤，四时代御，阴阳大化，风雨博施，万物各得其和以生，各得其养以成”。二是莫知的无形之天——“如是者，虽深，其人不加虑焉；虽大，不加能焉；虽精，不加察焉。”事实上，荀子清楚地意识到，人固然可成圣而无所不知，然在此之前，即在一定的认识阶段上，“天”有超逸于人之认识所不能及之内容，人对此不能知。更为重要的是，人对此亦不必知，因为它对于人生而言，无所益处。也就是说，荀子虽然承认有蕴藏于有形之后的无形之天、自然现象之后的所以然之理，但天地之于人的价值，却只在于其可备人取用之材。至于其后的所以然之理，却没有任何意义可言。此即所谓“无用之辩，不急之察，弃而不治”(《天论》)。因此，荀子说：

故君子……于天地万物也，不务说其所以然，而致善用其材。(《君道》)

故大巧在所不为，大智在所不虑。所志于天者，已其见象之可以事者矣；所志于地者，已其见宜之可以息者矣；所志于四时者，已其见数之可以事者矣；所志于阴阳者，已其见和之可以治者矣。(《天论》)

可见，荀子之“不求知天”不是指人类没有认识天之奥秘的能力，而是指明天人各有其职——“天有其时，地有其财，人有其治”的基础上，只求尽人之事，而不求知天之事，正所谓“知其所为，知其所不为”(《天论》)。所以，与其说“不求知天”显示的是荀子要人知道自身的限制后，选择一个恰当与确定的范围和目标，不如说他强调的是求诸己、尽其在己的重要性。因为“不求”不仅蕴意着“不能”，更重要的是，它凸显着“不该”的价值取舍。正如韩德民所说：“‘不求知天’强调的不是对暂时没有能力认识的对象领域持什么态度的问题，而是是否专注致力于根本上决定着社会人群福祸的主体自身作为的问题。”①唐君毅先生对此也深有见地：“荀子虽言天生人，人有其天君之心，然其所重者，只在

① 韩德民：《荀子与儒家的社会理想》，济南：齐鲁书社，2001年，第302页。

本次己有之心而用之，以成人之事。”[①]荀子《天论》中的一段话，正很好地说明了这一点：“君子敬其在己者，而不慕其在天者；小人错其在己者，而慕其在天者。君子敬其在己者，而不慕其在天者，是以日进也；小人错其在己者，而慕其在天者，是以日退也。”事实上，这一点在荀子对待“生死”“鬼神”等非经验事物的态度上也表现得尤为明显，荀子认为，“生，人之始也；死，人之终也”；“祭者，志意思慕之情也”（《礼论》）。也就是说，人死“无知”，而祭祀也不过是为了表达对逝者的怀念之情，此即孔子言“吾不与祭，如不祭”（《论语·八佾》）之旨，祭祀之目的在于人道，而非鬼神。

由此可见，荀子同孔孟一样，关注的重点不是“能不能知”的问题，而是“应不应知”的问题。荀子之“应知”在于“人”而不在于“天”。具体来说，荀子同孔孟一样，将宇宙之真理，安立于人。孔孟之知识论完全是以“人”为中心的设定，是以人来窥宇宙万物，定宇宙万物，人是“天地之心”（《礼记·礼运》）、“天下至诚”（《中庸》），最为尊贵。荀子虽然强调“明于天人之分”，但究其实质，却与孔孟并无二致。荀子“人有气、有声、有知，亦且有义，故最为天下贵”“天地生君子，君子理天地”（《王制》）以及“天能生物，不能辨物也；地能载人，不能治人也”（《礼论》）的说法皆足以为佐证。既然如此，那么人除了依靠自己的力量之外，别无选择。所以，毋宁说荀子教人应“不求知天”，不如说他教人应“知人”。而“知人”正是“知天”，乃所谓：“如是，则知其所为，知其所不为矣。……夫是之谓知天。”（《天论》）能够“明于天人之分”，不惑于天等非经验物之可知不可知，而能够专心致力于人道上，就是知天。因此，“明于天人之分”只是荀子认识的起点，其终点是要走向通于万物的天人之合。荀子用“止”恒定这个人应知的价值领域。他说：

> 君子之所谓贤者，非能遍能人之所能之谓也；君子之所谓知者，非能遍知人之所知之谓也；君子之所谓辩者，非能遍辩人之所辩之谓也；君子之所谓察者，非能遍察人之所察之谓也；有所正矣。（《儒效》）

孟子在“知者无不知”的自信与霸气中提出“知当务之为急”（《孟子·尽心

---

① 唐君毅：《中国哲学原论·原道篇》上册，北京：中国社会科学出版社，2006年，第245页。

上》),荀子在君子非能遍能遍知的认识中提出"知止"。虽然孟子之"急"与荀子之"止"的基础有所不同,然而两者的理想却一般无二——"故学也者,固学止之也。恶乎止之?曰:止诸至足。曷谓至足?曰:圣王。"(《解蔽》)所谓大智慧者,于此可见一斑。

总之,荀子同孔孟一样,关心的重点不在"人能够知什么"的问题上,而在于"人应该知什么"的问题上。荀子的一个"止"字,闪耀着理性的光芒,不仅透露出他真正的关怀所系,也将其志学一生的理想表达得迫切而淋漓尽致。关于这一点,本章第二节将详细论述,在此姑且不论。

二、"学而知"与"心有征知"

"备道全美""无所不知"的极致境界既然可以获致,那么,我们必然要问,人何以获致?也就是说,人的知识来源于何方?是先天本有、与生俱来,还是后天努力、学而获得?请看荀子如是说:

> 尧舜者,非生而具者也。(《荣辱》)
>
> 故圣人之所以同于众,其不异于众者,性也;所以异而过众者,伪也。(《性恶》)
>
> 固圣人也者,人之所积也。(《儒效》)
>
> 途之人百姓,积善而全尽,谓之圣人。(《儒效》)

很明显,在荀子那里,不存在先天的圣人,圣人之天性与一般人并无差别。所不同的是,他们比一般人更懂得如何去"伪"去"积",也就是"学"。如此,荀子驳斥了"生而知"的观点,明确主张"学而知"。他说:

> 凡性者,天之就也,不可学,不可事。礼仪者,圣人之所生也,人之所学而能,所事而成者也。不可学,不可事而在人者,谓之性;可学而能,可事而成之在人者,谓之伪。是性伪之分也。(《性恶》)

对荀子来说,人的自然本性不可学、不可事,而人之德性却依赖于学习和涵养。而事实上,后天由学习而修养德行、获得知识的过程正是通过对"人性"的改造、积习实现的,这就是荀子所说的"化性起伪"。人性虽不属于人为,但它却可以接受后天的改造而不断趋于完善,正所谓:"性也者,吾所不能为也,然而可化也。”(《儒效》)正是基于此,荀子才确信,学习、修身是必须而且可欲的。由此而论,在荀子这里,一切知识皆是由天然本性和后天人为相结合而产生的,即由“性”与“学”结合而成。

荀子“凡以知,人之性也”(《解蔽》)以及“所以知之在人者,谓之知”(《正名》)的说法,明确指明了认知的能力属于“人性”。对于这一认知能力,荀子有过详尽的说明:

> 耳目口鼻形,能各有接耳不相能也,夫是之谓天官。心居中虚,以治五官,夫是之谓天君。(《天论》)
>
> 人何以知道?曰心。(《解蔽》)
>
> 心生而有知。(《解蔽》)
>
> 心有征知。征知则缘耳而知声可也,缘目而知形可也,然而征知必将待天官之当薄其类然后可也。五官薄之而不知,心征之而无说,则人莫不然谓之不知,此所缘而以同异也。(《正名》)

五官与物相接、薄其类,而产生感觉与印象,所谓“目辨别白黑美恶,耳辨音声清浊,口辨酸咸甘苦,鼻辨芬芳腥臊,骨体肤理辨寒暑疾养”(《荣辱》)。但五官所提供的感觉与印象,既“各有所接而不相能也”(《天论》),又无法保证其认识的全面与正确,而必须依靠心之作用。如果仅仅依靠五官的感觉经验,而“心不使焉,则白黑在前而目不见,雷鼓在侧而耳不闻”(《解蔽》),这样,就不可能产生所谓知识。也就是说,荀子认为,我们之所以能够认识事物,依凭于“心”,而感官只能接物、感物,却不能直接形成知识,由感而形成知识,是心之作用——“心有征知”。“‘征知’就是在感觉感知的基础上,对感觉印象进行分析、辨别和验证。”[①]“征知,即察而知之的能力。”[②]简言之,一切知识皆是由感官来,而又经过心之作用的充分发挥而成。

需要注意的是,荀子所谓“心有征知”,只是一种天性的能力,它不构成现实的知识。无心之作用,知识固然不能发生,但能力并非知识,它需要“学”的过程才能转化为实际的知识。因为“心虑而能为之谓之伪。虑积焉、能习焉而

① 廖明春:《〈荀子〉新探》,北京:中国人民大学出版社,2013年,第146页。

② 张岱年:《中国哲学大纲》,北京:商务印书馆,2015年,第369页。

后成谓之伪。”(《正名》)王先谦注曰:“心有选择,能动而行之……心虽能动,亦在积久习学,然后能矫其本性也。”正如《郭店楚简》所言:“凡人虽有性,心无定志,待物而后作,待悦而后行,待习而后定。”(《性自命出》)可以说,孟子的“学”是“尽心”以充分发挥心之思的作用,而荀子的“学”则是充分发挥心之向善之知能。虽然只有通过“学”才能使心之知能见其实功,但是,人若不是先天就具有认知的能力,那学习以获得知识便无根据。因此,在荀子这里,就知识的发生而言,心之“生而有”的认知能力与我们后天的学习须臾不可分离。正所谓:“性伪合,然后成圣人之名,一天下之功就也。”(《王制》)

第二节　荀子之道与性

荀子同孔孟一样,重视对知识的选择,故他不主张人无止境地认知下去,而是认为必须“学有所止”,而学之止的方向和目标则确定无疑地指向“道”。“道”是荀子知识论之真理——“故知者论道而已矣”(《正名》),其认识的最高境界就是与道合一——“壹于道”(《解蔽》)。以下我们就对荀子之“道”进行详细论述。

一、荀子之道以“礼”为本

毋庸置疑,在荀子这里,“道”就是其认识的最高目的或境界。那么何谓荀子之“道”?《荀子》全书言道者近四百次,意义极为广泛。总结来看,大致可归结为两种:一是作为具体的行为准则和规范或典章制度之道,如君之道、为臣之道,为父之道、为子之道、致士之道以及“敬人有道”(《臣道》)之道、“国者天下之大器重任,不可不择道”(《王霸》)之道等;二是一切具体的行为准则、规范或典章制度的所以然之理,即永恒固存的宇宙之究竟本根。如“百王之无变,足以为道贯”(《天论》)之道、“万物为道一偏”之道、“精于道者兼物物”(《解蔽》)之道、“夫道者体常而尽变,一隅不足以举之”(《解蔽》)之道、“圣人者,道之管也,天下之道管是也,百王之道一是矣”(《儒效》)之道、“道者,非天之道,非地之道,人之所以道也,君子之所道也”(《儒效》)之道等。作为荀子知识论之真理的“道”,无疑是指后者。对此“道”,荀子言:

> 万物为道一偏，一物为万物一偏，愚者为一物一偏，而自以为知道，无知也。(《天论》)

> 墨子蔽于用而不知文。宋子蔽于欲而不知得。慎子蔽于法而不知贤。申子蔽于势而不知知。惠子蔽于辞而不知实。庄子蔽于天而不知人。故由用谓之道，尽利矣。由欲谓之道，尽嗛矣。由法谓之道，尽数矣。由势谓之道，尽便矣。由辞谓之道，尽论矣。由天谓之道，尽因矣。此数具者，皆道之一隅也。夫道者，体常而尽变，一隅不足以举之。曲知之人，观于道之一隅而未之能识也。(《解蔽》)

这就是说，“道”是全体，是根本，是整体的终极的理，可穷尽万物的一切变化。说“道”是整体的终极的理，是区别于分别性的理而说的。如《非相》篇中荀子所谓“类不悖，虽久同理”之“理”指的就是事物之同类同情之分别性的原理。相对于分别性的理，“道”是个别性、分别性之理的统一体。

在荀子看来，万物不过是道之一部分而已，如果限于一偏，只举一隅，则无法真正达到对道的认识。当然，不可否认的是，万物虽不是道，但也从某一方面体现了道，属于道的一部分。荀子在批评墨子等人的认知之蔽时，也承认他们所执的一偏、一隅是认识到了道的其中某个部分(“观于道之一隅”)，这实际上与子夏所谓的“小道”意思相近。然正如子夏所说：“虽小道，必有可观者焉；致远恐泥，是以君子不为也。”(《论语·子张》)小道虽亦有可取之处，但拘泥于小道(“道之一隅”)，却容易以偏概全，以小误大，故君子不去选择学那小道。子夏这一不为小道的思想，在荀子这里，得到了更为细致的阐述。他说：

> 农精于田，而不可以为田师；贾精于市，而不可以为贾师；工精于器，而不可以为器师。有人也，不能此三技，而可使治三官。曰：精于道者也，精于物者也。精于物者以物物，精于道者兼物物。故君子壹于道，而以赞稽物。壹于道则正，以赞稽物则察；以正志行察论，则万物官矣。(《解蔽》)

在荀子看来，精于种田、精于商贸或精于制作的人是学有所专、学有所长，却不是知“道”。因为精于一物的农、工、商人，是小道，他们所学的知识或许可以使其成为某一领域出类拔萃的人，然而却不足以使他们穷尽万物之变化，即所谓“精于物者以物物，精于道者兼物物”。故荀子以为重要的是要成为一个精于道、壹于道的君子，只有这样的人才能以体常而应万变，才能够使万事万物各得其所，各得其治，才能够避免“蔽于一曲，而暗于大理”(《解蔽》)，从而使“万物官矣”。这种“无蔽”而“万物官”的与道合一的境界，正是荀子所谓“大清明”的圣人境界。他说：

> 虚壹而静，谓之大清明。万物莫形而不见，莫见而不论，莫论而失位。坐于室而见四海，处于今而论久远。疏观万物而知其情，参稽治乱而通其度，经纬天地而材官万物，制割大理，而宇宙里矣。恢恢广广，孰知其极！睪睪广广，孰知其德！涫涫纷纷，孰知其形！明参日月，大满八极，夫是之谓大人。夫恶有蔽矣哉！(《解蔽》)

荀子“夫恶有蔽矣哉”一语，明示在“大清明”，或与道一的境界中，再无“蔽”可言。达致这一境界的人即是圣人，荀子所言“恢恢广广，孰知其极！睪睪广广，孰知其德！涫涫纷纷，孰知其形！”正是孟子所谓“圣而不可知之”的境界。也就是说，圣人是道之境界的集中体现，乃所谓：“圣人也者，道之管也”(《儒效》)；“圣人备道全美也”(《正论》)。由此可见，“道”就是“无蔽”而能通于万物、经理天地之“大清明”的圣人境界。正如荀子所说：

> 圣人知心术之患，见蔽塞之祸，故无欲、无恶、无始、无终、无近、无远、无博、无浅、无古、无今，兼陈万物而中县衡焉。是故众异不得相蔽以乱其伦也。何谓衡？曰：道。(《解蔽》)

我们知道，就儒家而言，“道”之意义既不能解释为单纯的内在修身的形而上本体目标，也不能归结为单纯的治国平天下的现实要求，而总是同时关乎着这样两个方面。而且，人格德性的形上境界必表征为治国平天下的现实性的社会功业。正如杨国荣先生所说：“完美的人格总是有其现实的社会功能，后者不仅仅在于通过身体力行道德理想而展现出外在的人格力量，而且更在于自觉地担负并完成广义的社会历史使命：‘儒者在本朝则美政。’这里所涉及的理想人格，并非仅仅以反身内修、仁德敦厚见长，它的本质特征更多地表现在安邦济世、治国平天下的政治实践中；正是外在的事功，使人格获得了丰满的形象。”[①]在孔子这里，“道”是圣人天人合一的境界，表征为“博施于民而能济众”(《论语·雍也》)的社会理想的实现；在孟子这里，“道”是人性的完善境地，表征为仁政王道的政治目标的达成。荀子之“道”亦不例外，它有尽伦与尽制两方面的要求，既强调了人格修养的形而上本体，又注重通过现实的社会功业实现这一本体理想。具体来说，在荀子这里，道是圣人“大清明”的天人合一境界，表征为一个“群居和一”的良好的社会秩序和生活方式。荀子称之为“人道”，亦称之为“天下之道”“百王之道”“君子之道”，乃所谓：“圣人者，道之管也，天下之道管是也，百王之道一是矣”(《儒效》)；“道者，非天之道，非地之道，人之所以道也，君子之所道也”(《儒效》)。荀子之所以以此为“道”，是由其对于人之为人的本质规定的理解所决定的。他说：

> 水火有气而无生，草木有生而无知，禽兽有知而无义，人有气、有生、有知，亦且有义，故最为天下贵也。力不若牛，走不若马，而牛马为用，何也？曰：人能群，彼不能群也。人何以能群？曰：分。分何以能行？曰：义。故义以分则和，和则一，一则多力，多力则强，强则胜物；故宫室可得而居也。故序四时，裁万物，兼利天下，无它故焉，得之分义也。(《王制》)

很明显，荀子是从人的社会性，即“群”的层面来界定和理解人之为人的本质特征。“群”的社会性存在方式不仅是人类区别于其他所有存在物的本质特征，而且是人类实现生命价值的源泉。作为个体，人的自然存在禀赋往往不如动物(“力不若牛，走不若马”)。然虽个体力量十分有限，但因为人能群，人就可以以“群”的方式构建一个共同体的规范和秩序，从而突破个体的有限性，获得群体的普遍意义。故一种良好的社会秩序和生活方式的建立，才是人最高的生命价值所在，即人道之所在。

当然，并不是说人能群，就一定能够构建一个良好的社会秩序和生活方式，关键还在于“分”——“人何以能群？曰：分。”荀子具体说明：“分则和，和则一，一则多力，多力则强，强则胜物；故宫室可得而居也。故序四时，裁万物，兼利天下，无它故焉，得之分义也。故人生不能无群，群而无分则争，争则乱，乱

① 杨国荣：《中国哲学二十讲》，北京：中华书局，2015年，第123页。

则离，离则若，若则不能胜物。”（《王制》）荀子所谓“分”，主要表现为一种等级名分。具体而言，就是通过区分开社会成员上下贵贱的等级，并以此为根据，明确社会分工，规定相应的名分。如此，建立起良好的社会秩序和生活方式。所谓“明分使群”，即是对这一过程的概括。而之所以能够“明分使群”，而不是偶然、任意地分，赖于“义”，——“分何以能行？曰：义。”更严格来说，则是赖于“礼”——“分莫大于礼。”（《非相》）

在荀子这里，仁、义、礼实际上是不分家的，荀子明言仁、义、礼三者是相通的，且唯有三者相通才是道：

> 故曰：仁义礼乐，其致一也。君子处仁以义，然后仁也；行义以礼，然后义也；治礼反本成末，然后礼也。三者皆通，然后道也。（《大略》）

上述一段话，不仅说明了仁、义、礼三者相通无二，而且也将“礼”为仁义之核心的意义交代得明明白白。由此而论，道实皆一能统贯者或条贯者（“三者皆通，然后道也”），而礼正可视作统贯道的“一”，荀子说：“百王之无变，足以为道贯。”（《天论》）王先谦注曰：“百王不易者，谓礼也。言礼可以为道之条贯也。”可以说，在孔子这里，道之一以贯之的东西是“仁”，而在荀子这里，道之一以贯之的东西则是“礼”，故荀子坚定地主张“礼”为道之极。他说：

> 礼者，人道之极也。（《礼论》）
>
> 先王之道，仁之隆也，比中而行之。曷谓中？曰：礼义是也。（《儒效》）
>
> 道也者何也？曰：礼让忠信是也。（《强国》）

由此我们可以看到，荀子所追求的人道、先王之道，即“群居合一”的良好的社会秩序和生活方式，其本质就是以礼义为根本和基础构建起来。换言之，归根结底，荀子之道是由“礼”来说明和定位的。故荀子说：“故先王按为之制礼义以分之，使有贵贱之等，长幼之差，知愚、能不能之分，皆使人载其事而各得其宜，然后使悫禄多少厚薄之称，是夫群居和一之道也。”（《荣辱》）总之，就荀子而言，求道，即求礼也。正如唐君毅先生所说：“荀子之道，最后应归在其言礼乐之诸义。”①

---

① 唐君毅：《中国哲学原论・原道篇》上册，北京：中国社会科学出版社，2006年，第286页。

二、"心不可不知道"

荀子之道以"礼"为极，而其礼的思想则来源于"天"（天地）与"人"（先祖、君师）。也就是说，道之本为"天"与"人"：

> 礼有三本：天地者，生之本也；先祖者，类之本也；君师者，治之本也。无天地，恶生？无先祖，恶出？无君师，恶治？三者偏亡，焉无安人。故礼，上事天，下事地，尊先祖而隆君师。是礼之三本也。（《礼论》）

孔孟之道亦来源于"天"和"人"，但值得注意的是，孔孟所谓道之本于天，实际上是在天为人开启了不断追寻的目标和方向这一点上立意的。孔子以"仁性发明天道"以及孟子"知性则知天"的运思路向都无疑证明：孔孟之天道（天）乃是理论预设，而人性有善端才是真理。也就是说，孔孟之道的真正来源是人（人性），是以人道来向上契合与体现天道，又反过来以天道来解释人道，为人道之正当性寻求依据。荀子虽不承认人性有善端，甚至他认为人性为恶，但是在对天的理解和定位上——天为人开启了不断追寻的目标和方向，或者说天为人之榜样和价值根据，却是与孔孟一般无二。荀子说："变化代兴，谓之天德。天不言而人推其高焉，地不言而人推其厚焉，四时不言而百姓期焉。夫此有常，以至其诚者也。"（《不苟》）在此，"人推其高""人推其厚"以及"百姓期焉"的说法无不证明："天"乃人的榜样和根据，赋予了人道以价值理想。事实上，荀子所谓人可以通过尽伦尽制以知天、与天相合，正是在这一意义上立论的。由此可见，荀子之天道，亦同样为其人道之上的一理论预设或者说价值根据，相形之下，荀子之"不求知天"，则更弱化了天道之作用。人道之正当性无须再由其能够与天相契合来证明，人道之实现直接就意味着天道之实现，此即荀子言："道者，非天之道，非地之道，人之所以道也，君子之所以道也"之旨。正如唐君毅先生所说："荀子之道，乃人以天为根据，如由上而下，以向前向外走出之道。"①要之，与其说天是荀子之道的来源，毋宁说天是荀子之道的理论预设或价值根据，而"人"才是荀子之道的真正根源。

---

① 唐君毅：《中国哲学原论·原道篇》上册，北京：中国社会科学出版社，2006 年，第 243 页。

事实上，从孔子开始，儒家就坚决摈弃了在远离人的异己性彼中探求“道”之意义的致思路向，而将“道”的问题归结为“人”的问题。固不论荀学与孔孟之学有何差异，他们对道德形而上学的“大厦”依靠的是主体自身的致思路径却是没有轩轾的。简言之，儒家之道体的构建依靠的是“人性”。这一结论放在孔孟身上，是没有一点问题的，孔子所谓“我欲仁，斯仁至矣”（《论语·述而》）以及孟子所谓“万物皆备于我”（《孟子·尽心上》）皆可以为佐证。也就是说，就孔孟而言，道根源于人性，人性是潜在的道，潜在的至善。然而，荀子却明确主张性恶，亦认为礼义（道）非根源于“人之性”：“人之性恶明矣，其善者伪也。……凡礼义者，是生于圣人之伪，非故生于人之性也。”（《性恶》）表面上看，荀子的主张与我们的结论似乎是扞格不通，实则不然。之所以会造成如此情况，究其原因，在于没有分辨清楚荀子之所谓性的真正含义。这就促使我们来仔细考察荀子关于“性”的思想。请看荀子如是说：

> 生之所以然者谓之性；性之和所生，精合感应，不事而自然谓之性，性之好恶、喜怒、哀乐谓之情。情然而心为之择谓之虑。心虑而能为之动谓之伪，虑积焉、能习焉而后成谓之伪。（《正名》）
>
> 凡性者，天之就也，不可学，不可事。……不可学，不可事，而在人者，谓之性；可学而能，可事而成之在人者，谓之伪。是性伪之分也。今人之性，目可以见，耳可以听；夫可以见之明不离目，可以听之聪不离耳，目明而耳聪，不可学明矣。……今人之性，饥而欲饱，寒而欲暖，劳而欲休，此人之性情也。（《性恶》）

荀子“生之所以然者谓之性”“不事而自然谓之性”，以及“凡性者，天之就也，不可学，不可事”的说法证明，荀子之所谓“性”，同告子一样，指的是“生之谓性”。具体而言，荀子之所谓“性”包括两部分内容：一是自然欲望——“今人之性，饥而欲饱，寒而欲暖，劳而欲休。”二是官能的能力——“今人之性，目可以见，耳可以听。”告子所谓的“生之谓性”无所谓善恶，乃所谓：“决诸东方则东流，决诸西方则西流。”（《告子上》）但同样主张“生之谓性”的荀子却主张性恶。那么，荀子“性恶”的主张由何而来？事实上，若我们对荀子之所谓“性恶”的主张保持一种高度的审慎，就会清楚地意识到，荀子所主张的性恶，只是从自然欲望的一方面说的，并未涉及官能能力的那一面。因此，与其说荀子认为性恶，不如说荀子认为欲性恶更准确、严谨一些。成中英先生对此深有见地："孟子说的性是道德之性，而荀子说的性则为气质之性，孟子所谓的善是儒家的德性，而荀子所谓的恶则为本能自私的欲望。孟子不一定否认此等欲念，而荀子也透过对理想的反省与学习，间接肯定了社会中个人或集体的尚善行为。"①

至此，我们了解了荀子关于"性"这一概念的定义。在此基础上，我们即可理解，前文荀子所谓的"凡礼义者……非故生于人之性也"之"性"乃是一特指，特指人之"欲性"。荀子之道，当然来自"性"，却不是荀子一般意义上的"以欲言性"的一面，而是指官能的能力那一方面的性。这一官能就是"心"。荀子言：

> 人何以知道？曰：心。（《解蔽》）
>
> 心不可以不知道。心不知道，则不可道而可非道。……心知道，然后可道。可道，然后能守道以禁非道。（《解蔽》）

很明显，在荀子那里，道之意义的本体论贞认是由其与心的亲缘关系决定的。那么，荀子之道与心究竟是什么关系呢？在这一问题上，学者们大致有三种观点：第一种观点认为，荀子之道完全是一外在于心的对象物，而心亦主要为一认识心。例如，徐复观先生说："荀子所说的道，完全是客观的；而心的本身，除认识作用及综合的欲望以外，是一无所有的。"②蔡仁厚先生指出："人之所以能'知'道，是由于人有'心'。心不是道，而能'知'道；这个'知道'的心，自是认知心。人'知道'之后，便能进而'可道'。可，谓认可、肯定。人肯定了道，便能守道而不悖；守道不悖，然后乃能行为中理（合理）。可见行为之能否中理，关键就在于心能否知道。……由上所述，可以证实荀子是由智识心，所识的乃是理智性的认知心。"③第二种观点认为，荀子之道并非在心外，为其客观对象，而心亦并非为一纯粹的认知心，而是兼具道德心。例如，唐端正先生说：

---

① 〔美〕成中英：《合外内之道——儒家哲学论》，北京：中国社会科学出版社，2001 年，第 98 页。

② 徐复观：《中国人性论史·先秦篇》，北京：九州出版社，2014 年，第 220 页。冯友兰、牟宗三、冯契、夏甄陶等学者亦基本上持类似的看法，兹不赘引。

③ 蔡仁厚：《孔孟荀哲学》，台北：学生书局，1984 年，第 409 页。

"心之知道殊非只是知道一个客观事实,而同时也能作价值的抉择,知道什么是有价值的道,什么是没有价值的非道,而乃能进一步去守道以禁非道。'守道以禁非道'或可充分地说明荀子的心具有德性的成分,而非纯只是一认知心。"①第三种观点认为,心虽不是一道德心,但道与心亦并非全无必然关系,道也不可看作纯在心外,而是可由心之知能或心之作用构建出来。例如,唐君毅先生说:"荀子之言心与道之关系,固不同于孟子之即心性之流行以言道者。然荀子亦非以道为外在于心之客观对象,由心之知种种人文历史之事实而发现者。此道初在此主客内外之中间,而为人心循之以通达于外,以使人心免于闭塞之祸者。"②

事实上,笔者以为,荀子"心不可以不知道。心不知道,则不可道而可非道。……心知道,然后可道。可道,然后能守道以禁非道"的说法,已然明示:人无法超出主体自身,完成对道体的构建。道不是外在于心的对象物,而是道不离心,必如此,才能说"心不知道,则不可道"。那么,既然道不离心,是否就能够证明如唐端正先生所说的心具有德性的成分,为一道德心呢?作为对这一问题讨论的开始,让我们来仔细考察荀子关于"心"的思想。

上述三种观点虽明显不同,然对心主要为一认知心的肯认却都殆无疑义。说"主要"在于心不简单地等于认知,它还包括欲望和情感。例如,荀子云:"心好利,而谷禄莫厚"(《王霸》);"夫人之情,目欲綦色,耳欲綦声,口欲綦味,鼻欲綦臭,心欲綦佚。此五綦者,人情之所必不免也"(《王霸》);"心至愉而志无所诎"(《正论》)。综言之,荀子所说的心是一个包含多种不同作用,如情、欲、意、知等功能在内的总体概念,心之知能在荀子那里是心的诸多功能中的(主要的)一种。但就是这主要的知能却有很大的力量,能够知道,进而体道、行道。荀子称此能知道的心,为无遮蔽无杂涤的"大清明"之心。他说:

> 虚壹而静,谓之大清明。万物莫形而不见,莫见而不论,莫论而失位。坐于室而见四海,处于今而论久远。疏观万物而知其情,参稽治乱而通其度,经纬天地而材官万物,制割大理,而宇宙里矣。恢恢广广,孰知其极!

① 唐端正:《先秦诸子论丛》(续篇),台北:东大图书公司,1992年,第184页。

② 唐君毅:《中国哲学原论·原道篇》上册,北京:中国社会科学出版社,2006年,第247页。

> 睪睪广广，孰知其德！涫涫纷纷，孰知其形！明参日月，大满八极，夫是之谓大人。夫恶有蔽矣哉！（《解蔽》）

大清明，是心之无遮蔽、无杂涤的状态——“无欲、无恶、无始、无终、无近、无远、无博、无浅、无古、无今，兼陈万物而中县衡焉。”在此状态下，心可兼知万物，全心当下即是道。这无疑表明知道的能力是潜在于人心的。但人心有知道之潜能，并不能保证知道过程的自然完成，因为人心容易遭受欲望、情感的侵扰和遮蔽，产生出许多弊端——“欲为蔽，恶为蔽，始为蔽，终为蔽，远为蔽，近为蔽，博为蔽，浅为蔽，古为蔽，今为蔽”（《解蔽》），从而使心之知能无法充分地发挥出来。但是，荀子坚信，人的心不管如何遭到欲望、情感等的侵扰，心本身的知能都不会消失和完全地被遮蔽。事实上，心之知能是自足的，是自作主宰的，它永不会屈从于外在的控制。荀子说：

> 心者，形之君也，而神明之主也，出令而无所受令。自禁也，自使也，自夺也，自取也，自行也，自止也。故口可劫而使墨云，形可劫而使拙申，心不可劫而使易意；是之则受，非之则辞，故曰心容其择也。（《解蔽》）

这也再次证明，人心原能知道，知道的过程正是对心之原有潜能的开发。正如唐君毅先生所说：“由心之能或心之作用，以见心之自有其出内通达于外之道者。”①由此我们可以看到，荀子之心知不仅能将感觉经验和印象转化为知识，乃所谓：“心有征知。征知则缘耳而知声可也，缘目而知形可也，然而征知必将待天官之当薄其类然后可也。五官薄之而不知，心征之而无说，则人莫不然谓之不知，此所缘而以同异也。”（《正名》）更重要的是，它有向善之自主选择的能力。具体来说，它能宰制情欲，亦能自主判断与选择，分别善与恶，当与不当。荀子说：

> 欲不待而得，而求者从所可。欲不待可得，所受乎天也；求者从所可，所受乎心也。……人之所欲生甚矣，人之所恶死甚矣，然而人有从生成死者，非不欲生而欲死也，不可以生而可以死也。故欲过之而动不及，心止之也。心之所可中理，则欲虽多，奚伤于治？欲不及而动过之，心使之也。

---

① 唐君毅：《中国哲学原论·原道篇》上册，北京：中国社会科学出版社，2006年，第248页。

心之所可失理，则欲虽寡，奚止于乱？故治乱在于心之所可，亡于情之所欲。(《正名》)

性之好恶喜怒哀乐，谓之情。情然而心为之择，谓之虑；心虑而能为之动，谓之伪；虑积焉能习焉而后成，谓之伪。(《正名》)

人心譬如盘水，正错而勿动，则湛浊在下，而清明在上，则足以见鬒眉而察理矣。微风过之，湛浊动乎下，清明乱于上，则不可以得大形之正也。(《解蔽》)

人人皆欲生恶死，此乃人之常情，但因心有向善之选择，故若心断定人应死不应生，则人就能舍生就死。如此，欲望与思虑虽多，但只要心能止之，则能拨开遮蔽、能辨是非以知道而合于道。故心之知能不仅可以对感性经验或印象加以整合与判断，而且还能够对价值领域的知识，如是非、善恶等作出评断和选择。无疑，荀子所讲的心，不是本身就"涵德"的道德心，而是能够"明德"的认知心。因此，在荀子这里，道之成，实赖于心之择，即心之知能。这一心之知能，荀子称之为"可以知仁义法正之质""可以能仁义法正之具"(《性恶》)。就此而言，在荀子那里，主体自身具有道德所以可能的内在根据。具体来说，心之知能正是道体构建的根本所在。正如人虽生来不具备熟练掌握某一种语言之天赋，但人生来就有能使我们成为一个语言运用者的能力，而语言最初的创造和来源亦依赖于这种能力。所以荀子之"道"，实由心之知能而得以界定。笔者以为，正是在这个意义上，荀子坚信"人之欲为善"(《性恶》)，且人能通过自我努力而止于至善，所谓"涂人可以为禹"(《性恶》)。

值得注意的是，荀子虽坚信"人之欲为善"；"涂人可以为禹"(《性恶》)，但"欲为""可以为"并非意味着一定能为。也就是说，虽然荀子之心的知能是"生而有"("心生而有知")的潜能，但它并非如孟子那般当下就是"善"，顺之扩之即"斯仁至矣"，而是欲为善，却不必实善，能知道，亦可不知。也就是说，心固然能自禁自使、自夺自取、自行自止，然也必待学习的实践，才能将此生而有的心之知能显现和充分地发挥出来，正所谓"导之以理，养之以清，物莫之倾，则足以定是非决嫌疑矣"(《解蔽》)。故荀子并不像孟子一样，直接称心之性善，相反，它一开始就被赋予了恶的本性——"人之性恶，其善伪也。"(《性恶》)唐君毅先生对此深有见地："由心知统类，加以实践，斯有善行；而心实不能直欲为善，而只能直欲求知道。故说心欲为善是间接说，而非直接说。因而荀子本不必直说心之善。”[①]然荀子虽不承认人有天生之恻隐、辞让、羞恶恭敬之善端，但却承认人有能向善、能知是非、善恶之心，且荀子以为这是规定人之为人的根本。他说：

> 人之所以为人者，何已也？曰：以其有辨也。饥而欲食，寒而欲暖，劳而欲息，好利而恶害，是人之所生而有也，是无待而然者也，是禹、桀之所同也。……夫禽兽有父子而无父子之亲，有牝牡而无男女之别。故人道莫不有辨。辨莫大于分，分莫大于礼，礼莫大于圣王。（《非相》）

所谓“辨”，当然是心之辨，即心之能辨恶向善的知能。荀子以“辨”为人之根本，无疑再次证明，道乃由心之知能而得以界定，属心之创造物。更严格来说，道由圣王或君子之心的知能得以界定，圣王（君子）所行即是道，故说“辨莫大于分，分莫大于礼，礼莫大于圣王”。至于何以道乃圣王或君子之心的创造物，是本章下一节的内容，在此姑且不论。此圣王之心，或知道之心，荀子亦称为“道心”，亦即荀子所谓的“壹于道”或“精于道”的心合于道之大清明之心。

如此看来，尽管要真正地使心合于道，必须经历一个学习的过程，但从终极的意义上来看，道之实现的最终基础和根源是人之心知。人有心知，才能在是非、善恶之间做出权衡和取舍，也同样因为人有心知，才能构建起“群居合一”的人道，所以说“心也者，道之工宰也”（《正名》）。事实上，此亦即荀子言“道者，非天之道，非地之道，人之所以道也，君子之所以道也”之旨。至此，我们可以得出结论：心并非一道德心，然心虽不是一道德心，但道与心并非全无必然关系，道也不可看作纯在心外，而是可由心之能或心之作用构建出来。简而言之，在荀子这里，道根源于心之知能。而毋庸置疑，心之知能当然是属于人之性的一部分，与荀子所谓“今人之性，目可以见，耳可以听”（《性恶》）一样，皆属人之生而有的天性。

三、“仁”“礼”之蕴意

在儒家这里，仁为道之本，道就是仁道，自不待言也。表面上看，孔子贵

---

① 唐君毅：《中国哲学原论·导论篇》，北京：中国社会科学出版社，2005年，第78页。

仁，孟子贵义，荀子贵礼。但深层次说，孟子贵义、荀子贵礼与孔子贵仁并不相悖，因为孟子之义及荀子之礼实皆由孔子之仁发展而来。如果说孟子对孔子之仁所发挥处主要体现在他从“义”的角度对“仁”所进行的解释，那么荀子对孔子之仁的贡献则在于其从“礼”的角度对“仁”的阐发，正所谓：“夫孟氏言仁，必申之以义；荀氏言仁，必推本于礼。”①

荀子虽重礼，以礼为极，但作为一名忠实的儒者，他依然清楚地赋予仁以生命之本的位置。荀子有云：“君子养心莫善于诚。致诚无它事矣，唯仁之为守，唯义之为行。诚心守仁则形，形则神，神则能化矣；诚心行义则理，理则明，明则能变矣。变化代兴，谓之天德。”（《不苟》）这就是说，想要成为君子，必须坚定地以仁为本，荀子“仁者爱人”的说法表明：荀子之仁同孔孟一样，是人内心的自然情感。荀子对于人之生而有的自然情感十分重视。他说：

> 凡生天地之间者，有血气之属必有知，有知之属莫不爱其类。今夫大鸟兽则失亡其群匹，越月踰时，则必反铅；过故乡，则必徘徊焉，鸣号焉，踯躅焉，踟蹰焉，然后能去之也。小者是燕爵，犹有啁焦之顷焉，然后能去之。故有血气之属莫知于人，故人之于其亲也，至死无穷。将由夫愚陋淫邪之人与，则彼朝死而夕忘之；然而纵之，则是曾鸟兽之不若也，彼安能相与群居而无乱乎！（《礼论》）

在荀子看来，“爱其类”这样一种自然的情感，是天地间有“血气之属”者的一种基本表现。作为天地之至灵的人，更是这一情感的坚定捍卫者，故荀子有云：“人之于其亲也，至死无穷。”于人而言，生命之实的根源在于这种心灵的自然情感，如果这种感情得不到发展，就会沦落为“夫愚陋淫邪之人”。荀子以为，这种人甚至不能称为人，因为其“曾鸟兽之不若也”。这无疑证明，荀子对这一自然情感非常重视。那么这个自然情感在荀子这里是什么呢？就是“仁心”。故荀子说：“仁者爱人，爱人故恶人之害之也。”（《议兵》）

在荀子这里，礼的根源就在于这一“仁心”的自然情感，如果这种礼的原理寓于其中的感情得不到发展，那么它将最终消失殆尽。故荀子言：“人主仁心

① （清）凌廷堪：《荀卿颂并序》，《校礼堂文集》，北京：中华书局，1998年，第76页。

设焉，知其役也，礼其尽也，故王者先仁而后礼，天施然也。"(《大略》)王先谦《荀子集解》注曰："人主根本所施设在仁，其役用则在智，尽善则在礼。天施，天道之所施设也。此言明为国以仁为先也。"[①]礼是由仁心而发制成的，仁乃礼之本。

然而，如果我们据此认为荀子之贵仁尤甚于贵礼，未免过于草率。事实上，荀子虽同孔孟一样，以仁为礼之本，然仁之于荀子之地位却与孔孟明显不同。就孔孟而言，仁不仅本身即潜涵一切存在，同时它又具有实践性与创造性，是可以激活和实现人性的直接动力。但在荀子这里，仁心虽亦是根本，然仁心却并非当下自足，扩之即盈科放海，而是需以"礼义"之行来彰显和成就。当然，孔孟之仁亦需要礼乐以成就，但两者却是理路大异：就孔孟而言，"仁"当下俱足，所谓"仁远乎哉？我欲仁，斯仁至矣"(《论语·述而》)；"万物皆备于我"(《孟子·尽心上》)，故可顺之一路走出去，激励着人不断通过自我努力以实现仁道。孔子虽以"克己复礼"来说仁，但仁才是礼的本质，礼主要是仁的一种外在表现，礼只有与仁结合，才具有现实意义。然在荀子这里，人之性体本真并不具有善的品格，善并非先天的禀赋。正如荀子所指出的那样，仁心作为一种普遍性的自然情感，是人与禽兽所共有的生命维度，乃所谓："凡生天地之间者，有血气之属必有知，有知之属莫不爱其类"(《礼论》)；"水火有气而无生，草木有生而无知，禽兽有知而无义，人有气、有生、有知，亦且有义，故最为天下贵也"(《王制》)。显然，人之所以为天下贵不在于有"知"，而在于有"义"。而由"知"而生成的自然情感本身并不具有人格的真实性。这很好理解，固然一个人如果没有"爱其类""尊其亲"的自然情感，他就不能成为一个真正的人。但是，如果他没有真正地在人际交往过程中去表达自己的感情，那么他也不能获得自我修养和自我实现。也就是说，"这种'血气之属'所生而俱有的自然情感，只有达到实践理性上的自觉，从一种自然情感(血气之仁)转化为一种道德情感(义理之仁)，才成其为严格意义上的德行。"[②]正是在这一意义上，荀子指出："礼也者，贵者敬焉，老者孝焉，长者弟焉，幼者慈焉，贱者惠焉。"(《大略》)

---

① (清)王先谦撰，沈啸寰、王星贤整理：《荀子集解》，北京：中华书局，2012年，第473页。

② 王楷：《天然与修为：荀子道德哲学的精神》，北京：北京大学出版社，2011年，第117页。

很明显，在荀子这里，这个仁心之本明显欠缺底气，它不能自足，尚是一虚位，必待以礼义的人际交往与实践方可成之。正是在这一意义上，荀子提出“君子处仁以义，然后仁也。行义以礼，然后义也”(《大略》)。这里存在着一个明显的逻辑关系：以礼行义，才成义；以义行仁，才成仁。故归根结底，礼才是仁、义之关键，礼之行才是仁心落实之根本，乃所谓“将原先王，本仁义，则礼正其精微蹊跷也”(《劝学》)。当然，荀子以为，仁与礼不能孤立的存在，而必须相辅相成，相依而成。故荀子有言：“仁义礼乐，其致一也。君子处仁以义，然后仁也；行义以礼，然后义也；治礼反本成末，然后礼也。三者皆通，然后道也。”荀子这一仁礼合一的思想发端于孔子，孔子说“克己复礼为仁”，以仁来诠释礼，以礼来表现仁，从而形成了其仁礼合一的一以贯之的完整体系。荀子虽继承了孔子仁礼合一的思想，但却是摄仁归礼，以礼来诠释仁，仁礼合一的重心显然在于礼，仁和义皆必须通过礼才能获得自己的规定性和意义。易言之，仁和义的实现必然地要遵循礼所规定的途径。故荀子有言：“先王之道，仁之隆也，比中而行之。曷谓中？曰：礼义是也。”(《儒效》)由此我们可以看到，与孔孟由仁心径直走出的理路不同，荀子是以本仁心走出的礼反过来对仁进行调试，从而也就使礼由仁的表示方式和实践转而提升为仁的最高准则和归宿。如此，“仁”并没有真正地在荀子这里扎下根来，而“礼”实际上才是道的核心，因此，荀子才说：“礼者，人道之极也。”(《礼论》)

荀子不仅继承了孔子以仁为本、仁礼合一的思想，并加以发挥，更重要的是，他将礼作为一个单独的领域来扩展，赋予了礼更为丰富的内涵。那么，具体来说，荀子之礼的内涵是什么呢？

笔者以为，如果用一个字来概括荀子所谓礼的内涵和实质，非“治”莫属。此种意思，荀子反复提出并表达得非常明白。例如，在《王制》篇中，荀子认为：“天地者，生之始也；礼义者，治之始也”；《不苟》篇中荀子说：“礼义之谓治，非礼义之为乱”；《议兵》篇中他又说：“礼者，治辨之极也”。所谓“治”，含义较广，它既指经纬天地、治理社会国家，又指对个体的塑造。归结来看，在荀子这里，“礼”意味着合理的人情文饰和确定的社会秩序，故礼之“治”的意义即治人之情文和治国之法制。

（一）治人之情文

《荀子·礼论》云："凡礼，始乎棁，成乎文，中户悦校。故至备，情文俱尽；其次，情文代胜；其下，复情以归大一也。"在此，礼之意义就是兼顾人情和文饰，力求情、文的平衡和统一。此意与《礼记·坊记》中"礼者，因人之情而为之节文"恰有不二之趣。荀子论祭礼曰：

> 祭者，志意思慕之情也。憆诡、唈僾而不能无时至焉。故人之欢欣和合之时，则夫忠臣孝子亦憆诡而有所至矣。彼其所至者，甚大动也；案屈然已，则其于志意之情者惆然不嗛，其于礼节者阙然不具。故先王案为之立文，尊尊亲亲之义至矣。故曰：祭者，志意思慕之情也，忠信爱敬之至矣，礼节文貌之盛矣，苟非圣人，莫之能知也。圣人明知之，士君子安行之，官人以为守，百姓以成俗。其在君子，以为人道也；其在百姓，以为鬼事也。（《礼论》）

依荀子之言，礼是"情"——"忠信爱敬"，这一以礼为人伦情感的用法，亦见于《荀子·大略》："礼也者，贵者敬焉，老者孝焉，长者弟焉，幼者慈焉，贱者惠焉。"这种对礼的理解，显然与孔孟如出一辙。同时，礼不仅是"情"，礼还是"文"——"礼节文貌"，即作为这种情感的外在表达的仪式、程序的意义。荀子所说"凡礼，事生，饰欢也；送死，饰哀也；祭祀，饰敬也；师旅，饰威也"（《礼论》）指的就是这种意义上的礼。不论是何种礼，例如祭礼、婚嫁之礼、军旅之礼、养生之礼、冠礼等，均是为了合理地节制人的情感，使之表达得适宜适度，不致粗俗鄙陋。而且，礼不仅仅在于合理地节制人的情感，更在于对情感的满足和滋养。荀子"祭者，志意思慕之情也"之语，将礼之于情感的这一意义价值说得尤其明白。另外，荀子"凡礼，事生，饰欢也；送死，饰哀也；祭祀，饰敬也；师旅，饰威也"（《礼论》）的说法亦同样体现了礼对于人们各种不同情感的疏导和陶冶的意义。如此，荀子以为，在此"情"（"忠信爱敬"）"文"（"礼节文貌"）的统一、调和之中，"尊尊亲亲之义至矣"。由此可见，礼不仅直接与人伦感情有着内在的关系，而且还具有合理地品节、调和以及积极地滋养、满足这种情感的意义。对此，冯友兰先生有一段精辟的评论："礼之用除定分以节人之欲外，又为文以饰人之情；此方面荀子言之甚精，荀子亦重功利，与墨子有相同处。但荀子对于情感之态度，与墨子大不相同。墨子以其极端的功利主义之观点，以人之许多感情为无用无意义而压抑之，其结果为荀子所谓‘蔽于用而不知文’。荀子虽亦主功利，然不如墨子之极端，故亦重视感情，重用亦重文；此可于荀子论丧祭礼中见之。丧祭礼之原始，皆起于人之迷信。荀子以其自然主义的哲学，与丧祭礼以新意义，此荀子之一大贡献也。”①

（二）治国之法制

礼作为“治”，其意义当然不仅仅在于文饰性情，更重要的是，它还有作为治理国家、稳定社会的准则、规范和法制的意义。作为这一意义的礼在《礼论》以及《富国》《强国》《王制》《王霸》《儒效》等各篇中反复出现，在实际上构成了荀子之礼的主旨和要义。这就是所谓“人之命在天，国之命在礼”（《天论》）。荀子赋予这种意义上的礼以至高无上的地位，乃所谓：

> 礼岂不至哉！立隆以为极，而天下莫之能损益也。（《礼论》）
>
> 礼者，治辨之极也，强国之本也，威行之道也，功名之总也。王公由之，所以得天下也；不由之，所以损社稷也。（《议兵》）
>
> 隆礼贵义者其国治，简礼贱义者其国乱。（《议兵》）
>
> 国无礼则不正，礼之所以正国也，譬之犹衡之于轻重也，犹绳墨之于曲直也，犹规矩之于方圆也，既错之而人莫之能诬也。（《王霸》）

社会中的个体因为存在着不同的需要和利益，总是难免引起矛盾和纷争。正如韩德民所说：“社会，作为一个多种多样不同因素构成的综合体，其内部纷纭复杂的关系纠结，决定了它将是永远充斥着矛盾、冲突、对立，充斥着缺失、憾恨和不平衡的。”②而荀子之所以将“礼”作为治理国家、稳定社会之根本，原因就在于“礼”能够通过制定度量分界，确立社会分工，制定法律政令，以消弭矛盾与纷争。荀子对此作了如下论述：“人生而有欲，欲而不得，则不能无求；求而无度量分界，则不能不争；争则乱，乱则穷。先王恶其乱也，故制礼义以分之，以养人之欲，给人之求，使欲必不穷乎物，物必不屈于欲，两者相持而长，是礼之所起也。”（《礼论》）“制礼义以分之，以养人之欲，给人之求”一语明示“分”

---

① 冯友兰：《中国哲学史》，上海：华东师范大学出版社，2000年，第172页。

② 韩德民：《荀子与儒家的社会理想》，济南：齐鲁书社，2001年，第209页。

为荀子"礼"之本质。礼就是"分"，就是"别"，乃所谓"礼者，贵贱有等，长幼有差，贫富轻重皆有称者也"(《富国》)。"贵贱有等"主要是指上下、贵贱的等级之分。荀子以为，区分人之贵贱等级，是治理社会国家之关键，被称为天下之"大本"。故荀子有言："先王恶其乱也，故制礼义以分之，使有贫富贵贱之等，足以相兼临者，是养天下之本也。"(《王制》)；"长幼有差"主要是指在上下等级之分基础之上的"职分"或"名分"，即要求每个人根据自己的等级定位而各守其名分、尽其职分。此即《礼记·礼运》所云"父慈，子孝，兄良，弟悌，夫义，妇听，长惠，幼顺，君仁，臣忠"之意，亦即荀子所谓的"礼以定伦"(《致士》)。"贫富轻重皆有称者"，主要指的是财富、工职分配上的"度量分工"，与"职分"有相通之义。例如，荀子所说"农分田而耕，贾分货而贩，百工分事而劝，士大夫分职而听，建国诸侯之君分土而守"，就既有社会分工之意，又有各尽其职分之意。事实上，所谓"分"的三种意思，上下贵贱的等级之分，职分、名分以及社会分工之分，在荀子这里，并无严格分别，而是一贯而统一的体系。荀子所谓的"礼"具有一种统摄国家社会各方面的整体性功能。

在荀子这里，消弭矛盾与纷争，维护国家和社会秩序，不仅靠礼之"分"的作用，亦需要发挥礼之"法"的功能，乃所谓："起法正以治之，重刑法以禁之。"(《性恶》)在荀子的意义上，礼通于法、高于法或也可以说包含着法。所以荀子才说："非礼是无法也"(《修身》)；"礼者，法之大分，类之纲纪也"(《劝学》)。显然，荀子"把礼予以法化了，也就是从一个社会理性的观点，把礼规范为法度和法制及律制"[①]。

综言之，礼之于荀子之意义，不仅是文饰、滋养情感的方式，更是治理国家社会的法制。荀子对于"礼"的重新解释，使之被赋予了不同于孔孟之"礼"的新内涵。这不但将人伦之常的基础由仁过渡到礼，使"礼"成为荀学之核心，诚如王先谦所说："荀子论学论治，皆以礼为宗。"[②]这也使荀学具有了更为深沉的现实力量和历史蕴意，这对于保证儒家之道的实现，具有十分重要的意义。

① 〔美〕成中英：《合外内之道——儒家哲学论》，北京：中国社会科学出版社，2001年，第375页。

② (清)王先谦撰，沈啸寰、王星贤整理：《荀子集解·王先谦序》，北京：中华书局，2012年，第1页。

但同时也应看到，荀子以礼为人道之极，将儒家之道外在化、他律化，在保证儒家之道更好地实现的同时，也给予了统治者以极大的挑战。因为这样一种意义上的道，亦或者说礼，一旦实施或发展不适度，就很容易使人伦道德规范变成强制性的政治措施。

第三节　君子由学而道

由上述我们可以看到，“道”是荀子知识论之真理，是荀子治学之宗，而荀子之道不离“心”，其实现赖于心之知能。那么接下来的问题就是：“心”如何才能实现“道”？或者说，心如何通过学习知识以通达万物，合于道？以下详细论之。

一、“无君子则道不举”

在儒家看来，道之真理至高至深，并非人人都能认识得了，也非人人都能担当得起，唯有“君子”才能成全之，此即所谓《中庸》“苟不至德，至道不凝”之意。孔孟对此有不少论述：“君子而不仁者有矣夫，未有小人而仁者也”（《论语·宪问》）；“君子不可小知，而可大受也；小人不可大受，而可小知也”（《论语·卫灵公》）；“夫义，路也；礼，门也。惟君子能由是路，出入是门也”（《孟子·万章下》）；“人之所以异于禽兽者几希，庶民去之，君子存之。舜明于庶物，察于人伦，由仁义行，非行仁义也”（《孟子·离娄下》）。显然，孔孟皆以为，君子就是“至德”的载体，唯有君子才具有追求“道”的资格和特权。孔孟的这一思想，在荀子这里，不仅得以继承，所谓“君子至德，嘿然而喻，未施而亲，不怒而威”（《不苟》），而且还得到了更进一步地发展。荀子说：

> 无土则人不安居，无人则土不守，无道法则人不至，无君子则道不举。故土之与人也，道之与法也者，国家之本作也。君子也者，道法之总要也，不可少顷旷也。（《致士》）

荀子以为，无土地，人们就无法安居乐业；无人民，土地就无法存养；无礼法，君王就得不到拥护；无君子，道就不能实行。所以，土地、人民和礼法是国家的根本,而君子则是道的根本,片刻不能离。这段话的中心突出的是君子之于道的重要性。其中"无君子则道不举"一语,明明白白地将"道"的主体性基础限定在了"君子"身上,与孔孟如出一辙。那么应该怎样理解荀子所谓"无君子则道不举"呢?从文法结构上看,此句与前三句是类比的关系,按"无土则人不安居"意指"土"是"安居"的基础和前提,有"土"才有"安居",无"土"就没有"安居"。由是类推的话,"无君子则道不举"即当指"君子"是"道"的前提和基础,有"君子"才有"道",无"君子"就没有"道"。如此一来,"无君子则道不举"一语所蕴意似乎就不是简单的唯有君子才有资格追求道,才有能力实现"道"了。严格来说,应当是"道"由君子(之心)的能力而得以界定,君子就是道的集中体现。笔者以为,正是在这一意义上,荀子才说"道者,非天之道,非地之道,人之所以道也,君子之所道也"(《儒效》)。

正是在上述意义上,荀子才坚定地认为:"欲观千岁则数今日,欲知亿万则审一二,欲知上世则审周道,欲知周道则审其人所贵君子。"(《非相》)此处关键的一语是"欲知周道则审其人所贵君子",周道,其所系者,礼义而已。荀子认定,对于礼义之道的深入体会,不在于具体历史存留的断简残篇抑或其他,而在于对君子的透视上。换言之,当下现实中的君子才是亘古不变之道(礼义)的有效阐释和真正落实。荀子下面这段话,把"君子"与"道"的这种关系,表达得更为明显。

> 天地者,生之始也;礼义者,治之始也;君子者,礼义之始也;为之,贯之,积重之,致好之者,君子之始也。故天地生君子,君子理天地;君子者,天地之参也,万物之总也,民之父母也。无君子,则天地不理,礼义无统,上无君师,下无父子,夫是之谓至乱。(《王制》)

荀子以为,"君子者,礼义之始也",王先谦《荀子集解》注曰:"始,犹本也。言礼义本于君子也。"①可见,君子(之心)是礼义(道)的根本由来。依荀子之言,君子不仅是经验世界秩序和谐的保证("君子者,礼义之始也"),而且还具有超越倾向,是天地化育的参与者、护卫者("君子理天地"),即《中庸》所谓"可

① (清)王先谦撰,沈啸寰、王星贤整理:《荀子集解》,北京:中华书局,2012年,第161页。

以赞天地之化育”“可以与天地参”的境界。故荀子说“无君子，则天地不理，礼义无统，上无君师，下无父子，夫是之谓至乱”。这再一次证明，在荀子这里，贯通古今，通于万物，与天地参的君子人格世界乃是高深不可及之道的缩影。我们知道，在孟子那里，君子是实现道的保证，因为君子“知性”，就意味着他一定能以仁为己仁，不实现道誓不罢休。而荀子显然比孟子更进一步，在荀子这里，与其说君子是实现道的保证，毋宁说君子(之心)就是道，“君子依心之所言所行当下即是‘道’的表现”[①]。之所以如此，是因为“君子”(之心)“知道”，或者说，道唯有君子(之心)能“知”之。请看荀子如是说：

> 农精于田，而不可以为田师；贾精于市，而不可以为贾师；工精于器，而不可以为器师。有人也，不能此三技，而可使治三官。曰：精于道者也，精于物者也。精于物者以物物，精于道者兼物物。故君子壹于道，而以赞稽物。壹于道则正，以赞稽物则察；以正志行察论，则万物官矣。……故道经曰：人心之危，道心之微，危微之几，唯明君子而后能知之。(《解蔽》)

“人心”即“精于物”之心，“道心”即“精于道”之心，如唐君毅先生所说：“人心即专精于一事，而不能通于他事之心；而道心则为能兼知不同之人所专精之事之意义与价值，既能兼知之，更求加以配合贯通之道者。”[②]在荀子看来，真正的君子，总是能够辨知人心之危与道心之微，原因就在于君子之心与道一(“壹于道”)。更严格来说，因为君子之心本身就是道心。农、工、商人之所以不能为师为官，正在其只有人心，而未有道心。而君子有“道心”，此心至诚无妄，与道彻然无隔，故能够“疏观万物而知其情，参稽治乱而通其度，经纬天地而材官万物，制割大理，而宇宙里矣”(《解蔽》)。简而言之，就荀子而言，君子之所以为君子，其立足点就在于君子(之心)“知道”。

“知道”，是内化于心的自觉、自律的道德意识和道德行为，即《大学》所说的“诚于中，行于外”，它意味着真正的善，真正的德行。而“不知道”则意味着伪善或没有定性和目标的一时的道德行为。显然，一个不知道的人也有可能

---

① 东方朔：《“无君子则天地不理”——荀子“心与道”的关系片论》，《伦理学与公共事务》2009年第00期。

② 唐君毅：《中国哲学原论·原道篇》上册，北京：中国社会科学出版社，2006年，第253页。

做出道德的行为，这种人正是孟子所说的“行之而不著焉，习之而不察焉，终身由之而不知其道者”(《孟子·尽心上》)。然而，这并不意味着他就是一个有德性的人，就实现了道的真理。质言之，只有“知道”，对道有真正的体悟之人才有可能达致道，成为死守善道、真正具有道德人格的人。事实上，这正是荀子所说“心不知道，则不可道而可非道。……心知道，然后可道。可道，然后能守道以禁非道”(《解蔽》)的真正旨意。对此，古希腊哲学家亚里士多德与荀子有着相近的认识：“合乎德性的行为并不因为他们具有某种性质就是，譬如说，公正的或节制的。除了具有某种性质，一个人还必须是出于某种状态的。”[①]就荀子而言，这种状态就是心知道、合于道的状态。这种状态体现在君子身上，就是“惟仁之为守，惟义之为行”(《不苟》)，就是“礼然而然，则是情安礼也”(《修身》)。道德行为无须任何外在的、他律的勉强，而是一种自律且专一的由内而外的自然而然地表达。荀子以一个“常”字极好地刻画出了君子这种由“知道”而体现出的恒常的、自觉的道德行为：

> 天有常道矣，地有常数矣，君子有常体矣。君子道其常而小人计其功。……德行厚，知虑明，生于今而志乎古，则是其在我者也。故君子敬其在己者，而不慕其在天者；小人错其在己者，而慕其在天者。君子敬其在己者而不慕其在天者，是以日进也；小人错其在己者而慕其在天者，是以日退也。故君子之所以日进与小人之所以日退，一也。君子小人之所以相县者在此耳。(《天论》)

在此，君子“道其常”“敬其在己”“不慕其在天”以及“日进也”的表述都集中说明了一点，那就是：君子之所以为君子，就在于君子无论在何种情况下都自强不息，奋发进取，依靠自己的力量对道负责到底。而小人则相反，小人计一时之功，心存侥幸，懈怠放纵，不知求己却“慕其在天”。所以荀子说：“材性知能，君子小人一也。好荣恶辱，好利恶害，是君子小人之所同也，若其所以求之之道则异矣。”(《荣辱》)。就是说，在人生来就有的性情、资质以及向善之心上，君子与众人无异。而异处就在于君子之心能够“知道”，故能够本其知道之心

① 〔古希腊〕亚里士多德：《尼各马可伦理学》，廖申白译，北京：商务印书馆，2003年，第41页。

而自觉、坚定地践行此道。

事实上，由君子“至诚则无他事”“惟仁之为守，惟义之为行”，我们亦可以体悟到，君子“知道”，并非单纯表达为一种“知”，更直接连于“行”。也就是说，“知道”同时意味着“实现道”的活动。这正是儒家之“知”的完整意义，即既知则能行，知不仅是认知，还是实现道的一个过程。这无疑更加证明：就荀子而言，君子就是道的集中体现，这就如同荀子所说：“圣人也者，道之管也。”（《儒效》）在荀子看来，虽然圣人有别于君子，但在“知道”的层面上，两者是一致的。明乎此，我们即知道，在荀子这里，追求“道”的真理与追求君子或者说圣人的人格境界是一致的。荀子之“道”的意义所在，就在于君子当下现实中的一言一行上，乃所谓“无君子则道不举”“无君子则天地不理”（《王制》）。

二、由学而知道的君子塑成之路

既然君子当下之一言一行即是“道”。那么，君子之人格境界的实现，就意味着道之真理的达成。前已指出，君子之所以为君子，就在于君子（之心）“知道”。那么，接下来的问题就是：君子（之心）如何知道？请看荀子如是说：

> 人何以知道？曰：心。心何以知？曰：虚壹而静。心未尝不臧也，然而有所谓虚；心未尝不满也，然而有所谓一；心未尝不动也，然而有所谓静。人生而有知，知而有志，志也者，臧也；然而有所谓虚，不以已所臧害所将受谓之虚。心生而有知，知而有异，异也者，同时兼知之。同时兼知之，两也；然而有所谓一；不以夫一害此一谓之壹。心，卧则梦，偷则自行，使之则谋。故心未尝不动也，然而有所谓静，不以梦剧乱知谓之静。未得到而求道者，谓之虚壹而静。作之，则将须道者之虚则人，将事道者之壹则尽，尽将思道者静则察。知道察，知道行，体道者也。虚壹而静，谓之大清明。（《解蔽》）

荀子以“虚壹而静”为心“知道”之途径，即所谓“未得道而求道者，谓之虚壹而静”。荀子所说的“虚”，是指“不因已有的认识去妨碍将要接受的认识”[①]，就是永远对自己已有的知识保持一种不自满、不自足，永不止歇的学习新知识；“壹”，是指专一，不限于一隅一物，亦不以此一妨害彼一，即兼知的同时又能不使所知相互干扰而能专心对待其一；“静”是指静止，心不为梦幻、杂思所妄动，而能长久地保持“壹”的状态。综言之，所谓“虚壹而静”，是指排除一切“成见”，不为心外之物所扰乱，不为物之表象所迷惑，使心保持一种宁静专一的状态。如此，心能知道，心合于道，即可达到大清明的境界，以至于“万物莫形而不见，莫见而不论，莫论而失位。坐于室而见四海，处于今而论久远。疏观万物而知其情，参稽治乱而通其度，经纬天地而材官万物，制割大理，而宇宙里矣”（《解蔽》），亦即君子乃至圣人的境界。故“‘虚壹而静’，即为得‘道’之道，而亦即是道。”[②]

值得注意的是，荀子并不认为，人具有不可丧失的“知道”的能力，于是我们就能凭此心自动“知道”，或者说心的“虚壹而静”的境界，可以当下自己呈现。事实上，如果想要心之能辨、向善之知能完全地发挥出来，而不至沉埋、梏亡，必须依靠不停地努力学习。也就是说，“学”是使心之能辨、向善之知能见其实功的前提和基础，即所谓“心虑而能为之谓之伪。虑积焉、能习焉而后成谓之伪”（《正名》）。如果说孟子的学是尽心以充分地发挥心之思的作用，收其放心，复其本心。荀子的学就是充分地发挥心之向善之知的能力，使心“虚壹而静”，以合于道。

学习的力量，对于“知道”之“心”的培养而言最为关键。正如《礼记·学记》所云：“玉不琢不成器，人不学不知道。”明乎此，我们即可理解，荀子一方面主张“为之，贯之，积重之，致好之者，君子之始也”（《王制》）。另一方面又认为：“圣可积而致，然而皆不可积，何也？曰：可以使而不可使也。故小人可以为君子而不肯为君子，君子可以为小人而不肯为小人。”（《性恶》）在荀子看来，心能否合于道，或者说能否成为君子乃至圣人，完全是我们自我改造、自我修养的结果。故荀子有言：“故人谨注错，慎习俗，大积靡，则为君子矣；纵性情而不足学问，则为小人矣”（《儒效》）；依荀子，这种“为”“积”等的自我修养历程就

---

① 北京大学《荀子》注释组：《荀子新注》，北京：中华书局，1979 年，第 352 页。

② 唐君毅：《中国哲学原论·原道篇》上册，北京：中国社会科学出版社，2006 年，第 250 页。

是“学”。在孔子那里，学有广、狭两种含义，荀子亦然。广义的学，是指包含行、思等在内的君子之学，为道之学；而狭义的学则主要指学文。“在早期儒学的发展历程中，孔子学的思想在荀子这里开始得以接着讲，并在理论上卓有建树。”①

荀子的为道之学、君子之学，正承孔子为学之传统，孔子说：“君子博学于文，约之以礼，亦可以弗畔矣夫。”(《论语·雍也》)荀子亦云：“君子博学而日参省乎己，则知明而行无过矣。”荀子所谓“博学”，不是一种没有限制的遍知遍学，而是一种一以贯之的为己之学。孔子说：“女以予为多学而识之者与？……予一以贯之”(《论语·卫灵公》)；“古之学者为己，今之学者为人”(《论语·宪问》)。荀子则依循孔子之意作了进一步地论述，乃所谓：“君子之所谓知者，非能遍知人之所知之谓也”(《儒效》)；“学也者，故学一知也”；“古之学者为己，今之学者为人。君子之学也，以美其身”(《劝学》)。

荀子为道之学的主要内容，总结来看，就是“化师法”“积文学”以及“道礼义”，这正是成为君子的必由之路，乃所谓“今人之化师法，积文学，道礼义者为君子”(《性恶》)。在这三者之中，荀子认为，最重要的就是化师法，即近贤师：“学莫便乎近其人。学之经，莫速乎好其人，隆礼次之”(《劝学》)；“故枸木必将待檃栝、烝、矫然后直；钝金必将待砻、厉然后利；今人之性恶，必将待师法然后正，得礼义然后治。”(《性恶》)在荀子看来，学习只有依靠师法的力量才能取得相应的成效，对礼的学习亦是如此。因此，如徐复观所指出的：“师在荀子的教育思想中，居于中心地位。”②孔子曾明确要求学生到有道者那儿去匡正自己，乃所谓“就有道而正焉”(《学而》)。荀子更是认为，若没有师，就没有礼，亦无所谓道。而其原因，正如唐君毅先生所指出的：“天地君亲师之所以终于师者，正以惟师乃能成终而成治。使人类之历史文化相续，教孝教忠，教法天地，皆师之任，无师则天地君亲，皆失所凭依，而人道几乎息矣。”③荀子下面这段话可谓将此意思表达得非常清楚。

① 王楷：《天然与修为——荀子道德哲学的精神》，北京：北京大学出版社，2011 年，第 147 页。

② 徐复观：《中国人性论史·先秦篇》，北京：九州出版社，2014 年，第 228 页。

③ 唐君毅：《中国文化之精神价值》，南京：江苏教育出版社，2005 年，第 190-191 页。

> 礼者，所以正身也；师者，所以正礼也。无礼何以正身？无师，吾安知礼之为是也？礼然而然，则是情安礼也；师云而云，则是知若师也。情安礼，知若师，则是圣人也。故非礼，是无法也；非师，是无师也。不是师法，而好自用，譬之是犹以盲辨色，以聋辨声也，舍乱妄无为也。（《修身》）

“积文学”与“道礼义”，这本来也是孔子“文”与“行”的为学内容，荀子更具体而微地将其发挥出来。所谓“积文学”，即荀子所说的“始乎诵经，终乎读礼”。具体来说，主要指的是对《诗》《书》《礼》《乐》《易》《春秋》这“六经”的学习。“六经”是一套经由孔子删定、修正等工夫而成的完整文化系统。荀子非常重视对“六经”的学习，他认为“六经”无所不备、囊括天地理：“故书者，政事之纪也；诗者，中声之所止也；礼者，法之大分，类之纲纪也。故学至乎礼而止矣。夫是之谓道德之极。礼之敬文也，乐之中和也，诗书之博也，春秋之微也，在天地之间者毕矣。”在《大略》篇中，荀子亦强调对经典的学习要犹琢玉器般仔细认真，乃所谓“人之于文学也，犹玉之于琢磨也”。对经典的学习固然十分重要，但只是学习经典并不能使我们“知道”。前文也已指出，君子“知道”，并非单纯表达为一种“知”，更直接连于“行”。换句话说，想要实现“终乎为圣人”终极为学目标，就必当“道礼义”，即“行礼义”“行其所学”。故荀子有言：

> 不闻不若闻之，闻之不若见之，见之不若知之，知之不若行之。学至于行之而止矣。行之，明也。明之为圣人。圣人也者，本仁义，当是非，齐言行，不失毫厘，无它道焉，已乎行之矣。故闻之而不见，虽博必谬；见之而不知，虽识必妄；知之而不行，虽敦必困。不闻不见，则虽当，非仁也，其道百举而百陷也。（《儒效》）

在荀子看来，基于学习发展出来的实际的人生知识和智慧，都必须表现在“行”上。“学至于行之而止矣”一语，明示荀子视“行”为求知的最后目标。就荀子而言，“行”不仅是求知的最后目的，还是一种生命的状态——“君子之学也，入乎耳，著乎也，布乎四体，形乎动静”（《劝学》），甚至是一种人格的境界——“行之，明也。明之为圣人”。所以，人不但要知，更要行，知只有落实到行上，才真正具有价值。综言之，“积文学”与“道礼义”在君子人格的塑成上是互赖的、相成的。

在荀子看来，无论是化师法、积文学还是道礼义都不是一蹴而就的事情。也就是说，想要成为君子，必须为此付出终身的努力，这其中最需要的就是学而不厌、锲而不舍的勤学精神和坚强意志。荀子说：

> 积土成山，风雨兴焉。积水成渊，蛟龙生焉。积善成德，而神明自得，圣心备焉。故不积跬步，无以至千里；不积小流，无以成江海。骐骥一跃，不能十步；驽马十驾，功在不舍。锲而舍之，朽木不折；锲而不舍，金石可镂。蚓无爪牙之利，筋骨之强，上食埃土，下饮黄泉，用心一也。蟹六跪而二螯，非蛇蟮之穴无可寄托者，用心躁也。故无冥冥之志者，无昭昭之明；无惛惛之事者，无赫赫之功。（《劝学》）

荀子认为，就学习而言，起点并不重要，重要的是"锲而不舍""金石可镂"的坚韧不拔的意志力和"用心一也"的始终如一的目标指向。荀子坚信，只要"专心一志，思索孰察，加日县久，积善而不息"则终能"通于神明，参于天地矣"（《性恶》）。故"学不可以已！"（《劝学》）

总之，荀子虽不直接以性善言道，但他仍然是一位忠实的儒者，坚信人有成就自我的先天倾向和能力——心之向善之知能，且荀子认为人的这种向善之知能也为人固有的本性。因此，根本而言，荀子之知识论亦是一套完整而连贯的"性道"之学：道根源于人之向善之心知，更严格来说，是君子之心知，君子当下所呈现的一言一行即是道之体现。荀子之知识论与孔孟最大的不同之处亦于其中透显出来，即孔孟之道依靠的是仁性本心，而荀子之道依靠的却是心知的能力或者说人之理性。而如此也势必决定了依靠人之理性而彰显的荀子之道与孔孟之道相较，更加具有理性化、外在化和实用化的特征，故荀子以"礼"为人道之极即在情理之中了。在荀子这里，"礼"意味着合理的人情文饰和确定的社会秩序，依礼循礼不仅个人心灵可得到满足，良好的社会规范与伦理法则亦可得以实现。总的来说，荀学与孔孟之学的分别是有限的、相对意义的，而其思想和精神的共通性才是根本的、具有决定意义的，即儒学坚信人能够成为一个充分的主体，人能够依靠主体自身，达到终极和完美的境界，实现"内圣外王"之人生理想。

第六章 《易传》的知识论思想

先秦儒家知识论之中心思想，不外由主体心性之不断修持，使自己心灵纯净光辉，以求自我尽性的过程中，成就宇宙之万般生命，以求最终实现宇宙人生之道。《易传》之知识论思想正是这一儒家传统的承继与发展。同时，《易传》在先秦儒家知识论体系中有独特之价值，究其缘由，在丁其不仅吸收与融合各家思想，而且将各家思想从根本上进行了转化，使之与儒家思想之旨趣不相违背，而相合无间。

第一节 《易传》思想之定位

《易经》原本是一部卜筮之书，其卦辞爻辞主要用于解释人生之吉凶祸福以及自然之天文星象等，初并不含高深之哲学意义。赋予《易经》以哲学意义的是《易传》，包括《彖传》上下、《象传》(《大象》《小象》)、《系辞》上下、《文言》、《说卦》、《序卦》、《杂卦》共十篇，称为“十翼”。《易传》之作者及流派归属问题一直是易学研究领域的重要议题之一，这关系到《易传》之思想定位，即《易传》代表的究竟是儒家、道家、其他家抑或是自成一家的问题。因此，笔者以为，在系统讨论《易传》的知识论思想之前，对《易传》之作者及学术流派问题作一个扼要的梳理是必要的。

《史记·孔子世家》云：“孔子晚而喜《易》，序《彖》《系》《象》《说卦》《文言》。

读《易》，韦编三绝。曰：'假我数年，若是，我于易则彬彬矣。'"[①]《汉书·艺文志》亦云："孔氏为之《彖》《象》《系辞》《文言》《序卦》之属十篇。故曰《易》道深矣，人更三圣，世历三古。"[②]这些史籍记载表明，在汉人看来，《易传》与孔子有着密切的关系。到了唐代，孔颖达在《周易正义》中坚定地宣称："其《彖》《象》等"十翼"之辞，以为孔子所作，先儒更无异论。"[③]孔颖达对《易传》的评论进一步表明，约一千年来，《易传》一直被视作是与孔子有着重要关系的儒家经典。宋代哲学家欧阳修首先对孔子作《易传》的观点提出质疑。欧阳修在所著《易童子问》中第一个提出《易传》并非孔子所作，且亦非一人之言。欧阳修以后，怀疑孔子与《易传》关系的声音渐渐多起来。近代以来，由于疑古之风的盛行，坚持孔子作"十翼"的学者已经十分稀少了。

不论《易传》是否为孔子所作，但其思想属于儒家传统却是大多数学者所认定的事实。牟宗三先生指出："十翼不必是孔子所作，但十翼出之于孔门，当可无疑。《易传》成一套玄思，代表孔门义理，这是确定的。"[④]徐复观先生说："我认为十翼不仅非孔子所作，而且十翼成立的时代先后，既不相同；即在一篇之中，其材料亦有时间先后之别。但十翼中所引的'子曰'，我都认为是孔门《易》学系统的人，所传承的孔子的话。"[⑤]冯友兰先生亦认为，"《易传》的十翼皆为孔子所作之传说，俱乏根据，《易传》之作者，非止一人"[⑥]，但他肯定《易传》乃儒家赋予《易经》以宇宙论意义的具体阐释。[⑦]《易传》系属儒家传统，大多数学者并无异议，但也有部分学者持否定意见。例如，陈鼓应先生认定《易传》为道家思想之代表者。他著《易传与道家思想》一书，详细地从万物起源

---

① (汉)司马迁撰，(宋)裴骃集解，(唐)司马贞索隐，(唐)张守节正义：《史记》，北京：中华书局，1963年，第1937页。

② (汉)班固撰，马晓斌译注：《汉书艺文志序译注》，郑州：中州古籍出版社，1990年，第6页。

③ (魏)王弼等著，(唐)孔颖达等正义：《周易正义》，《十三经注疏》，上海：上海古籍出版社，1997年，第11页。

④ 牟宗三：《周易哲学演讲录》，上海：华东师范大学出版社，2004年，第3页。

⑤ 徐复观：《中国人性论史·先秦篇》，北京：九州出版社，2014年，第183页。

⑥ 冯友兰：《中国哲学史》上册，上海：华东师范大学出版社，2010年，第215-216页。

⑦ 冯友兰指出："《易经》本来是一部占卜的书，儒家赋予它以宇宙论、形而上学的意义，并且从宇宙论联系到伦理，进行阐释；这便是现在附于《易经》之后的'易传'。"(冯友兰：《中国哲学简史》，北京：生活·读书·新知三联书店，2009年，第183页)

论、自然循环论、阴阳气化论、天人一体观、变化发展观、乐天知命的达生观和刚柔相济说等各个层面出发，将其中所涉及的概念、范畴和命题与老庄、稷下道学、《黄帝四经》以及孔孟思想，进行体系化、全面化的对比论证，最终得出结论：“《易传》的哲学思想，是属于道家，而非儒家。”[①]王德有先生则以易属儒学的观点出自《史记》，已不足为凭为由，以易属儒家的归类方法纰漏众多，易属道家的观点不够充分为论证依据，得出了“先秦易学非儒非道，自为一家”[②]的结论。尽管持《易传》道家说以及持《易传》自为一家说，皆都有理有据，但都无法撼动《易传》属儒学传统典籍的定位。

笔者以为，虽然《易传》是否为孔子所作尚无定论，但孔子与易学有着密切的关系却是史籍备载的情实，要想一笔抹杀殊非易事。《史记·滑稽列传》中记载了孔子整理和修订《易》的一段话，所谓：“六艺于治一也。《礼》以节人，《乐》以发和，《书》以道事，《诗》以达意，《易》以神化，《春秋》以义。”[③]《论语》中亦记载了孔子学《易》的自述：“加我数年，五十以学易，可以无大过矣。”(《论语·述而》)这与长沙马王堆出土的帛书《要》中“夫子老而好易，居则在席，行则在囊”说法正相印证。凡此，尤能表明孔子与易学的密切关系。另外，《论语》中孔子亦分明有引用《易·恒卦》九三中“不恒其德，或承之修”之爻辞，来说明其人无恒德，便不必为之占卜，因这样的人常有羞辱承序其后，故即使为之占卜，亦将不准。事实上，重视“恒德”正是孔门易学传统的最大特征，由此而将易学发展成为一套发挥易理的系统化哲学。孔门易学的这一思想特色在《要》篇所记录的孔子读《易》的一段话中得到彻底昭揭，所谓：“《易》，我后其祝卜矣！我观亓(其)德义耳。幽赞而达乎数，明数而达乎德，又仁守者而义行之耳。赞而不达乎数，则亓为之巫。数而不达乎德，则亓之为之史。……吾求其德而已，吾与史巫同涂而殊归者也。”[④]“观其德义”“求其德而已”，朗显了孔子对于《易》的独到思致：将决定人之吉凶利害的因素成全在“德”的价值理性上，

① 陈鼓应：《易传与道家思想》，北京：中华书局，2015 年，第 3 页。

② 王德有：《易入儒道简论》，《哲学研究》1994 年第 3 期。

③ (汉)司马迁撰，(宋)裴骃集解，(唐)司马贞索隐，(唐)张守节正义：《史记》，北京：中华书局，1963 年，第 3197 页。

④ 邓球伯：《帛书周易校释》，长沙：湖南出版社，1996 年，第 481 页。

从而扬弃不可知的神秘占卜的命运观，而认定人的真正命运在根本上乃是由自身之道德所决定的。因此，《易传》反映的是典型的以自身德性为依归的“自成自道”的孔门理趣。这一理趣在《易传》中被表达为“乾道变化。各正性命，保合太和，乃利贞”（《易传·乾·彖传》，本章引《易传》只注篇名）。就是说，万物皆禀天所命，各自成就自己的本性和命运，最终成就大道，称之为“太和”。

当然，我们说《易传》乃儒家思想理趣之代表，并非意味着它的思想中纯粹只含有儒家思想。事实上，《易传》乃儒家在吸收各家思想的基础上所进行的综合性的宏观思考，只不过儒家在吸收的同时，将各家思想从根本上予以转化，以使之与儒家思想之旨趣不相违背，而相合无间。譬如，《易传》言“阴阳不测之谓神”（《系辞上》），这一“神”意指“神妙不可测度”，赞美的是阴阳变化之无穷复杂，这显然是老庄自然主义的思想。然《易传》中所谓“神”虽是道家自然生化的思想，然其意义又不止于此，儒家从本体论的高度上对其进行了升华，正所谓“神也者，妙万物而为言者”（《说卦》）。“神”不仅指本身的“神妙不可测度”，而且还指其能“妙用万物”的作用，这才是“神”的真正意义。也就是说，对于儒家而言，“神”的妙境，除非能够“妙用万物”，否则就不能称得上为“神”。“妙用万物”的“神”的作用就是圣人“化育万物”的实际功业，即所谓：“大而化之之谓圣，圣而不可知之之谓神。”（《孟子·尽心下》）显然，《易传》之所谓“神”彰显的是浓厚的儒家精神。《易传》对于道家宇宙论的吸收与转化亦如钱穆先生所言：“其镕铸庄老激烈破坏之宇宙论，以与孔孟中和建设之人生论凝合无间，而成为一体，实此期间新儒家之功绩也。”[①]又譬如，《易传》之言“崇高莫大于富贵”（《系辞上》），类似于当时游士崇尚富贵之说，而孔子分明说的是“不义而富且贵，于我如浮云”（《论语·述而》）；《乾·文言》言“利者，义之和也”，则明显含有墨家、法家重利思想的成分，而孟子分明说的是“王何必曰利？亦有仁义而已矣”（《孟子·梁惠王上》）。表面上看，《易传》之言利与富贵似与孔孟之旨相违背，实则不然。因为《易传》是以儒家之“仁义”为利与富贵之本原的，所谓“利者，义之和也”，虽重利，但根本上依循的还是孔子“见利思义”（《论语·宪问》）的主旨。而所谓“崇高莫大于富贵”，虽崇尚富贵，但崇尚

① 孙剑秋：《融通以达变：论钱穆先生对〈易传〉的诠释》，《周易研究》2005年第3期。

富贵却不是出于为私的个人动机，“崇高莫大于富贵”排比句首的“是故”二字明显地透露出了原因之所在，那就是“生大业”，即成就大事业。显然，这依然是以孔子“博施于民而能济众”（《论语·雍也》）的仁之目标为旨归的。因此，《易传》虽有取于各家为己所用，然底子里却是地地道道的儒家精神。

总之，成书于战国后期[①]文化交融与合流大背景下的《易传》，在承继孔孟传统思想的基础上，又必定与众多学派有相互融通之处。《易传》究竟在多大程度上吸收了道家和其他家的思想，不是本书的中心，笔者想要说明的最重要的一点是，《易传》在吸收各家思想的同时又对他们进行了儒家传统的转化。故我们不能因为《易传》深受其他家思想的影响就将其排除于儒家系统之外，而应当视其为儒学系统内的新发展或者说新形态。正如萧汉明所说：“既然人们普遍赞同黄老之学是道家的新形态，那么儒学的新形态自然也是不可忽视的。”[②]更何况儒学本是承前启后之学，承前是继承，启后则是发展。所以，笔者以为，虽然《易传》各篇具体成书年代的最终结论尚有待进一步研究，但《易传》属于儒家典籍，殆无疑义。这样，我们将《易传》列为先秦儒家知识论之研究范围之内即可名正言顺，且探讨《易传》的知识论思想对于我们更加全面深刻地理解先秦儒家知识论思想也十分有益。

第二节 《易传》之道与性

先秦儒家自孔子言“朝闻道，夕死可矣”（《论语·里仁》），便奠定了“道”之儒家终极真理的地位。孟子言“天下有道，以道殉身；天下无道，以身殉道。未闻以道殉乎人者也”（《孟子·尽心上》），荀子言“道者，非天之道，非地之道，人之所以道也，君子之所道也”（《荀子·儒效》），皆是孔子“朝闻道，夕死可矣”的

---

① 关于《易传》的著作年代，自孔子作《易传》的传统看法遭受质疑之后，便成了一大悬案。陈启智认为：“无论坚持春秋末期，还是战国前期、中期以及晚期诸说，都有当代名家的论证成说。几乎不须考据，根据需要取用即可。”（陈启智：《论〈易传〉的学派属性——与陈鼓应先生商榷》，《周易研究》2002 年第 1 期）此说可从。

② 萧汉明：《关于〈易传〉的学派属性问题——兼评陈鼓应〈易传与道家思想〉》，《哲学研究》1995 年第 8 期。

注脚。《易传》作为儒家经典,其知识论之最高真理亦毫无疑问地指向"道",即所谓"形而上者谓之道,形而下者谓之器"(《系辞上》)。以下详细论之。

一、"一阴一阳之谓道"

《易传》中言道之处颇多,譬如,乾道、坤道、君道、家道、夫妇之道、昼夜之道、神道、君子小人之道等。归结来看,就是《易传·系辞上》所说的"三极之道",也称为"三才之道",即天、地、人三才之道:

> 《易》之为书也,广大悉备,有天道焉,有人道焉,有地道焉。兼三才而两之,故六。六者,非它也,三才之道也。(《系辞下》)
>
> 昔者圣人之作《易》也,将以顺性命之理。是以立天之道曰阴与阳,立地之道曰柔与刚,立人之道曰仁与义。兼三才而两之,故《易》六画而成卦;分阴分阳,迭用柔刚,故《易》六位而成章。(《说卦》)

值得注意的是,三才之道并非是说有三个不同的道,而是"道"的三种表现形态。《易传》之"道"具有根源性与整体性的真理意义,即所谓"形而上者谓之道,形而下者谓之器"(《系辞上》)。这里所谓的"形而上",正是对"道"为真实本体或者说形上实体的贞认。那么,这一真实本体之道的内涵是什么?笔者以为,《系辞上》中的一段话可视作对《易传》之道的最深切的体认,即所谓:

> 一阴一阳之谓道,继之者善也,成之者性也。仁者见之谓之仁,知者见之谓之知,百姓日用而不知,故君子之道鲜矣!显诸仁,藏诸用,鼓万物而不与圣人同忧,盛德大业至矣哉!富有之谓大业,日新之谓盛德。生生之谓易,成象之谓乾,效法之谓坤,极数知来之谓占,通变之谓事,阴阳不测之谓神。(《系辞上》)

"一阴一阳之谓道"的道,即《乾·彖传》所说的"乾道",也就是"乾元之道"——"大哉乾元,万物资始……乾道变化,各正性命"。万物皆由乾道之变化而生,这一"乾道"亦即《中庸》所说的"生物不测"的天地之道。"一阴一阳",是指阴阳二气交替变化的情形,阴进则阳退,阳进则阴退,阴阳交替,循环不已,以成其宇宙万物的化生,即所谓"天下同归而殊途,一致而百虑……日往则月来,月往则日来,日月相推而明生焉;寒往则暑来,暑往则寒来,寒暑相推而岁成焉。往者屈也,来者信也,屈信相感而利生焉”(《系辞下》),故称之为“一阴一阳之谓道”。也就是说,道就在阴阳一进一退的交替过程中呈现出来。若没有一阴一阳的变化情形,也就无法呈现道的大化流衍。故程颐说“离了阴阳,便无道”①。而同时,离了道,则更无阴阳。之所以能够一阴一阳、循环不已、生生不息,靠的是道。故程颐又说:“所以阴阳者,是道也。”②显然,“一阴一阳”与“道”相即不离,“道”为形上之体,“一阴一阳”则为道之形下之用。

“一阴一阳”说明道是动态的、永恒的、生生不已的。这一点,从乾坤变易上也很清楚地表现出来。《系辞上》说:“阖户谓之坤,辟户谓之乾,一阖一辟谓之变,往来不穷谓之通。”从卦象上讲,“乾”“坤”分别代表阳卦和阴卦——“乾,阳物也,坤,阴物也。”(《系辞下》)乾坤两卦要通过阴阳二气来表现,故所谓的“一阖一辟”,即是“一阴一阳”,乾坤两卦开合互易,即是阴阳二气的交感变化。阴阳二气交感变化之无穷无尽,就能保证万事万物先后相续,往来相接,此之为“通”,乃所谓“一阖一辟谓之变,往来不穷谓之通”。万物先后相续,往来相接,就能失而复得,使宇宙生命之大化流衍绵延长存,永不枯竭,此之谓“久”。这正是《系辞下》所说的“穷则变,变则通,通则久”的意思。

“一阴一阳之谓道”或者说“乾道变化”呈现了道之生生不已的变易性、无限性、悠久性的意义,这样一种道显然具有宇宙生成论的含义。但是,《易传》之道并没有仅停留在宇宙生成的层面,而是含有更高层面的“道德本体”的意义。紧承“一阴一阳之谓道”的后面一句“继之者善也”即很好地证明了这一点。“继之者善也”,意指“道”为善的源头,唯有道本身是善的,才能说秉持此一道的就是善。那么,道的这一善的德性指的是什么呢?这就是《易传》所说的“显诸仁”。正是“仁”的力量才能使阴阳气化的生育万物一直持续下去,生生不已后面的根据和发动力是“仁”,这是最高的善。这就等于《中庸》所说的:“天地之道,可一言而尽也:其为物不贰,则其生物不测。”天地之道有“为物不贰”和“生物不测”两面,“为物不贰”代表的是天道精纯精诚的本质一面,是体;“生物不测”代表的是阴阳气化循环不已、生生不息的一面,是用。真正能呈现

① (宋)程颢、程颐:《二程遗书》,上海:上海古籍出版社,2000年,第208页。

② (宋)程颢、程颐:《二程遗书》,上海:上海古籍出版社,2000年,第208页。

道的是“生物不测”，但使它所以能够“生物不测”的则依靠的是“为物不贰”。所以《中庸》说的是“其为物不贰，则其生物不测”，而不是“其为物不贰，其生物不测”。一个“则”字显示出的明显因果关系，使宇宙万物之所以生生不息，其根本原因在于天道本质纯然至善的理趣得到彻底昭揭。这一理趣在《易传》这里，被“继之者善也”一语鲜明地点出。这一语的点出是至关重要的，这是天道生化万物而育之、统之，成就生机盎然的宇宙大千世界的一个根据。“作《易传》的人，若不点破此一句，则宇宙的生生不息，可能只是某种势力的盲目冲动；由盲目冲动的结果所形成的万物，自然也是一种盲目冲动的混沌世界。作《易传》的人，有‘继之者善也’这一句的典型，便顿觉宇宙间的一切皆朗澈和谐，所生生者不仅是物质，而实际也是价值。”①

值得注意的是，我们已经指出，道之体与用是分不开的。天道的纯然至善之“仁德”，若不经由生生不已的创生活动作用于万物，那么天道之仁便成为一个抽象的悬挂体，天何以生万物的必然与充足理由也就不会被了解，而天与人也必然有隔。故人只能通过天之生生不息的活动来认识和彰明天道之仁，这正是《易传》所说的“一阴一阳之谓道”的含义。而接踵而至的“继之者善也”，则更加彰明了天人不隔的境界。很明显，“仁”与“生生”的意义是交相涵摄的，“仁”即是“生生”，“生生”即是“仁”。由此我们可以了解，何以《易传》云：“天地之大德曰生。”（《系辞下》）由此，我们亦可以了解《易传》所云的“显诸仁，藏诸用”的意义的深切：道显之于仁，藏之于生生之用，而生生之用正是仁德之实功，故仁用一体，凝合无间。

“成之者性也”，就是说，道由性而成就。何谓性？《易传》中并未对性为何物作出清楚的解释，但性是由生而来的这一点却是至明的：“生生之谓易，成象之谓乾，效法之谓坤。”“夫《易》广矣大矣，以言乎远则不御，以言乎迩则静而正，以言乎天地之间则备矣。夫乾，其静也专，其动也直，是以大生焉。夫坤，其静也翕，其动也辟，是以广生焉。广大配天地，变通配四时，阴阳之义配日月，易简之善配至德。”这显示出万物皆由乾坤变化而生，而万物有生即有性。这表明生蕴含着性，性与生俱存，性是万物之生而成的现象和结果。然而，万

① 徐复观：《中国人性论史·先秦篇》，北京：九州出版社，2014年，第187页。

物之所以能生而有性,并不是由于天的恩典,而是因为万物之本性原本就是按此被赋予的。也就是说,性同时蕴含了生。天道的纯然至善之“仁德”,经由生生不已的创生活动作用于万物,从而成为万物生命中的性。这样,万物也就内在的蕴含了孕育生命的力量。“乾道变化,各正性命,保合太和乃利贞”(《乾·彖传》),《易传》把这个思想清楚地表达出来了。万物的运行都是自成自道的,这意味着:宇宙万物具有内在的生命力和创造力。《易传》言“各正性命”而不言“正其性命”,意旨正在强调万物内在孕育的生命力量。这一点由孔子言“百物生焉”而不言“天生百物”,亦可得已明证。这说明万物之生不只是天的意志的行使,更是发自万物本身内在的力量,即发自“性”。性因之有创造生命的潜力,不仅成就万物的“生”或存在,且成就万物的各种本性或性能。譬如说,桌子之所以成为一个桌子,狮子之所以成为一头狮子,是因天之生,亦是物之本性使然,因物性之不同,乃有不同的物类或物群,这正是《易传》中所云的“方以类聚,物以群分”的思想。

就人而言,亦是如此,人之生不仅是因天之命,更是因人之性。易言之,人性是基于人之生自内引发出来的。人性不仅成全人的存在,还规定了人之为人的本质——“仁”。《说卦》所说的“立人之道曰仁与义”,即明示天赋予人以仁义的本性,这是人性所不同于其他万物之性的特殊性之所在。先秦儒家认为,人是一种道德的存在,而道德可以修持培养、发扬光大,承担起维护宇宙之生命大化流行、生生不息的使命。这无疑表明,道不是别的,而是人性的完美实现。这就是《易传》所说的“成之者性也”的含义。《中庸》所说的“率性之谓道”,孟子所说的“仁也者,人也;合而言之,道也”(《孟子·尽心下》),也是对道的这一意义的不同表达。成为圣人就是完成了性的完美性的理想。故圣人的道德极致境界就集中地体现了道。如《乾·文言》所说:

> 夫大人者,与天地合其德,与日月合其明,与四时合其序,与鬼神合其吉凶。先天而天弗违,后天而奉天时。天且弗违,而况于人乎?况于鬼神乎?亢之为言也,知进而不知退,知存而不知亡,知得而不知丧,其唯圣人乎?知进退存亡而不失其正者,其唯圣人乎。

圣人与天地合其德,圣人之德即是天地之德。圣人便成为宇宙的共同创造者,如《中庸》所描绘的那样“参天地之化育，与天地参”。而圣人这样一种“参天地之化育，与天地参”的活动的体现赖于现实生活中的道德行为，这就是《易传》所说的“精义入神，以致用也”（《系辞下》），这里所说的神的境界即是圣人“仁”的境界——“圣而不可知之谓神”（《孟子·尽心下》）。“精义入神，以致用也”，就是说人修持德性而达致圣人神妙的境界，就是要在现实中发挥效用，所谓“圣人养贤以及万民”（《颐·彖传》）；“圣人以通天下之志，以定天下之业，以断天下之疑”（《系辞上》）；“圣人成能”（《系辞下》）。这无疑证明，归根结底，《易传》之道是以“致用”来定位和说明的。

总之，在《易传》这里，道的真理或者说终极理想并非蹈空缥缈之神秘玄妙之事，而是人性的完美实现，即“成己成物”，即所谓“致用”也。

二、知性

“成之者性也”，彰明了道的全部意义可以在人性中体现出来。这不仅向我们完整地表现了道之意义，同时亦是一种“知性”境界的通体流露。这不难理解，因为道的全部意义可以在人性中体现出来这一论断，基于这样一个自觉意识，即人性是天所赋予的，人性分享了天的本性。换言之，人性与天道同体同质，人性乃直承天道之仁德。此即《中庸》所说的“天命之谓性”。而这种对人性的自觉意识就是所谓的“知性”。唯有我们对此有深切的体认，才能进一步了解人性的实现就等于完成了天所赋予的使命，即完成了天道，这就是中庸所说的“率性之谓道”。由此我们可以知道，“成之者性也”的说法实已内在地包含了“知性”的境界。

在儒家传统里，万物之性皆由天生而来，并不必然地意味着万物之性皆在同一个层级上。相反，性是有层级上的灵明高下的。儒家坚信，作为“天地之心”（《礼记·礼运》）的人，其人性是最高级、最完备充足的，性之创造生命的潜力在人这里亦达到了最高峰，故人可以践行，可以弘道，终极真理可以由每个人的人性实现。正如唐君毅先生所说：“万物中惟有人独能‘穷理尽性’，以达于其性命之原而‘至于命’。”[①]人性从其潜力上说正是这种终极真理的本真体

① 唐君毅：《中国哲学原论·导论篇》，北京：中国社会科学出版社，2005年，346页。

现。正是基于此,《易传》将人道与天地之道并列为“三才”,所谓“是以立天之道,曰阴与阳;立地之道,曰柔与刚;立人之道,曰仁与义”(《说卦》)。

所谓“知性”,就是对自我一独一无二之性体的清楚认识。展开来说,即认识到人性本身就有自我贞定、尽性至命的潜能,人如果能够实现自己的潜能,则不但完成了自我,亦同时完成了天性。先秦儒家所说的这种“知性”的境界,并不是一种主观臆测,也不是一种信仰,而是一种可以被体验到的真实,是圣贤们在艰苦卓绝的道德功夫中所获得的深刻体悟。例如,孔子的“五十而知天命”(《论语·为政》),正是通过其“下学而上达”(《论语·宪问》)的不已努力才实证实知的。《中庸》的“知性”境界是需要人的“择善而固执之”的坚持不懈的道德实践功夫才能达到的。孟子所说的“知性”境界,也必须通过“尽其心”(《孟子·尽心上》)才能获得。这无疑表明,“知性”境界的获得不是一件容易事,它是一个艰辛而持久的过程。

虽然“知性”的境界难以达到,但在实现道的意义上,它却是必要和必需的。在先秦儒家看来,人一旦“知性”,若不能全力以赴、自力更生地追求人性的实现是不可思议的,因为“知其性,则知天矣”(《孟子·尽心上》),这一点孟子早已清楚地指出。相反,一个人若“不知性”,想要指望他自觉努力地尽性以实现道之意义也是不可设想的。正如《中庸》所指出的那样,“诚身有道,不明乎善,不诚其身矣”。这意味着:在追求道的过程中,我们必须首先意识到,人性就是潜在的道,道的终极真理是可以通过人的日常道德实践实现的。这样,我们就可以彻悟,天与人的关系不再是一种创造与被创造的关系,而是一种相互协作的关系。因为人性决定了人有潜力成为一个“共同创造者”,能“德配天地,妙赞化育”。如此,人势必由内而发一种强烈的道德责任感和自觉意识,这种自我道德意识决定了人在求道的路上义无反顾。

但现实的问题是,很少有人能够真正地“知性”,也就很少有人能够理解道的真正意义。这就是孔子所说的“人莫不饮食也,鲜能知味也”(《中庸》),亦是孟子所说的“行之而不著焉,习之而不察焉,终身由之而不知其道者,众也”(《孟子·尽心上》)。《易传》对此也有明确的认识:“仁者见之谓之仁,知者见之谓之知,百姓日用而不知,故君子道鲜矣。”(《系辞上》)“百姓日用而不知”,“不知”就是不能觉知我们的本性,人们每天活在道中却茫茫然全然不知为什么这样活。当然这样一种生活也在一定程度上体现着“道”,因为百姓纵然不知,但天赋予我们的本性却不会因此而丧失,也不会因此而全然不发挥作用,否则日用生活将不复存在,人类种族亦早已灭亡。但“不知性”的生活,因为缺少由内而发的真诚的道德使命感与自觉主动的道德意识,道就永远不可能被真正的实现。具体而言,不能自觉此性,不仅无法自觉主动地扩展我们的仁心,甚至很有可能麻木不仁,成为自暴自弃的人[①],或者蓄意、假装为仁,成为伪善的“乡愿”。相反,“知性”是真正的道德意识和行为,是真正的善。它是对生命意义的体悟,是能从根本上杜绝被伪善遮蔽和污染的道德理性。自觉的、真正的善是在对天命人性有了自觉意识基础上的自我立法,它是绝对的、必然的、无条件的;伪善则是有条件的,是把善当作获得利益的手段或其他而被迫为之的他律意识和行为。康德认为:“要使某种东西在道德上成为善的,它仅仅符合道德法则还不够,而且它还必须为了道德法则而发生。”[②]而“知性”,便是由人之为人的道德本性而发的自觉的真正的善,是孟子的“由仁义行,非行仁义”(《孟子·离娄下》),故终能够引导个体生命取得最高的成就,实现道之意义。这就是《易传》所说的“成性存存,道义之门”,“成性”即“知性、尽性”的意思,人们将天道所赋予的性不断地扩充、修养,存而又存,如此,“道义”就自然从我们的性中体现出来了。

第三节 “穷理尽性以至于命”

先验的真理,如果超离人性,那绝不是《易传》的道。相反,实现道的唯一方式就是渗透到我们的人性根基中去,去充分地体现人性。如是,该怎样充分的实现人性?在先秦儒家这里,虽然人生的价值在于自我尽性,与天道合一,然自我对于性道之觉悟实际上是由学习的艰辛过程所实现的。也就是说,为学求知是体现人性所蕴含的终极意义的基础和关键。这一理趣被《易传·说

---

① 《孟子·离娄上》记载:“言非礼义,谓之自暴也;吾身不能居仁由义,谓之自弃也。”

② 李秋零主编:《康德著作全集》第四卷《道德形而上学的奠基》,北京:中国人民大学出版社,2005年,第397页。

卦》鲜明地表述为"穷理尽性以至于命"。

一、君子"仁以行之"

前文业已指出，在先秦儒家这里，真理之道的全部意义可以在人性中体现出来，即道之意义完全奠定在道德价值主体的基础之上。值得注意的是，这个道德价值主体，从本体论上看，是具有天赋人性的人，乃所谓"仁者，人也"(《中庸》)。但从实际的意义上来看，这个道德价值主体的角色却不是人人都可以担当的，而是限定在"君子"身上。这是因为，虽然每一个人都天生地拥有能够体现道的性，但却不是人人都能够开拓此性。此性未被开拓之时，它只是天然地存在着，像一个潜在的幽闭体，无法真正地彰明道之意义，只有此性得以不断地开拓，我们才能够实现道。而此性得以开拓的前提是"知性"，正如我们业已指出的那样，唯有知性才能尽性，道之意义的绽放基于"知性"境界的达成。而君子正是"知性"的亲证，"不知命，无以为君子也"(《论语·尧曰》)，君子的这一规定性特征早已被孔子指明。孔子虽不多讲性，但性乃天所命，知命即是知性。

显然，从孔子开始，道之真理的追求便有了主体性基础的限定，这一主体性基础，乃以"君子"名之。唯君子能致道的思想在先秦儒家思想中俯拾即是。例如，"夫义，路也；礼，门也；惟君子能由是路，出入是门也"(《孟子·万章下》)；"人之所以异于禽兽者几希，庶民去之，君子存之"(《孟子·离娄下》)；"无君子则道不举"(《荀子·致士》)；"无君子，则天地不理，礼义无统，上无君师，下无父子，夫是之谓至乱"(《荀子·王制》)。很明显，"君子"之于先秦儒家而言，是一个特殊的存在。因为，只有君子能够实现人性中所蕴含的终极意义。先秦儒家之所以如此重视"君子"，将君子视为终身追求的理想人格，我想原因大约在此。

《易传》亦尤其注重"君子"。我们不难发现，《易传》在诠释《易经》的思想上，明显地加重了君子的分量。《易经》中"君子"一词出现了约20次，而《易传》中"君子"的出现频率则高达90余次，且六十四卦的《大象传》中有五十三卦的"大象辞"都是用"君子以"来造句。《易传》如此强调君子，这实际上也可视作《易传》为儒家经典的又一个有力证明。《易传》虽未对君子的概念做一个明确说明，但实际上，《易传》中的君子与孔、孟、荀心目中的一样，是对人性有自觉意识的人。这一点在《易传·文言》中表达得十分清楚：

君子以成德为行，日可见之行也。（《乾·文言》）

君子学以聚之，问以辨之，宽以居之，仁以行之。（《乾·文言》）

此处，“君子以成德为行”与君子“仁以行之”是同一个意思。“成德”，指的就是对仁之性体的自觉与体认，即“知性”。“成德为行”“仁以行之”实际上也就是孟子所说的“由仁义行”（《孟子·离娄下》）。对人性之仁的自觉是“由仁义行”或者说“仁以行之”的充分且必要的条件，正如程子所说：“学者须先识仁”（《二程全书·遗书二上》），若不能自觉此仁，则不可能“仁以行之”，故“仁以行之”的说法实以预设了“知性”境界的达成。“仁以行之”，彰明了君子由知仁而行仁的致道路径。《易传·坤·文言》中的下面另一段话，把君子“知性而尽性”的本质特征说得更为明朗：

君子黄中通理，正位居体，美在其中，而畅于四支，发于事业，美之至也。（《坤·文言》）

这一描述与孟子对君子“知性”而自足圆满境界的描述简直是若合符节：“广土众民，君子欲之，所乐不存焉。中天下而立，定四海之民，君子乐之，所性不存焉。君子所性，虽大行不加焉，虽穷居不损焉，分定故也。君子所性，仁义礼智根于心。其声色也，睟然于面，盎于背，施于四体，四体不言而喻。”（《孟子·尽心上》）此处，《易传》所说的君子“美在其中”实际上就是孟子所说的“君子所性，仁义礼智根于心”，也就是君子认识到人天生就有仁义礼智之性。不然《易传》何以言“美在其中，而畅于四支，发于事业，美之至也”？“美在其中，而畅于四支，发于事业”正是知性而尽性的道德实践活动，君子正是由所自觉到的仁的本体之性而走进道之意义的澄明之路的。若没有对自我本性的自觉，又怎能“畅于四支，发于事业”，又何美之有？显然，《易传》中的君子承继了孔子对于君子的独特性的规定，即“知性”。

依照《易传》的教导，以天地为法塑造我们自身，我们就应当“自强不息”，然而现实生活中，做到“自强不息”谈何容易？“自强”意味着自己依靠自己，而不依赖于任何外在力量，“不息”意味着永不止息的奋斗历程。这不是人人能够做到的，而唯有君子能之，乃所谓："天行，健。君子以自强不息。"(《乾·象传》)君子知道，实现道的可能性根植于每个人的本性之中，因而我们除了自力更生，别无依靠，故君子"自强"；君子亦知道，道不是当然之事，要充分地实现我们的人性，即彰明此道是一个持久的、需要终身奋斗的过程，故君子"不息"。可以说，"自强不息"正是君子"知性"的突出表现。《晋·象传》所说的"君子以自昭明德"也是对君子知性以尽性的另一肯定。所谓君子，就是能够"自强不息"地发挥、开拓人性的人，从而使自己不仅实现自我，而且福惠万物。因之《坤·象传》说："地势，坤。君子以厚德载物。"《易传》对于君子之厚德展现得具体而全面。例如：

君子以慎言语，节饮食。(《颐·象传》)

君子以非礼弗履。(《大壮·象传》)

君子以立不易方。(《恒·象传》)

君子进德修业，欲及时也，故无咎。(《乾·文言》)

君子敬以直内，义以方外，敬义立而德不孤。(《坤·文言》)

君子以见善则迁，有过则改。(《益·象传》)

君子以顺德，积小以高大。(《升·象传》)

以上所引，仅系一小部分，事实上，谨慎知礼、勤奋努力、与时俱进、正直端方、积善改过等的君子之德在《易传》中可谓俯拾即是。这无疑表明，君子在任何时候都能够坚定不移地持守着他的人性，并不懈地开拓。君子之所以"自强不息""厚德载物"，并非因为君子有异于常人的能力，也不是某种神圣力量的干预，而是因为他们达到了知性的境界。也正因为君子知性，一切美好的德行在君子这里都是不足为奇的，因为所有的美德都是君子由内而外的自然流露。正如《坤·文言》所说的那样，君子"美在其中，而畅于四支，发于事业，美之至也"。

二、"穷理"以"尽性"

既然真理之道唯有对人性有着自觉意识的君子能够成之，那么如何知性以养成一位君子，便成为先秦儒家最关心的问题。孔子对这一问题有着明确的回答，那就是“下学而上达”（《论语·宪问》）。显然，在先秦儒家这里，君子对于人性的自觉，远非苦思冥想的结果，而是终身致力于学习的辉煌成就。这就是《易传·说卦》所说的“穷理尽性以至于命”。穷理就是穷知万物之理，“尽性”就是“知性”，就是对人性的自觉意识。我们已经指出，在先秦儒家这里，一个人知性就意味着他能自觉主动地存养性，实践性，“知性”与“尽性”是二而一的。故牟宗三先生以“尽性就是通过仁来了解你的性”[①]释之。所谓“至于命”，命乃天所命，至于命即是与天道合一。如此，“穷理尽性以至于命”的意思就明朗了，即穷理就能尽性，而尽性就能与天合一。显然，《易传》将君子尽性至命之事归结于“穷理”。

那么，何为“穷理”？从最终的意义上来看，“穷理”与“尽性”是一回事。“穷理”意味着穷尽万物之理而无所不知，如《易传·系辞上》所谓：“易，无思也，无为也，寂然不动，感而遂通天下之故，非天下之至神，其孰能与于此。”“尽性”则意味着完成自我以及完成他人、完成万物，即《中庸》所说的：“能尽其性，则能尽人之性。能尽人之性，则能尽物之性。能尽物之性，则可以赞天地之化育。”就此意义而言，“穷理”与“尽性”乃实指同一境界，即“知周乎万物而道济天下”（《系辞上》）的圣人境界。

然而，从现实的意义来看，“穷理”的关键地位取决于如下观念，即仁心无法当下呈露，学习知识、认识事物的真谛，是自觉与开拓人性的一个条件、一个前提。也就是说，“穷理”是尽性致道之路开启的关键。就此意义而言，不能将“穷理”简单解释成一个结果，而应看作一个过程。天下之理无穷无尽，我们难以做到完全地穷知万物之理，而是永远地处在穷理的过程中，故“穷理”实际上代表了一种认知方式。儒家坚信，在这一认知方式中，人们不仅能认识事物深妙之理，而且自身也能够得以转化和完善，并最终达到尽性至命之境界。换言之，虽然仁心本能寂然感通，即仁心本能“穷理”。因为《系辞上》所言的无思无为、寂然感通的易道正是人之心性的本体，然而在实际上，在我们的心能够认识一切事物的真谛之前，每一个人都必须经历一个如颜渊所谓的“欲罢不能，既竭吾才”（《论语·子罕》）的全力以赴的学习过程，这就是《中

① 牟宗三：《周易哲学演讲录》，上海：华东师范大学出版社，2004年，第89页。

庸》所谓的“自明诚”。

“穷理”作为一种认知方式能够使我们自觉本性，获得生命的终极意义。那么，“穷理”究竟意指怎样一种认知方式？或者说我们该怎样穷理？《易传》云：“古者包牺氏之王天下也，仰则观象于天，俯则观法于地，观鸟兽之文，与地之宜。进取诸身，远取诸物；于是始作八卦，以通神明之德，以类万物之情（《系辞下》）”；“仰以观于天文，俯以察于地理，是故知幽明之故”（《系辞上》）。很明显，《易传》将穷理的方法归结为“观”，认为通过“观”就能够“穷理尽性”。此处，“以通神明之德，以类万物之情”之说即足以为证。它表明《易传》之“观”的目的不在于自然规律本身，而在于通过对万物之观察，引导人们了解万物以及人心人性。《系辞上》亦说：“圣人有以见天下之赜，而拟诸其形容，象其物宜，是故谓之象。”“象”乃“象征”“形容”之意。圣人观法天道之变的幽深道理，模拟万物之象，是为了彰显万物“宜”的存在意义，也就是明万物“性命之正”，即观象明体。如《乾·象传》所说的“乾道变化，各正性命”。换言之，“观”所指向的不是物象的实证，而是以物象为载体或借用而喻指万物之“宜”，也就是天道“善”的性相神韵。[①] 人也在万物之中，故自然也引导人直指自我心性的明觉。

既然“观”能够引导人直指自我心性的明觉，那么这也无疑表明，《易传》所说的“观”，绝不仅仅是简单地以眼睛去观察天地自然之感应变化，更是用心去体悟与感通。成中英先生对此有着十分精彩的理解：“可以说‘观’是前理解的一种自然能力，它暗示了对事物的一种自然开放的态度。也可以把‘观’比作海德格尔的‘沉思’，在海德格尔的这个概念中，存在物或者事物将作为‘存在’的表现而被体验到。我们可以说，在这个意义上，它暗示了‘存在’的一种普遍观点，因为它提供了一种阐述的方式，使得事物能够被看见和发现。”[②]这就是说，“观”不是以一种身居局外的观察者的身份对天地万物进行客观的、无动于衷的研究，而是以一个局内参与者的身份，视自我为一个开放的体系，完全地

---

① 在《易》之各卦（除《剥》与《咸》两卦外）中，“宜”的意义全部由“中”“正”“当”这些名谓所落实。

② 〔美〕成中英：《论“观”的哲学意义与易的本体诠释》，《易学本体论》，北京：北京大学出版社，2006 年，第 89 页。

将心敞开去接受天人万物，并使之纳入心中，从而与之交感共鸣。换言之，在"观"的活动中，天人万物的生动形象不仅呈现在观察者眼前，更触动着观察者的心灵。如此，我们不仅能够通过"观"的活动更多的了解外在世界，而且也最终能够使我们的心灵得以净化，使无思无为之本心当下呈露，从而"感而遂通天下之故"(《系辞上》)。质言之，观不仅仅是一种观察，亦是一种透漏真实的能力，是穷理尽性通向天道的根本基础。

当然，观而感通并非易事，正如唐君毅先生所指出的那样："盖人之现有心知之恒定限于一定之时空之物，人同时既有对此一定时空之一定之物之执着，亦有对此一定之物之形象体质之执着。而人恒难于超出此所执着之一定时空、一定之物之形象体质，以遍观此物之感应其他之物，与由此感应而生之变化，而契于其中之无形无象之易道、神道。"①这就是说，人往往被一定局域内的一定事物局限，无法超越之。除此一原因之外，观而感通还需要发挥最敏锐的洞察力以察微知几。正如《系辞上》所说："唯深也，故能通天下之志。唯几也，故能成天下之务。唯神也，故不疾而速，不行而至。"能够极深研几，自然也就能够察知最精细微妙的事物了。但令人遗憾的是，极深研几这种最敏锐的洞察力独有圣人才能把它实现出来，常人很难做到。

我们在此似乎有点自相矛盾：既然独有圣人才能将观而感通体现出来，常人难以达到，那么为什么我们还要努力地追求穷理以尽性呢？的确，我们不难发现，在先秦儒家这里，不用说圣人的境界，就连君子的境界也是通常之人甚至是孔子最得意的学生颜回，也无法达到的人生境界。如孔子之感叹："圣人，吾不得而见之矣，得见君子者，斯可矣。"(《论语·述而》)这个事实意味着，现实中的君子是极少的。但同时，儒家又坚信人人都拥有相同的人性，每个人都能够通过学习或者说穷理的自我努力成为一名君子乃至圣人，这不是不切实际的玄想，而是能被经验到的事实存在。也就是说，纵然现实中的君子少之又少，但这种极高的境界却是真真正正地被人实现过，这便足以成为学者们道德奋斗的理由。只有足够的努力才能成为君子乃至圣人，这样一种强调意义重大，它意味着想要尽性至命，我们必须在学习的路上全力以赴。而且一个人只

① 唐君毅：《中国哲学原论·原道篇》上册，北京：中国社会科学出版社，2006年，第411页。

要完全献身于致道的人生理想，即使他的努力最终没有使他成为圣人，也可以将其看作是圣人了。

明乎此，我们即可以理解，儒家真正看重的是一个人自我努力的程度，永恒地“观”或者说“穷理”不一定能使一个人达致“尽性至命”的圣人境界，但它对一个人之人生价值来说意义非凡却是笃定的事实。

第七章 《大学》的知识论思想
——先秦儒家知识论思想之综合

孔子之知识论思想是仁智合一的整体知识论。“仁”代表人心的道德面，“知”代表人心的知识面，孟子对前者进行了系统而精微地发挥，荀子则尤为重视后者的作用，并对其进行了进一步引申和推展。《大学》既强调了知识的道德原则——“大学之道，在明明德，在亲民，在止于至善”，又肯定了知识的客观性和必要性——“致知在格物”，可谓是融合与沟通道德与知识的整体知识论。故《大学》的知识论思想既可以说是孔子仁智合一思想的自然发展，也可视作是孟荀知识论思想的深度综合。《大学》虽篇幅短小，言简意赅，却着实已道出中国知识论的最核心理念。

第一节 《大学》思想之定位

一般来说，深入理解经典文献的第一步是明确其思想之来源与传承，在此基础上，我们才能为其寻找到最好的诠释与理解的方法和途径。而对于经典之作者的确定无疑是达成此一过程的一条捷径。《大学》与《中庸》原同载于《礼记》，北宋时被列为儒家经典。《中庸》系子思所作，自《史记》及伪《孔丛子》起皆有此说，还算文献有征，但《大学》的作者却难以考证。程颢只说其为“孔氏之遗书”①，朱熹认定《大学》是出于曾子：“而此篇者，则因小学之成功，以著

① (宋)朱熹:《四书章句集注》，北京:中华书局，2011年，第2页。

大学之明法……三千之徒，盖莫不闻其说，而曾氏之传独得其宗，于是作为传义，以发其意。”①冯友兰则指出：“《大学》，朱熹以为系曾子所作，王柏以为系子思所作，盖皆以意度之，以前未有其说也。”②徐复观先生则干脆断言：“《大学》的作者问题，是无从解决的。”③很明显，我们想要通过对《大学》的作者的确定来考察其知识论思想的来源与承继是行不通的。

事实上，《大学》之作者问题既不可确证，亦无须细考。因为虽然明确《大学》的作者问题对于其知识论思想的诠释和理解有其意义，但正如我们业已指出的那样，对思想本身的理解才是知识论研究的基点。易言之，虽《大学》之作者，名不见称，为一千古憾事，然因儒学皆重承前启后之精神，故经由《大学》之思想主旨，我们亦未尝不可很好地理解《大学》之思想的来源与承继。《大学》云：

> 大学之道，在明明德，在亲民，在止于至善。知止而后有定，定而后能静，静而后能安，安而后能虑，虑而后能得。物有本末，事有终始。知所先后，则近道矣。古之欲明明德于天下者，先治其国；欲治其国者，先齐其家；欲齐其家者，先修其身；欲修其身者，先正其心；欲正其心者，先诚其意；欲诚其意者，先致其知。致知在格物。物格而后知致，知致而后意诚，意诚而后心正，心正而后身修，身修而后家齐，家齐而后国治，国治而后天下平。自天子以至于庶人，一是皆以修身为本。其本乱而末治者否矣。其所厚者薄，而其所薄者厚，未之有也。此谓知本，此谓知之至也。

此段所说，即为《大学》思想之主旨内容，即所谓“三纲领”——“明明德、亲民、止于至善”与“八条目”（“格物、致知、诚意、正心、修身、齐家、治国、平天下”）。在对《大学》之思想主旨做一基本了解的前提下，接下来我们对其思想之来源、承继及诠释与理解问题进行详细论之。

《大学》作为具有重要地位的儒家经典，对此一问题的讨论，聚讼纷纭，各执一词，主要集中在其与孔孟荀之学的关系上，即《大学》主要是来源与承继于

---

① （宋）朱熹：《四书章句集注》，北京：中华书局，2011 年，第 3 页。

② 冯友兰：《中国哲学史》上册，上海：华东师范大学出版社，2010 年，第 206 页。

③ 徐复观：《中国人性论史·先秦篇》，北京：九州出版社，2014 年，第 241 页。

孔子、孟子还是荀子的问题以及具体应当如何来诠释与理解《大学》之思想的问题。朱熹、冯友兰、徐复观、唐君毅四位先生的观点颇具代表性，为我们提供了讨论此一问题的基础。

朱熹在《四书章句集注》中引程子语曰："大学，孔氏之遗书，而初学入德之门也。"[①]他以为"某要人先读《大学》，以定其规模。次读《论语》，以立其根本。次读《孟子》，以观其发越。次读《中庸》，以求古人之微妙。《大学》一篇有等级次第，总作一处，易晓，宜先看。"(《朱子语类》卷一四)朱熹之意，《大学》对先秦儒家思想的体现既"定其规模"又"有等级次第"。具体来说，《大学》之"三纲领"——"明明德、亲民、止于至善"将先秦儒家思想高瞻综概，而"八条目"——"格物、致知、诚意、正心、修身、齐家、治国、平天下"，则又条理分明地将先秦儒家思想呈现出来。基于此，朱子以为学者应当将《大学》作为"初学入德之门"来进行学习与理解。

冯友兰先生认为："《中庸》大部分为孟学，而《大学》则大部分为荀学"[②]，"《大学》中所说'大学之道'，当亦用荀学之观点以解释之。"[③]他进一步举例说明：《大学》中"止于至善"与《荀子·解蔽》篇的"止诸至足"其义一也；《大学》中所说的"絜矩之道"，即《荀子·不苟》篇所说的"操五寸之矩，今天下之方"之道；《大学》所言"正心""心有所好"以及"心不在焉，视而不见，听而不闻，食而不知其味"则如《荀子·解蔽》篇所言"故人心譬如盘水，正错而勿动，则湛浊在下，而清明在上……则足以定是非，决嫌疑矣"；《大学》所言的"致知在格物"正是《荀子·解蔽篇》中"凡观物有疑，中心不定，则外物不清"一段所发之意。由此我们可以看出，冯友兰先生之所以认为《大学》大部分为荀学，当以荀学来理解与诠释之，乃是以《大学》与《荀子》中的诸多内容说法"其义一也"为其立说的根据的。

徐复观先生认为："《大学》虽亦受荀子的影响，但这是副次的、枝节的。其主要的立足点，当在孟学而不在荀学。"[④]其所述原因主要有二：一是从"大学"

---

① (宋)朱熹：《四书章句集注》，北京：中华书局，2011年，第2页。

② 冯友兰：《中国哲学史》上册，上海：华东师范大学出版社，2010年，第214页。

③ 冯友兰：《中国哲学史》上册，上海：华东师范大学出版社，2010年，第207页。

④ 徐复观：《中国人性论史·先秦篇》，北京：九州出版社，2014年，第251页。

这一概念上言，他认为，《大学》一语可视为是继承孟子"设为庠序学校以教之""学则三代共之"(《孟子·滕文公上》)的进一步发展。二是从《大学》的显著特征上来说，荀子虽重"统类"，然其主要是针对"礼"来说的，而大学之重思想之系统、综合的特点却是就心而言，是以心之明德明于天下。故《大学》显然是属于孟子以心为主宰的系统。基于以上理由，徐复观得出结论："对《大学》的解释，主要也应当以孟学为背景。孟学出于孔子、曾子、子思，亦即应当以先秦整个儒家思想，为了解《大学》的背景。"①

唐君毅先生所持观点与徐复观先生相近，他认为："大学之用名与其思想，虽或受有荀子及他家之用名与思想之影响，然其根本思路，则仍是上承孟子之学，而在吾人内在的心性之善上立根者。"②但同时他亦指明，《大学》乃综合孔孟《中庸》等学，可谓独具特色。例如，《大学》言为学之始终本末之关系虽本于孟子之"始条理""终条理"之意，然相形之下，孟子言为学却不似《大学》那般注重为学次第，而荀子言为学虽注重为学次第——"学始乎诵经，终乎读礼"(《荀子·劝学》)，然又不似大学之注重为学次第各义间的相生相成关系。故唐君毅先生总结道："大学之一文，吾人可谓之综述儒家之内圣外王之道，而以始终本末之概念贯之者。"③

以上四位学者的评论有理有据，颇具启发意义。笔者以为，朱子所谓《大学》"定其规模""有等级次第"以及唐君毅先生"综述儒家之内圣外王之道""以始终本末之概念贯之"的说法，可谓切中《大学》思想之最本质特点，即《大学》是对先秦儒家知识论思想的一个整体的理解，同时它又注重为学次第，故它对先秦儒家知识论思想的体现可谓既综合完整又条理有序。值得注意的是，朱熹认为《大学》定先秦儒家思想之规模固然深得《大学》思想之奥义，但他据此认为《大学》"易晓，宜先看"的观点却值得商榷。《大学》的困难在于，它虽然以"三纲领""八条目"的规模与框架，完成了先秦儒家思想合内外之道的整体建构，但它对于此"三纲领""八条目"的具体实践方法，却并未给出精细的解释。

---

① 徐复观：《中国人性论史·先秦篇》，北京：九州出版社，2014 年，第 251 页。

② 唐君毅：《中国哲学原论·原道篇》上册，北京：中国社会科学出版社，2006 年，第 358 页。

③ 唐君毅：《中国哲学原论·原道篇》上册，北京：中国社会科学出版社，2006 年，第 356 页。

例如，《大学》虽明确云“大学之道，在明明德，在亲民，在止于至善”，但对于什么是“明德”、什么是“亲民”、什么是“至善”，我们却无法从其中找到答案。事实上，笔者以为，《大学》之“三纲领”“八条目”既是一整体的理解，则所出必有其基础和标准。故我们不应如朱子一样，顺着《大学》讲《大学》，以《大学》为标准来规范儒家思想，即以《大学》来定孔孟荀以及《中庸》《易传》之思想。同时，我们也不能将《大学》之思想笼统地主要以荀学为标准来诠释与解释之。事实上，冯友兰先生也意识到《大学》中的思想亦有来源于其他儒家思想者。例如，他以为，《大学》所表达的以修身为齐家、治国、平天下之根本的思想，正与《中庸》所言“以人治人”“其则不远”的说法一致；《大学》所言“古之欲明明德于天下者，先治其国。欲治其国，先齐其家。欲齐其家者，先修其身”本于孟子所言“天下之本在国；国之本在家；家之本在身”（《孟子·离娄上》）。除冯友兰先生所举之外，徐复观、唐君毅先生亦补充说明，《大学》中的诸多思想受孟子思想之影响，远胜于荀子。

综上以观，说《大学》之思想来源与承继于孟学与荀学，固无可疑。但实际上，就《大学》之主旨思想而论，说其皆承继于孔子，未尝不可；说其承继于《中庸》《易传》，亦未尝不可。易言之，儒学是承先启后之学，又是一以贯之之学，而《大学》既然是对先秦儒家思想的整体理解，则其必将先秦儒家思想之主要内容一一囊括之而又整合发展之。例如，《大学》所谓“明明德”，既可视为对孔子“知天命”思想的承继，又可看作是对《中庸》之“尽性”、孟子之“知性”的引申与发挥。总之，《大学》之思想主旨是综合的，其基础是广泛的，故我们不能以《大学》为标准来理解先秦儒家思想，亦不能拘泥于某一个人的思想来诠释与理解《大学》，而应当循着儒家思想承先启后的发展脉络，以《论语》《中庸》《孟子》《荀子》《易传》入《大学》之始，以《大学》收先秦儒家思想之尾。正如牟宗三先生所说：“我们当该以《论语》《孟子》《中庸》《易传》作标准，用它们来规范《大学》。我们不能反过来以《大学》为标准来决定《论语》《孟子》《中庸》《易传》。”[①]这样，才能将《大学》中未明说的“明明德”“亲民”“止于至善”等思想之意义了悟清楚，也才符合《大学》之本末始终之旨。

---

① 牟宗三：《中国哲学十九讲》，长春：吉林出版集团有限责任公司，2010 年，第 74 页。

总而言之,《大学》为一综贯先秦儒家知识论思想而论之之大文精义。因而,作为先秦儒学奥义之集中体现的《大学》,完全可以透过孔孟荀以及《中庸》《易传》的思想来诠释和理解之。

第二节 先秦儒家由道、性、君子、学所构成的知识系统

综览前述《大学》思想之来源、承继以及诠释、理解问题之后,我们进一步仔细探讨其知识论思想之内涵与意义。先秦儒家知识论,自孔子始,即确定了其仁道之学的主要特质。具体来说,先秦儒家知识论不是器物经验之学,亦非纯思辨之学,而是根植于人性,通达着天道的性道之学。更严格来说,此性道之学是"性道合一"之学,亦可称为"天人合一"之学,此即《中庸》所说的"天命之谓性,率性之谓道",而"君子"是连接"性"与"道"的主体性基础和关键,此即荀子所说的"无君子则道不举"(《荀子·致士》),而连接的途径或方式则是"学",此即《论语》中所说的"君子学以致其道"(《论语·子张》)。由此而论,"道""性""君子""学"实际上构成了先秦儒家知识论思想的四个最重要的基本点,而《大学》作为对先秦儒家知识论之整体与综合的理解,其思想内涵与意义亦体现在对此四者的诠释、理解与引申、发挥上。以下笔者即对儒家知识论的四个核心概念"道""性""君子"和"学"一一进行分析,希望以这样的讨论让我们清楚地认识《大学》知识论思想之内涵与意义。同时,亦更好、更全面地将先秦儒家知识论的思想本质展现出来。

一、道:先秦儒家之终极追求

众所周知,先秦儒家知识论之真理是"道",即所谓"形而上者谓之道,形而下者谓之器"(《系辞上》)。之所以谓之为"形而上",是因为儒家为学求知之目的不只在于与人以知识,更重要的是,与人以生命的启示,使人培养人格,完成自我,达致个人至高与完美的道德境界。诚如钱穆先生所言:"天地至大,万物

至博,人生最高真理,乃在各自完成其一'我'。"[①]对于儒家而言,完成自我正是其"道"之真理的实现,故儒学实为一种"为己之学"。但值得注意的是,儒家所谓的各自完成自我并非是一种个人主义,而是一种公共行为。杜维明先生对此有精彩的理解:"儒家对'己'、对个人的理解,绝对不是一个孤立绝缘的个体,而是一个关系网络的中心点。而且,作为关系网络的中心点,它是有主体性的。中心点必须和关系网络的各种面向有联系才能丰厚、深刻。儒家不是讲简单的社会关系、社会伦理,儒家认为,以个人人格的完成为内在价值,由此推己及人才能对家国天下做出有长远意义的工作。"[②]易言之,在儒家这里,除非在圆满的人际关系中,否则真实的自我就永远无法充分完全地得以完成。由此可见,儒家所谓的真理之"道",表征为一个个体完美的道德人格,它同时内在地包含和要求着一个社会完美的德行政治。也就是说,道的实现或者说自我人格的实现,是一个内以成圣、外以治国平天下的一致而连贯的过程。正如在孔孟学中,圣人是"仁道"的表征,他的道德至境必表现为"博施于民而能济众"(《论语·雍也》)的社会政治功业。关于这一点,《大学》表现得尤为明显,《大学》主张"自天子以至于庶人,一是皆以修身为本",但也同样申明,修身必然地要导向社会政治的价值,诸如齐家、治国、平天下。故一言以蔽之,儒家之"道",是社会与个人价值合而为一的体系。

儒家之"道",在《大学》中被表述为"至善"。何为善?孟子说:"可欲之谓善。"(《孟子·尽心下》)这就是说,"善"就人自身本有的实现自我的内在动力和要求,这个"善"就是人之善性。孔子说:"我欲仁,斯仁至矣。"(《论语·述而》)之所以我之欲得仁,此仁即能得到,是基于人实有此仁。孟子所谓"可欲之谓善"亦正是此意,此善为人之本有的天赋之性,人能尽此善性,便能达致"大而化之"的圣人乃至神人的境界,乃所谓:"可欲之谓善,有诸己之谓信,充实之谓美,充实而又光辉之谓大,大而化之之谓圣,圣而不可知之之谓神。"(《孟子·尽心下》)同样,《大学》言"至善"也是显示此一尽性后的圣人的天人合一境界。《中庸》所描述的"天下至诚,赞天地之化育,与天地参矣"以及《乾

---

① 钱穆:《人生十论》,北京:九州出版社,2014年,第230页。

② 〔美〕杜维明:《体知儒学》,杭州:浙江大学出版社,2012年,第96页。

卦·文言传》所描述的“与天地合其德,与日月合其明”的境界也具有同样意会,此显示出儒家之“道”或者说“至善”“至诚”与宇宙万物和合无间、一体同流之意义。完美人格的人与宇宙万物相感相通,不仅通过自我努力转化自我,转化他人,同时也参与天地之运化流行,转化宇宙万物,正所谓个体生命与天地一体、与人人和谐、与物物均调。《大学》虽未明言人之“德配天地、妙赞化育”层次上的意义,但其“至善”的说法实已蕴含。因为“《中庸》所说的‘参天地之化育,与天地参’的境界并非于道德境界之外另辟天地,而是在道德境界之基础上显露另一个境界。因为此一境界是由一个人的尽己之性,尽人之性,尽物之性而来,故一个人如果能与天地参,他的赞天地之化育的活动就已经包含了道德的活动了”[①]。同样,一个人道德的活动也即意味着参与赞天地之化育的活动。用方东美的话来说,即“宇宙与个人互逆双运”[②]。概而言之,人之转化与实现自我的过程,正是人之参与宇宙之创造、转化宇宙万物的过程。正如韦政通所说:“人能实践仁心,同时也就是体现天道。”[③]因为天道的目的不在其他,而在于要在现实生活中发挥效用,此即《系辞下》所说的“精义入神,以致用也”。由此而论,《大学》所谓的“止于至善”“明明德于天下”以及“格物、致知、诚意、正心、修身、齐家、治国、平天下”都可视作其“参天地之化育,与天地参”之表现。无怪乎王守仁说:“《大学》旨在强调仁是我们心智所内在固有的,并且将万物融为一体。”[④]

基于以上说明,我们可以透视《大学》之“至善”,亦即先秦儒家知识论之真理——“道”所蕴含的丰富意义。道具有天道之宇宙本体的意义,此一宇宙本体的实现又是以人的至善为目标,故“道”为“天人合一”“性道合一”的人生终极真理。同时,人之至善的目标要求人不仅要自己至善,还要帮助他人至善,即所谓内以成圣,外以治国平天下。故道又为“个人与社会合而为一”的“合内

---

① 李翔海:《知识与价值——成中英新儒学论著辑要》,北京:中国广播电视出版社,1996年,第446页。

② 方东美:《中国哲学精神及其发展》(上),北京:中华书局,2012年,第115页。

③ 韦政通:《中国的智慧》,长春:吉林出版集团有限责任公司,2009年,第120页。

④ 转引自〔美〕杜维明:《道、学、政:儒家公共知识分子的三个面向》,钱文忠、盛勤译,北京:生活·读书·新知三联书店,2013年,第68页。

外之道”(《中庸》)。故概而言之,“道”亦或者说“至善”,是“天人合一”“性道合一”之完美至境,是“成己成物”“内圣外王”之终极理想。

值得注意的是,《大学》不直接言“至善”,而言“止于至善”,这里实际上还包含着一个容易让人忽略却又非常重要的问题,即“立志”的问题。孟子以为“知者无不知也”,但亦必须“当务之为急”(《孟子·尽心上》),而荀子则认为“君子之所谓知者,非能遍知人之所知之谓也”,故应当“有所止”(《荀子·儒效》)。两者论“知之限度”有异,但于求知必须“知止”之旨,却固无二致。“止”恒定出人应知的价值领域,这正是“立志”的工夫。“止于至善”之前必须要“知止于至善”,也就是说,“止于至善”预设了一个“立志”的环节,这是求知过程中必不可少的一环。孔子能够达致“从心所欲不逾矩”(《论语·为政》)的境界,与其“十五而有志于学”“至于道”息息相关。因为“立志”不只体现为确立人生价值与意义的理想目标,更体现为坚定不移、百折不挠的“死守善道”的实际行动。对此,孔子早有论述:“志士仁人,无求生以害仁,有杀身以成仁”(《论语·卫灵公》);“苟志于仁矣,无恶也”(《论语·里仁》)。必“志于仁”才能“行仁”“成仁”,必“知止于至善”才能最终“止于至善”,“志”意味着选择德行,同时,坚持德行。正如《大学》所说的那样:“知止而后有定,定而后能静,静而后能安,安而后能虑,虑而后能得。”

大学是成人之教,君子之学,但我们不能设想一个人可以不经历小学的过程而直接进入大学。有小学才有大学,“严格说来,小学的学习过程并不是修身的科目,而是其根本”①。事实上,“立志”正端赖于一个人完美地完成“小学”,它可被视为由小学进入大学的连接之桥。大学的目标,如《大学》所阐述的那样,“明明德、亲民、止于至善”,它已经内在的包含着小学阶段的完成。换句话说,《大学》中虽只阐明大学之目标,但一个人真正地想要“止于至善”,那就绝不可能绕过“知止于至善”,亦即不可能绕开“小学”。当一个人进入大学,这将是一个肩负重担、更为漫长的艰辛过程。即使是已经达致“从心所欲不逾矩”的绝对自由境界的孔子,亦极其认真地说过“学如不及,犹恐失之”(《论

① 〔美〕杜维明:《道、学、政:儒家公共知识分子的三个面向》,钱文忠、盛勤译,北京:生活·读书·新知三联书店,2013年,第44页。

语·泰伯》)这样的话。这无疑表明,我们可以获得和体现"道",却永远不可能完满地完成"道",即结束"道"的旅程。"止于至善"的意思不是说一个人可以达到绝对完美的至善境界,正如杜维明先生所说的那样:"事实上,无论他怎么努力地工作,也不管他已获得多大的进步,对一个真正的人来说,他总是行'在道中'的。"[①]这正是《大学》所谓"苟日新,日日新,又日新"之旨。事实上,"止于至善"的真正意思是一个人向着完美的至善境界永不止歇地努力奋进、自强不息。正如冯友兰先生所说:"真诚地竭尽己力,就是'止于至善'。"[②]由此可见,儒家之君子之学或者说为己之学是一个始于幼年而贯彻终身的永无止境的努力过程。

二、性:道之根本凭依

先秦儒家知识论是"性道之学",实际上,在"性"与"道"这两个关键的概念上,"性"更为根本。因为儒家之"道",是由"性"而来的,"性"是"道"的根源。孔子对这一根源性的"性"已有自觉意识,但孔子并不常言"性",而更多地将其称为"德"。孔子说"天生德于予"(《论语·述而》),明示"性"是由天所赋予的。孔子又说"据于德"(《论语·述而》)、"道之以德"(《论语·为政》),德可以依靠,可以用以实现道,这说的事实上正是能指示出"道"的人之"性"。孔子虽罕言"性",然他对人性的深刻洞见却实已渗透在其言辞和行为中的方方面面,故他实际上已经明白地说明了人之所以为人的内在理据,也就是明示了何谓人之性。在孔子这里,人之性就是人之德,更具体来说,即仁德。到了《中庸》就直接明称"性"之为"性"了。《中庸》云:"天命之谓性,率性之谓道。"即是说,人性乃"天所命",顺着人性而发,依着人性而行的,就是"道"。这实际上正是孔子"天生德于予""据于德"的思想,但却更直接而明朗地表露出来。到了孟子,孟子不仅将孔子、子思没有明确说明的性善说清楚了,而且还即心以言性,指明尽心便能知性,知性便是知天。荀子虽言性恶,但他所谓性恶之性乃指人之

① 〔美〕杜维明:《仁与修身:儒家思想论集》,胡军、丁民雄译,北京:生活·读书·新知三联书店,2013年,第47页。

② 冯友兰:《中国哲学简史》,北京:生活·读书·新知三联书店,2009年,第202页。

欲性，在人可以通过自我努力达致完美人格境界的信念上，荀子与孔孟并无分途。

孔孟“性”的本体架构在《大学》这里被完全继承下来，《大学》中以“明德”称之。“明德”意味着德是内在价值，本身就是光明的，即“明德”并非凭空而产生，而是人本性中所固有的，这近于孟子之言“性善”，人皆有仁义礼智之善端，乃“我固有之”。《大学》言大学之道的首要目标是“明明德”，即“自明其明德”，这是蕴意十分丰富的一句话：一则为，我们之所以要“明明德”，是因为此明德是人内在固有的、决定人之为人的根本。同时，此明德虽是与生俱来的，但它却并非是一个现实的当下的德行，而只是一个潜在的存在，“求则得之，舍则失之”(《孟子·尽心上》)，故必然要首先澄明“明德”，才能将其从潜在的可能转化为实际的、日常的德行。另一，这里还隐含了一个非常重要的问题，即人虽皆有此固有之“明德”，但却往往不自知，《中庸》中所说的“人莫不饮食也，鲜能知味也”以及《系辞上》所说的“百姓日用而不知”皆指的是人不能自觉此明德。但问题的症结恰恰在于，人只有首先自知其有此“明德”，才能够进而明其明德，此即《中庸》所谓“诚身有道：不明乎善，不诚乎身矣”。这无疑证明“明明德”意味着人对其内在之德，即人性有了一种高度自觉意识——“吾性自足”“万物皆备于我矣”。此即孔子所说的“知天命”的境界，亦即孟子所说的“知性”的境界。最后，人有了“明明德”的意识，或者说一旦“知性”，在一定程度上，就意味着人一定能够“明明德”，更严格来说，人一定能够“自明其明德”。因为“明明德”的一个显著的特征就是深刻体验到的发自内心的使命感、责任感以及由此而生的坚定信念。具体来说，“明明德”意味着人有不可推卸的天赋使命——人之“明德”与生俱来，故人注定要自己成全自己，即完全依靠自己的力量将此“明德”明之于天下。正如孔子所说的“为仁由己，而由人乎哉?”(《论语·颜渊》)同时，“明明德”亦意味着人获得了一种坚定的信念——人本身就具有“明德”，故人可以凭借自我努力使自己达到尽善尽美的境界。这一信念为将修身当作完善自我的一个项目提供了依据和动力，明乎此，我们便不难理解，何以《大学》中明确地指出，从天子到庶人都应将“修身”作为根本。

综言之，“明明德”源于对人之内在明德的体悟和自觉，一个人一旦“明明德”，就会坚信人性的完美境界，或者说道之真理的终极价值近在咫尺，为仁由己，这种责任感和信念决定了他心无旁骛，必能好善恶不善、自正其心，这正是《大学》所谓的"诚意、正心"的境界。也就是说，心之"明德"未明之时，犹如《大学》所言的"心不在焉，视而不见，听而不闻，食而不知其味"，而"明明德"之时，则是"诚于中，形于外"，自然就能自诚其意、自正其心。诚如唐君毅先生所说："以明其明德，方更有其以下之诚意正心等事。"①也就是说，只有先自明己之明德，才能"明明德于天下"——"齐家、治国、平天下"。只有先自明己之明德，才能帮助他人转化自我——"亲民"，亦才能向着完美的人格境界不断奋进——"止于至善"。换言之，"明明德之内圣之功必表现，而终于平天下之外王之功；而平天下之外王之功必本原于明明德之功，亦以此明明德之功为始。"②事实上，《大学》将"明明德"作为修德的首要目标，亦重在其为"本"的特质。《论语·学而》篇中有子指出："君子务本，本立而道生。"值得注意的是，此处"本立而道生"明示本立即为道生，道之生是在本之立的基础上自然而然发生的。实际上，《大学》所言"明明德""亲民"与"止于至善"之关系正犹如有子所言"本立"与"道生"之关系。"明明德"，才能"亲民""止于至善"，这当然毋庸置疑。但是，我们也可以这样说，"明明德"必然地就能"亲民"乃至于"止于至善"，因为在儒家之思想脉络内，一个人"明明德"，却孑然独立、远离人际关系、冷漠淡然是不可思议的。事实上，除非最终能够"止于至善"，那么明德就不算是真正地被澄明了。故"明明德"，实际上是一个"明明德于天下"的延续渐进的过程，如果一个人能够"明明德"，那么，他就能够忘我以求知、嘉慧于个人与社会。正如唐君毅先生所言："此自明其明德之事，亦即所以成就人自己之内圣之功。此中，人之为人与为己，外王之业与内圣之业，应只是相涵之一事。"③简言之，"明明德"即意味着"我欲仁"，而"我欲仁，斯仁至矣"(《论语·述而》)。

由此可见，"明明德"之境界是难能可贵，尤其重要的。但遗憾的是，这一境界并非人人皆能达成，而且，这一境界的达成亦非易事。虽然人人皆有此内

① 唐君毅:《中国哲学原论·原道篇》上册，北京:中国社会科学出版社，2006 年，第 358 页。

② 唐君毅:《中国哲学原论·原道篇》上册，北京:中国社会科学出版社，2006 年，第 359 页。

③ 唐君毅:《中国哲学原论·原道篇》上册，北京:中国社会科学出版社，2006 年，第 360 页。

在明德，但人往往不自知，而要对“明德为我们内在所固有之本性”有自觉意识，事实上要为之付出毕生的努力。孔子的“五十而知天命”，正是通过其下学而上达的不已努力才实证实知的；《中庸》之所谓“知性”是需要人的“择善而固执之”的道德实践工夫才能自觉到的；孟子之所谓“知性”亦是必须经历“尽心”的工夫才能获致。在《大学》这里，“明明德”之目标的达成则赖于永不止歇的“修身”，正所谓“自天子以至于庶人，一是皆以修身为本”。总之，“明明德”之目标是极其难以达到的，这是一个永恒奋斗的过程，但正因为其“任重而道远”，而益见其珍贵，才激励着为学之人不断进取、终身投入，正如受到孔子赞美的颜回那样：“见其进”，“未见其止也”（《论语·子罕》）。

三、君子：致道之主体性基础

“明明德”之境虽弥足珍贵而又难以实现，但在儒家这里，“明明德”还并非是修身、修德的最终目标，“道”或者说“至善”才是儒家追求的终极真理。但问题的关键在于，一个人除非真能明其明德，否则他永远都不可能义无反顾的追求道，更不可能真正地获得“道”。简言之，“明明德”是一个人致道路上绝无可能绕开的一环。那么，什么样的人是明明德之人呢？或者说，力图实现人之终极意义的是什么样的人？在儒家这里，这样的人被称为“君子”。“君子”正是对人性有高度意识和自觉的“明明德”之人，他认识到，完全实现道之真理的可能性，是每个人的本性中所固有的，这决定了所有人都有依靠自我达致“备道全美”之道德极致境界的力量和潜能。

对于君子“明明德”或者说“知性”的规定性特征，孔子早有论述：“不知命，无以为君子也。”（《论语·尧曰》）孔子指出不知命就不算作君子，意指君子必然“知命”。“因‘性’是‘天所命’，‘知命’就是‘知性’。”①孟子亦言：“人之所以异于禽兽者几希，庶民去之，君子存之。舜明于庶物，察于人伦，由仁义行，非行仁义也。”（《孟子·离娄下》）孔孟知道，君子之异于常人，不在智力、禀赋上，而在于其对人性的自觉意识上，这种自觉意识意味着对自我认识的质的变化，使“君子”在儒家这里被界定为一个特殊的存在。孔子说：“君子不可小知，而

① 钱穆：《中华文化十二讲》，北京：九州出版社，2012年，第11页。

可大受也”(《论语·卫灵公》);孟子说“夫义,路也;礼,门也;惟君子能由是路,出入是门也”(《孟子·万章下》)。“君子”之于儒家的特殊意义就在于,唯有君子能够体现人性最深刻的意义,唯有君子能够无止境地向着至善努力奋进。简言之,“君子”是儒家之道的主体性基础。

《大学》中的君子继续保持着他的一贯形象,对人性有自觉意识并在任何时候都心无旁骛地持守着他的人性,即《大学》所言的“诚于中,形于外”。《大学》中写道:

> 所谓诚其意者,毋自欺也。如恶恶臭,如好好色,此之谓自谦。故君子必慎其独也。小人闲居为不善,无所不至,见君子而后厌然揜其不善而著其善。人之视己,如见其肺肝然,则何益矣。此谓诚于中,形于外,故君子必慎其独也。曾子曰:“十目所视,十手所指,其严乎!”富润屋,德润身,心广体胖,故君子必诚其意。

依照《大学》的说法,诚意就是自己对自己真诚无欺,就如同厌恶恶臭,爱好美色那般真诚地做自己。“君子必诚其意”,“君子必慎其独”就是君子有意识的力求通过不断地自我反省和警示使自己无论在任何情况下都能谨守其道。君子之所以能够谨严不苟、自省自警,倒不是由于其天生就有某种超常的警觉力,而是因为他对人性的自觉意识和信念。正如朱熹所言:“言欲自修者知为善以去其恶,则当实用其力,而禁止其自欺。使其恶恶臭则如恶恶臭,好善则如好好色…… 盖有他人所不及知而己独知之者,故必谨之于此以审其几焉。”[①]君子是“知为善以去其恶”,这种由“知为善”的自觉而发的内心的强大力量,足以使君子“实用其力”而“禁止其自欺”。也就是说,朱熹这段注释所带来的信息在于:“君子必诚其意”,“君子必慎其独”不是一种艰辛的、必须自我压制甚至依靠外界的压力才能完成的任务。相反,这对于君子而言,不说是轻而易举的事情,至少也是作为自然而然的行为被呈现出来。事实上,“君子必诚其意”,“君子必慎其独”,两个铿锵有力的“必”字亦极好地体现出君子诚意与慎独的必然性和自然性。君子之所以无须任何外在的他律力量而能够诚心

① (宋)朱熹:《四书章句集注》,北京:中华书局,2011年,第8页。

诚意、自省自警，是以他内在的力量——“知性”为前提的，正是这一内在的力量唤起了他的真诚和警惕。正如牟宗三先生所说：“慎独这个学问是紧扣道德意识而发出来的。”[①]杜维明先生对此也深有见地：君子“之所以‘慎独’，乃是因为他不仅关切他的行为的结果，而且还关切隐藏在行为背后的动因结构”[②]。

君子所表现出来的慎独行为无关任何外在的动因，全凭自身的自觉和主动，是一种真正的善。然而，小人因为没有对内在人性的自觉，往往故意“掩其不善”，而假装“善良”。尽管伪善不是我们生命所本有，但是，倘若我们不能认识人性，它就会在我们的生命中弥漫开来，《大学》所言的“小人闲居为不善，无所不至”就很好地证明了这一点，这与“君子无所不用其极”的说法实是形成了鲜明的对比。“无所不至”与“无所不用其极”同样是强调行为的程度，却无疑更加显露了小人的虚伪，而突出了君子的尽善尽美。《大学》中有一段话极好地刻画出了君子努力认真、追求尽善4尽美之德行：“如琢如磨者，自修也。瑟兮僩兮者，恂栗也。赫兮喧兮者，威仪也。有斐君子，终不可喧兮者，道盛德至善，民之不能忘也。”君子不仅始终是一个努力认真、追求尽善尽美之以身作则的人，而且也是一个推己及人的人：

> 是故君子有诸己而后求诸人，无诸己而后非诸人。
>
> 是以君子有絜矩之道也。所恶于上，毋以使下；所恶于下，毋以事上；所恶于前，毋以先后；所恶于后，毋以从前；所恶于右，毋以交于左；所恶于左，毋以交于右；此之谓絜矩之道。

君子修身绝不会将自己从人际关系中分离出来。实际上，作为一个卫道士，他不仅凭借内在之明德而不断地更新自己、完善自己，而且还竭尽全力地将明德展现于他人乃至整个社会。他既忠诚待己，又恩惠别人，这正是孔子所说：“己所不欲，勿施于人”（《论语·颜渊》）；“己欲立而立人，己欲达而达人”（《论语·雍也》）。值得注意的是，君子之“立人”与“达人”不是强制他人接受

① 牟宗三：《中国哲学十九讲》，长春：吉林出版集团有限责任公司，2010年，第71页。

② 〔美〕杜维明：《中庸：论儒学的宗教性》，段德智译，北京：生活·读书·新知三联书店，2013年，第27页。

他的世界观，事实上，君子根本无须什么刻意的行为，君子之伟大人格所由内而发的“大德敦化”的力量本身就足以感染他人、教育他人，正所谓：“君子之德风。小人之德草。草上之风，必偃。”(《论语·颜渊》)

至此，儒家之君子基本呈现为一位永不止息、义无反顾地追求人生至善真理——“道”的人。“道”之于君子而言，实为一无所逃避、至重而无限之责任和使命，永无息肩之日，唯有死而后已。另外，尽管君子的出发点是修身而不是社会责任，但君子之修身却必然地影响他所处身的社会，因为儒者修身的过程只能在人际关系中进行，他完善自我的真实过程正是“明明德于天下”，正如成中英先生所言：“所谓君子就是能够修德的人；修德就是把人原有的性能发展与发挥出来，使其能够为他人带来福惠，为人群带来正义，为社会带来和谐。”[①]这样的君子，是连孔子最得意的弟子颜回，都无法达到的人格境界。甚至连孔子都自称：“君子道者三，我无能焉，仁者不忧，知者不惑，勇者不惧。”(《论语·宪问》)这实际上也无疑透露，就儒家而言，君子体现了“止于至善”的真正意义：向着至善永不满足、永不止歇地努力奋斗。

四、学：致道之方法

如果想要力图体现止于至善的终极意义，就必须将自己培养成为一位明明德之君子。怎样培养？《大学》中说得非常清楚：“自天子以至于庶人，一是皆以修身为本。”在《大学》这里，“修身”不是一个独立的环节，而是一个有始有终、本末相连的系统。请看《大学》如是说：

> 古之欲明明德于天下者，先治其国；欲治其国者，先齐其家；欲齐其家者，先修其身；欲修其身者，先正其心；欲正其心者，先诚其意；欲诚其意者，先致其知。致知在格物。物格而后知致，知致而后意诚，意诚而后心正，心正而后身修，身修而后家齐，家齐而后国治，国治而后天下平。自天子以至于庶人，一是皆以修身为本。

依照《大学》的说法，作为人之“本”的“修身”表现为八个发展阶段，即格

---

① 〔美〕成中英：《合外内之道——儒家哲学论》，北京：中国社会科学出版社，2001 年，第 386 页。

物、致知、诚意、正心、修身、齐家、治国、平天下。这八个发展阶段不是直线的发展运动，而皆属于“修身”的一环。展开来说，若要修身，我们首先要正心，若要正心，我们首先要诚意等，但正心、诚意的过程本身就是修身的过程。同样，若要治国，人们首先齐家，若要齐家，人们首先要修身等，而齐家、治国本来亦属于修身的一级。要之，“修身”内在的涵容了由“格物”至“平天下”这八个发展阶段的整个过程。同时，《大学》又指明这八个发展阶段是一个完整的“明明德于天下”的过程。我们已经指出，“明明德”是“明明德于天下”的前提，而且，“明明德”也必然导致“明明德于天下”。因此，从实际的观点来看，“‘明明德’和‘修身’是一回事，‘修身’的内容就是在‘明明德’”[①]。很明显，《大学》将“明明德”的根基放在了“格物”和“致知”上。

在修身的诸环节中，《大学》对其他的发展阶段都给出了详细的解释，然而，却唯独缺少了对格物、致知问题的解释，尤其关于格物的问题则根本没有解释。这导致后儒对此问题的持续关注和争论，其中朱熹与王阳明的观点颇具代表性。朱熹有《大学章句》，王阳明有《大学问》，两者分别站在理学与心学的立场上，对《大学》之“格物、致知”做出了不同的诠释。

朱熹以“穷至事物之理，欲其极无不到也，推及吾之知识，欲其所知无不尽也”[②]释“格物、致知”。他具体解释道：

> 所谓致知在格物者，言欲致吾之知，在即物而穷其理也。盖人心之灵莫不有知，而天下之物莫不有理，惟于理有未穷，故其知有不尽也。是以《大学》始教，必使学者即凡天下之物，莫不因其已知之理而益穷之，以求至乎其极。至于用力之久而一旦豁然贯通焉，则众物之表里、精粗无不到，而吾心之全体大用无不明矣。此谓物格，此谓知之至也。[③]

依朱熹之见，“致知”之“知”的意思为“知识”。朱熹以“格物”为发挥心之全体大用的一个条件，心之全体大用是指心之认知能力发挥到极致，既然心之知能已发挥到极致，则自然“知有不尽”而“无不明矣”，即所谓“知之至也”。故

① 冯友兰：《中国哲学简史》，北京：生活·读书·新知三联书店，2009年，第202页。

② (宋)朱熹：《四书章句集注》，北京：中华书局，2011年，第4页。

③ (宋)朱熹：《四书章句集注》，北京：中华书局，2011年，第8页。

“致知在格物”的意思就是通过对事物之理的穷尽以充分发挥心之知的能力，使人获得认知世界真象的知识。朱熹承认客观事理的存在，并强调了心之认知性的一面，非常有利于科学知识的发生与发展。

与朱熹相比，工阳明对于《大学》中“格物、致知”的诠释，则完全忽视了对事物知识性的了解。他以“良知”释“致知”之“知”，是将事理完全看作主观的人性的发动，良知之所至，事理自然随之解决，良知即涵一切事理，根本无须向外做即物穷理的功夫。王阳明把理彻底收摄于一心，如此，不仅致知、格物、诚意等皆成为一事，而且，格物与致知的发展路径也不再是由“格物”而“致知”，而成为由“致知”而“格物”了。他说：

> 若鄙人所谓致知格物者，致吾心之良知于事事物物也。吾心之良知，即所谓天理也。致吾心良知之天理于事事物物，则事事物物皆得其理矣。致吾心之良知者，致知也。事事物物皆得其理者，格物也。是合心与理而为一者也。（《传习录》中）
>
> 盖身、心、意、知、物者，是其工夫所用之条理，虽亦各有其所，而其实只是一物。格、致、诚、正、修者，是其条理所用之工夫，虽亦皆有其名，而其实只是一事。……盖其功夫条理虽有先后次序之可言，而其体之惟一，实无先后次序之可分。（《大学问》）

显然，王阳明把《大学》看成了一个纯粹“致良知”的问题。换言之，他是完全就心之本体来了解《大学》，而忽略了就《大学》的为学次第来了解。但《大学》明明是讲为学的“八条目”的，而不是浑然不分的“一事”“一物”。而且，《大学》亦清清楚楚地讲明“致知在格物”，重心是在于“格物”，而不是在“致知”，也不是由“致知”而“格物”。这样的解释显然不符合《大学》的思想本旨。但他认识到心之良知的作用，看到了心之道德心的一面，却是非常值得肯定的。显然，他是以孟子的良知、仁心作为标准，这一点恰恰是朱熹所论述不足的。朱熹以“穷理致知”来认识心之作用，但那只是心的一个作用而已，心还有“良知”的作用，而且“良知”的作用才是我们真正的道德本体。当然，朱熹也并没有否定心之“道德心”的一面，他所讲的“持敬养性”注重的正是对心性本体的把握，但朱熹的不足在于，他未能像孔孟一样坚定地予以“仁心”统摄地位的本体意义。

相形之下，王阳明以“良知”释“知”，则是彻底地将“性”是居于统摄地位的本体这一点彰明了。他以为，性是本体，万物之理皆为仁心所涵，推致一个人的仁心于事事物物，则万物之理即可当下呈露。[①] 性是本体，万物之理皆为人固有之仁心所涵固然没错，但问题的症结在于，仁心或者说良知只是一种潜在的甚至被屏蔽的能力系统，它无法当下呈露万物之理，为我们认识世界的真象提供一个保障。那么接下来的问题就是，人应当如何去发用自己的仁心呢？孟子认为，需要通过“养心”的工夫才能使本心之善完全呈露，即本心自知其为善，且充分发挥取善去恶的能力。显然，孟子虽以人的道德心为本，但他同时承认心之认知性的一面，因为“养心”正是通过不中止的仁义之行实现的，这其中当然包含了体验生活、认识生活的学习和行为。但遗憾的是，王阳明并未提出一个如何发用仁心之善的方法，他直接跳跃式地将《大学》之八个发展阶段归结为“致良知”一条，然对于如何认识我们的人性或者说如何将我们的明德明之，却是他所忽视的。如此一来，致良知就成为仁心的自我肯定，但事实是，我们的仁心根本无法通过自我来保障自我的实现，孟子著名的“牛山”之喻说的正是仁心易受环境的影响而放失、陷溺，这也正是孟子如此重视“养心”的原因。换言之，我们想要发用心的善，必须要靠最切实的体验来获得对世界最真实的认知，这正是朱熹所谓的“格物”的工夫。而王阳明缺乏此一认识，忽视了格物的工夫，致使《大学》重知识的意义落空，而良知本体亦极易蹈空而无法真正得以落实。

朱熹比王阳明的高明之处在于，他是以知识为基础来认识和实现一个人的人性。毋庸置疑，一个人人格境界的最终完成，依靠的根本是我们的仁心本体，若人不是本有此善的性体仁心，我们又怎么可能达到至善的境界？正如我们业已指出的那样，动物永远不可能达致“备道全美”的至善境界，因为它们从根本上就不具备这种性体。但同样无疑的是，仁心本体的实有和它的发用、落实之间并非是一个直通车。虽然，如果心得已完全净化，仁心得已呈现，我们

---

① 王阳明认为：“致吾心之良知者，致知也；事事物物皆得其理者，物格也。”（陈永注解：《传习录素解》，广州：中山大学出版社，2017 年，第 149 页）

就能充分地认识我们的本性，亦能很好地发用乃至实现我们的本性。然而在实际上，在我们的心能够发挥全体大用、对一切事理豁然贯通之前，每一个人都必须经历一个渐进的、艰辛的并持久的学习过程。正如成中英先生所说："通向本体的路，必然需要一番做学问的功夫。事实上，学问之重要性也就在于从知识和经验中去认知问题和自我。换言之，通向本体的道路一定涉及知识辩证性的发展过程。"①朱熹充分地认识到了知识的重要性：知识能够帮助我们将本心之明德明之。故他建立了一个以"穷理致知"求真理的认知观。

朱熹对于知识的重视，是孔孟重知重学之思想传统的继承和引申。孔子所主张的为己之学实际上是一个艰辛的学习过程，他以为我们正是由此而认识自己、完善自己的。他所说的"盖有不知而作之者，我无是也。多闻，择其善者而从之；多见而识之，知之次也"（《论语·述而》），强调的正是知识对于做人的重要性。事实上，从最终的意义来看，学习知识，不是我们修身的一个项目，而是其根本。例如，孔子最喜爱的弟子颜渊就明确指出，孔子教人不外乎"博文约礼"，但就是在这日常的学文与实践的过程中却蕴含了学生们难以企及的做人的高深道理，正如颜渊所感叹的那样："夫子循循然善诱人，博我以文，约我以礼，欲罢不能。既竭吾才，如有所立卓尔。虽欲从之，末由也已。"（《论语·子罕》）《中庸》中也明确主张，君子之所以能够成为君子，反身而诚，实现道，仰仗的也不过是永无止息的"博学、审问、慎思、明辨、笃行"罢了。而《易传》中"穷理尽性，以至于命"的说法将这一思想表达得最为明白。"穷理"即"穷尽万物之理"；"至于命"的人生境界，也就是"天人合一"的境界，因"命"乃"天所命"，"至于命"实即"至于天"。"穷理尽性，以至于命"，这是意指穷理即所以尽性，能尽性，则最终能达致"天人合一"的人生境界。此一语可谓将知识对于修身的重要意义透彻地明朗了：知识的贡献在于个人心性之自觉与最终实现，这其中亦内在地包含着"齐家、治国、平天下"的广大福泽的目标。这正是大学所谓"致知在格物"的基本理由，同时也是《大学》将"格物"作为"八条目"之根基的一个重要理由。在此意义上，"格物"可以被视为贯穿始终的修身

① 〔美〕成中英：《合外内之道——儒家哲学论》，北京：中国社会科学出版社，2001 年，第 284-285 页。

之本，它昭示着人可以在学习和实践的日常生活中获得生命的终极意义。

基上所述，《大学》中的“致知”不只是“致良知”，还包含了对经验知识的认识。“致知在格物”的意思是说：我们必须首先依靠不断学习经验知识，由此才能去导向内在明德本体的呈现与发用，因为道德完全是由内而发自无殆疑意，然道德之当下发与不发却是一个问题。“致知在格物”说明，自我之实现，不是一个精神的建筑，亦不是一种抽象的概念，而是一个可以被经验到的实在。它所包含的正是通过学习来实现宝贵的儒家信念：人借着自我努力可以塑造自己，并且真能达致“备道全美”的至善境界。

总之，大学之道彰显了儒家知识论重知又重德的思想主旨。儒家知识论作为一种道德性、实践性哲学，它所主张的是“立人道”，认为个体生命应当卓然自立于天地间，永不止歇地追求日新又新的自我，不断地自我尽性、实现。但同时，它亦强调自我的尽性，实际上是由学习的艰辛过程所开出的。故儒家知识论实际上认为，知识与道德是相辅相成的关系：知识把握得愈加深入，则道德的表现也愈为严谨、充分。因为“知识越多，越能领悟内在事物，就越能敏感地将自己与外在世界有意义地联系起来”[①]。道德实践得愈加透彻，则对知识的要求也愈为主动与迫切。因为如果一个人已经自觉与领悟到人性的价值，而依然混沌度日、不反求于己、积极地有所建树是不可思议的。总之，知识引发道德，而道德提升知识，两者相互发展与成就，最终达到的境界也就是《中庸》所谓的“诚则明矣、明则诚矣”的至善境界。这不难理解，因为在儒家这里，知识与道德在心性本体上本就是合二为一的。“仁智合一”正是《大学》“修身”的精义所在，修身是一个知识与道德相互结合、相互协作的过程，也只有知识与道德相互结合，“修身”才能够得以最终完成，或者说治国、平天下的广大福泽才能够最终实现。由此我们可以了解荀子所说的“性伪合，然后成圣人之名，一天下之功就也”(《荀子·王制》)的意义的深切。

---

① 〔美〕杜维明：《道、学、政：儒家公共知识分子的三个面向》，钱文忠、盛勤译，北京：生活·读书·新知三联书店，2013年，67页。

结　语

世界上不存在什么恒久不变、放之四海皆准的“真理”，正如西方传统哲学有西方传统哲学的“真理”一样，中国传统哲学亦有中国传统哲学的“真理”。先秦儒家哲学的最高真理、最大智慧，用一个字来表示，就是“道”。儒家之“道”与西方传统知识论所求之真理的根本不同之处，在于它重视“整体”，拒绝可将主客分离，视之为各自孤立的系统，而能从生命之全体出发，全面观照人生之丰富性与充实性，即所谓“道不远人”（《中庸》）。而且，不仅“道不远人”（《中庸》），甚至“人能弘道”（《论语·卫灵公》），即“人”能够将“道”发扬光大，绽放“道”之意义。之所以如此，是因为儒家之“道”不是别的，而是人性的本真呈现或者说充分实现，乃所谓“率性之谓道”（《中庸》）。就此而论，先秦儒家知识论，究其实质而言，就是一部体大思精的“性道之学”。“性道之学”亦可称为“仁”的学问。因为在先秦儒家这里，“仁”既是潜在的主体之“性”，亦是超越的真理之“道”，正所谓“仁也者，人也；合而言之，道也”（《孟子·尽心下》）。

正因为在先秦儒家这里，人性是潜在的道，道的全部意义都可以在人性中体现出来，所以道之真理的终极价值并非是不可企及的，而是近在咫尺，是可以由每个人在日常的学习与实践中察知并得以实现的。可是，在现实生活中，我们固然可以获得和体现“道”，但却永远不可能完满地完成“道”，甚至连成为能够“知性”的君子，也是极其困难的。然而，这并不妨碍忠实的儒者将其奉之为圭臬。也就是说，儒家从来不认为这样一种信念与现实的间隔是一个问题。因为这一间隔是能够通过学习或者修身来弥补的，这就是孔子所说的“下学而上达”（《论语·宪问》）。在先秦儒家看来，学习永无止境，一个向着“道”的目标奋斗不已的人，纵然不能“上达”，不能实现“道”，却无损于他人生的意义，也不妨碍他自我的实现。因为凡是朝着“道”这个方向的一切努力，都足以不断地完善自我以及福利他人。所以，儒家真正看重的是永恒奋斗的过程，是“苟日新，日日新，又日新”（《大学》）的永不止歇的自我转化和完善。于个人而言，能如此实现人性的理想，即使没有达成，也是意义非凡的。明乎此，我们就不难理解，何以孔子虽然没有实现“博施于民而能济众”（《论语·雍也》）的仁道理想，但真正的儒者却莫不尊之为“圣人”的原因了。

先秦儒家真正关心的是日新又新的自我，这样一种对内在价值的强调即便对今人而言也仍有其不可轻视的价值。在科技与经济迅猛发展的今天，“成功”就像一个金箍控制着我们，督促着我们，好像这就是人生唯一的意义、生活最大的幸福。在现实生活中，成功是必要的，但若不能把成功引入内在德性的问题中来，结果往往会“为富不仁”“德不配位”。相反，如果我们一开始就关注内在的自我，那么即使不成功，在更深刻的意义上，我们也必然有所得，也不失为一位成功者。在先秦儒家看来，真正幸福与富足的生活建立在追求“仁”的美好品德之上。如孔子所说：“饭疏食饮水，曲肱而枕之，乐亦在其中矣。不义而富且贵，于我如浮云。”（《论语·述而》）先秦儒家“苟日新，日日新，又日新”的乐善不倦的修身的观点，无疑在名利生活之外，为我们指出一条独立、自足的人生道路。

实现人性或者说自我实现的道路是独一无二、不可复制的，否则所实现的就不是“自我”，而是“共性的他”。孔子是自我实现的典范，开启了我们不断追寻的目标，给予了我们最有力的鼓舞，但是终究还是要“为仁由己”。也就是说，生命的经验永远新新不已，在实现自我、求道的过程中，我们除了依靠自我，别无他选。所以孔子罕言“性与天道”，实际上体现着他深切的考量，即期望每一个学生都能够为自我实现创下新的范例。儒家“为仁由己”的观点给人以深刻的启示，每个人都是自我的主宰者，怡然自得还是怨天尤人完全取决于自己。我们不能为我们的懒惰寻找借口，也不能因外在环境限制而堕落，更不能将追求美好事物的愿望寄托于他人。我们只应率性而行，依赖我们的人性，持守我们的本性，开拓我们的本性，这才是我们每个人的安身立命之所在。

“为仁由己”是不依靠外界实现自己，但这绝不意味着超越人群、与世隔绝。相反，人性之“仁”是开放的，它是一个由“我”及“他”及“家国天下”乃至“天地万物”的辐射网。正如《中庸》所说：“能尽其性，则能尽人之性。能尽人之性，则能尽物之性。能尽物之性，则可以赞天地之化育。可以赞天地之化育，则可以与天地参矣。”儒家因之是把全宇宙提升为一个人性的觉悟，或者说人的责任和使命。每个人求仁的努力，对自我、他人乃至万物都是积德。也就是说，先秦儒学是一种道德性、实践性哲学，它所主张的是“立人道”，认为个体生命应当卓然自立于天地间，永不止歇地追求日新又新的自我，不断地自我尽性。同时，借求自我尽性的过程中，成就宇宙之万般生命，以求最终实现宇宙人生之道。简言之，先秦儒家以人性之“仁”含融一切，使天下万物各得其份，各安其职，实现真正的和谐与圆融。2014 年 3 月 27 日，习近平主席于《在中法建交五十周年纪念大会上的讲话》中就提到了儒家“万物并育而不相害，道并行而不相悖”(《中庸》)的精神，这是儒家的精神，是古哲人培养出来的智慧的花朵。当今社会的个人主义、地方主义、国族主义、人类中心主义所欠缺的岂不正是儒家所提倡的这样一种与他人万物一体同仁、成己成物的智慧和精神吗？

正如牟宗三所说：“有些东西，比如说科技知识和物质文明，是后来居上，但并不是一切东西都是后来居上。比如关于德性、智慧这方面的问题，现在的人并不一定比古人强，而且常常还是远不及古人。”①儒家的智慧不仅予人以知识，更予人以生命的意义，是我们应该重视、吸收和反思的对象，是值得我们认真继承的一笔宝贵的文化遗产。我们从中可以汲取为人之道，安身立命之道，获致我们人类真正的福祉。

---

① 牟宗三：《中国哲学十九讲》，长春：吉林出版集团有限公司，2010 年，第 41 页。

参考文献[①]

一、著作

古籍

1.慕平译注:《尚书》,北京:中华书局,2009 年。

2.(汉)伏胜撰,(汉)郑玄注,(清)陈寿祺辑校:《尚书大传》,北京:商务印书馆,1937 年。

3.(魏)王弼等著,(唐)孔颖达等正义:《周易正义》,《十三经注疏》,上海:上海古籍出版社,1997 年。

4.(清)李光地著,刘大钧整理:《周易折中》,成都:巴蜀书社,1998 年。

5.周振甫:《周易译注》,北京:中华书局,2006 年。

6.邓球柏:《帛书周易校释》,长沙:湖南人民出版社,1987 年。

7.刘利、纪凌云等译注:《左传》,北京:中华书局,2007 年。

8.杨伯峻:《春秋左传注》第 2 册,北京:中华书局,1981 年。

---

① 参考文献之编目主要采用分类原则:一是依据文献类别进行编排,分为著作类与论文类两类。其中,著作类又分为古籍、中文论著、外文译著、外文原著别自辑录;二是各类之下,依据作者、编者或编辑单位第一字的拼音首字母次序进行编排。其中,首字母相同者,按第二个字母;第一个字拼音相同者,按第二个字;同一人的不同著作,则按出版时间排比。古籍单独按其著作年代排比,但因古籍的著作年代存在尚无定论者,所以古籍之排序不作严格考究。

9.(宋)蔡节:《论语集说》第2卷,台北:商务印书馆,1983年。

10.(清)刘宝楠:《论语正义》,北京:中华书局,2015年。

11.杨伯峻:《论语译注》,北京:中华书局,2007年。

12.来可泓:《论语直解》,上海:复旦大学出版社,1996年。

13.钱穆:《论语新解》,北京:生活·读书·新知三联书店,2015年。

14.李泽厚:《论语今读》,北京:生活·读书·新知三联书店,2004年。

15.杨伯峻:《孟子译注》,北京:中华书局,2008年。

16.(清)王先谦撰,沈啸寰、王星贤整理:《荀子集解》,北京:中华书局,2012年。

17.安小兰译注:《荀子》,北京:中华书局,2007年。

18.北京大学《荀子》注释组:《荀子新注》,北京:中华书局,1979年。

19.(汉)郑玄注,(唐)孔颖达等正义:《礼记正义》,《十三经注疏》,上海:上海古籍出版社,1997年。

20.王文锦:《大学中庸译注》,北京:中华书局,2008年。

21.刘兆伟:《〈大学〉〈中庸〉诠评》,北京:中国社会科学出版社,2013年。

22.(汉)司马迁撰,(汉)裴骃集解,(唐)司马贞索隐,(唐)张守节正义:《史记》,北京:中华书局,1963年。

23.(汉)班固撰,马晓斌译注:《汉书艺文志序译注》,郑州:中州古籍出版社,1990年。

24.(唐)韩愈:《韩愈集》,北京:中国戏曲出版社,2002年。

25.(宋)程颢、程颐:《二程集》,北京:中华书局,1981年。

26.(宋)程颢、程颐:《二程遗书》,上海:上海古籍出版社,2000年。

27.(宋)朱熹:《朱子语类》,北京:中华书局,1951年。

28.(宋)朱熹:《四书章句集注》,北京:中华书局,2011年。

29.(明)王阳明著,张怀承注译:《传习录》,长沙:岳麓书社,2004年。

30.(清)黄宗羲:《明儒学案·江右王门学案二》,北京:中华书局,1985年。

31.(清)王夫之:《读四书大全说》,北京:中华书局,1975年。

32.(清)王夫之著,傅云龙、吴可主编:《船山遗书》第四卷,北京:北京出版社,1999 年。

33.(清)凌廷堪:《校礼堂文集·荀卿颂并序》,北京:中华书局,1998 年。

中文论著

1.蔡仁厚:《孔孟荀哲学》,台北:学生书局,1984 年。

2.蔡尚思:《孔子思想体系》,上海:上海人民出版社,1981 年。

3.陈鼓应:《易传与道家思想》,北京:中华书局,2015 年。

4.陈嘉明:《确证与知识——当代知识论引论》,上海:上海人民出版社,2003 年。

5.陈来:《古代思想文化的世界——春秋时代的宗教、伦理与社会思想》,北京:生活·读书·新知三联书店,1996 年。

6.陈来:《古代思想文化的世界》,北京:生活·读书·新知三联书店,2002 年。

7.陈满铭:《中庸思想研究》,台北:文津出版社,1981 年。

8.陈赟:《中庸的理想》,北京:生活·读书·新知三联书店,2007 年。

9.〔美〕成中英:《合外内之道——儒家哲学论》,北京:中国社会科学出版社,2001 年。

10.〔美〕成中英:《论"观"的哲学意义与易的本体诠释》,《易学本体论》,北京:北京大学出版社,2006 年。

11.崔大华:《儒学引论》,北京:人民出版社,2001 年。

12.崔宜明:《先秦儒家哲学知识论体系研究》,上海:上海人民出版社,2014 年。

13.丁山:《中国古代宗教与神话考》,上海:上海文艺出版社,1988 年。

14.〔美〕杜维明:《体知儒学》,杭州:浙江大学出版社,2012 年。

15.方东美:《中国哲学精神及其发展》(上),北京:中华书局,2012 年。

16.方克立:《中国哲学史上的知行观》,北京:人民出版社,1997 年。

17.冯契:《认识世界和认识自己》,上海:华东师范大学出版社,1996 年。

18.傅斯年:《性命古训辨证》,上海:上海古籍出版社,2012 年。

19.冯友兰:《中国哲学简史》,北京:生活·读书·新知三联书店,

2009 年。

20. 冯友兰:《中国哲学史》(上),上海:华东师范大学出版社,2010 年。

21. 冯友兰:《冯友兰散文觉解人生》,北京:北京联合出版公司,2015 年。

22. 葛荣晋:《中国哲学范畴史》,哈尔滨:黑龙江人民出版社,1987 年。

23. 葛荣晋:《中国哲学范畴通论》,北京:首都师范大学出版社,2001 年。

24. 葛兆光:《七世纪前中国的知识、思想与信仰世界》,上海:复旦大学出版社,1998 年。

25. 贡华南:《知识与存在:对中国近现代知识论的存在论考察》,上海:学林出版社,2004 年。

26. 郭沫若:《十批判书》,北京:人民出版社,2012 年。

27. 郭沫若:《郭沫若全集·历史编》第一卷,北京:人民出版社,1982 年。

28. 郭齐勇:《中国儒学之精神》,上海:复旦大学出版社,2009 年。

29. 郭沂:《郭店竹简与先秦学术思想》,上海:上海教育出版社,2001 年。

30. 韩德民:《荀子与儒家的社会理想》,济南:齐鲁书社,2001 年。

31. 何炳棣著,范毅军、何汉威整理:《何炳棣思想制度史论》,台北:"中央研究院"、联经出版事业股份有限公司,2013 年。

32. 侯外庐:《中国古代思想学说史》,上海:国际文化服务社,1950 年。

33. 胡军:《知识论》,北京:北京大学出版社,2006 年。

34. 姜国柱:《中国认识论史》,郑州:河南人民出版社,1989 年。

35. 姜国柱:《儒家人生论》,北京:国防大学出版社,1997 年。

36. 姜义华编:《胡适学术文集》,北京:中华书局,1991 年。

37. 金岳霖:《论道》,北京:商务印书馆,1959 年。

38. 金岳霖:《知识论》,北京:商务印书馆,1983 年。

39. 孔德立:《早期儒家人道思想的形成与演变》,成都:巴蜀书社,2010 年。

40. 劳思光:《康德知识论要义》,北京:友联出版社,1975 年。

41. 李存山:《中国传统哲学纲要》,北京:中国社会科学出版社,2008 年。

42. 李景林:《教化的哲学——儒学思想的一种新诠释》,哈尔滨:黑龙江人民出版社,2006 年。

43. 李秋零主编:《康德著作全集》第四卷《道德形而上学的奠基》,北京:中国人民大学出版社,2005年。

44. 李翔海编:《知识与价值——成中英新儒学论著辑要》,北京:中国广播电视出版社,1996年。

45. 李亚彬:《道德哲学之维——孟子荀子人性论比较研究》,北京:人民出版社,2007年。

46. 李泽厚:《中国古代思想史论》,北京:生活·读书·新知三联书店,2009年。

47. 廖明春:《〈周易〉经传十五讲》,北京:北京大学出版社,2004年。

48. 廖明春:《〈荀子〉新探》,北京:中国人民大学出版社,2013年。

49. 梁漱溟:《东西文化及其哲学》,北京:中华书局,2013年。

50. 刘培育选编:《金岳霖学术论文选》,北京:中国社会科学出版社,1990年

51. 刘泽华、葛荃:《中国古代政治思想史》,天津:南开大学出版社,2005年。

52. 吕思勉:《先秦学术概论》,昆明:云南人民出版社,2005年。

53. 苗润田:《儒学与实学》,北京:中华书局,2003年。

54. 蒙培元:《中国心性论》,台北:学生书局,1990年。

55. 蒙培元:《情感与理性》,北京:中国人民大学出版社,2009年。

56. 牟钟鉴、张践:《中国宗教通史》上册,北京:社会科学文献出版社,2000年。

57. 牟宗三:《心体与性体》(上),上海:上海古籍出版社,1999年。

58. 牟宗三:《周易哲学演讲录》,上海:华东师范大学出版社,2004年。

59. 牟宗三:《中国哲学的特质》,上海:上海古籍出版社,2007年。

60. 牟宗三:《中国哲学十九讲》,长春:吉林出版集团有限责任公司,2010年。

61. 欧崇敬:《中国的知识论史观》,台北:洪业文化出版社,1998年。

62. 庞朴:《儒家辩证法研究》,北京:中华书局,1984年。

63. 庞朴:《郭店楚简与早期儒学》,台北:台湾古籍出版社,2002年。

64. 庞朴:《庞朴文集》第一卷《六家浅说》,济南:山东大学出版社,

2005 年。

65. 钱穆:《〈中庸〉之明与诚》,《中国学术思想史论丛》(二),北京:九州出版社,2011 年。

66. 钱穆:《人生十论》,北京:九州出版社,2014 年。

67. 钱穆:《中华文化十二讲》,北京:九州出版社,2012 年。

68. 钱穆:《孔子传》,北京:生活·读书·新知三联书店,2014 年。

69. 钱逊:《先秦儒学》,沈阳:辽宁教育出版社,1991 年。

70. 唐端正:《先秦诸子论丛》,台北:东大图书公司,1992 年。

71. 唐君毅:《人生之体验》,《人生二书》,北京:中国社会科学出版社,2005 年。

72. 唐君毅:《中国文化之精神价值》,南京:江苏教育出版社,2005 年。

73. 唐君毅:《中国哲学原论·导论篇》,北京:中国社会科学出版社,2005 年。

74. 唐君毅:《中国哲学原论·原性篇》,北京:中国社会科学出版社,2005 年。

75. 唐君毅:《中国哲学原论·原道篇》上册,北京:中国社会科学出版社,2006 年。

76. 汤一介:《儒道释与内在超越问题》,南昌:江西人民出版社,1991 年。

77. 王德峰:《哲学导论》,上海:上海人民出版社,2011 年。

78. 王国维:《观堂集林》,北京:中华书局,1959 年。

79. 王国维:《近代十一位国学大师讲国史》,北京:中国华侨出版社,2015 年。

80. 王钧林:《斯文在兹——儒学与中国传统文化》,济南:齐鲁书社,2006 年。

81. 王楷:《天然与修为:荀子道德哲学的精神》,北京:北京大学出版社,2011 年。

82. 王新春:《解读不尽的宝藏:神妙的周易智慧》,北京:中国书店出版社,2001 年。

83. 吾淳:《中国哲学起源的知识线索——从远古到老子:自然观念及自然

哲学的发展与成型》,上海:上海人民出版社,2014 年。

84. 吾淳:《中国哲学的起源——前诸子时期观念、概念、思想的发生与成型的历史》,上海:上海人民出版社,2015 年。

85. 韦政通:《中国的智慧》,长春:吉林出版集团有限责任公司,2009 年。

86. 韦政通:《知识人生三大调》,北京:中华书局,2011 年。

87. 熊十力:《新唯识论》,北京:中华书局,1999 年。

88. 徐复观:《中国学术精神》,上海:华东师范大学出版社,2004 年。

89. 徐复观:《中国人性论史·先秦篇》,北京:九州出版社,2014 年。

90. 许倬云:《西周史》,北京:生活·读书·新知三联书店,2001 年。

91. 夏甄陶:《认识论引论》,北京:人民出版社,1986 年。

92. 夏甄陶:《中国认识论思想史稿》上卷,北京:中国人民大学出版社,1992 年。

93. 杨国荣:《中国哲学二十讲》,北京:中华书局,2015 年。

94. 杨庆中:《周易经传研究》,北京:商务印书馆,2005 年。

95. 杨向奎:《宗周社会与礼乐文明》,北京:人民出版社,1992 年。

96. 余英时:《士与中国文化》,上海:上海人民出版社,2003 年。

97. 余英时:《人文与理性的中国》,上海:上海古籍出版社,2007 年。

98. 张东荪:《认识论》,北京:商务印书馆,2011 年。

99. 张岱年:《中国哲学大纲》,北京:商务印书馆,2015 年。

100. 张岱年:《中国古典哲学概念范畴要论》,北京:中国社会科学出版社,1989 年。

101. 张立文:《中国哲学范畴精粹丛书——心》,北京:中国人民大学出版社,1993 年。

102. 张立文:《中国哲学范畴精粹丛书——性》,北京:中国人民大学出版社,1996 年。

外文译著

1.〔法〕笛卡尔:《沉思录》,周春塘译,台北:五南图书出版股份有限公司,2010 年。

2.〔美〕杜维明:《道、学、政:儒家公共知识分子的三个面向》,钱文忠、盛勤译,北京:生活·读书·新知三联书店,2013 年。

3.〔美〕杜维明:《仁与修身:儒家思想论史》,胡军、丁民雄译,北京:生活·读书·新知三联书店,2013 年。

4.〔美〕杜维明:《中庸:论儒学的宗教性》,段德智译,北京:生活·读书·新知三联书店,2013 年。

5.〔美〕郝大伟、安乐哲:《通过孔子而思》,何金俐译,北京:北京大学出版社,2005 年。

6.〔德〕胡塞尔:《第一哲学》,王炳文译,北京:商务印书馆,2006 年。

7.〔德〕康德:《纯粹理性批判》,邓小芒译,北京:人民出版社,2004 年。

8.〔德〕卡尔·雅斯贝尔斯:《大哲学家》,李雪涛主译,北京:社会科学文献出版社,2005 年。

9.〔法〕利奥塔:《后现代状况:关于知识的报告》,岛子译,长沙:湖南美术出版社,1996 年。

10.〔英〕洛克:《人类理解论》,关文云译,北京:商务印书馆,1959 年。

11.〔美〕朗佩特:《施特劳斯与尼采》,田立年、贺志刚等译,上海:上海三联书店,2005 年。

12.〔英〕迈克尔·波兰尼:《个人知识:迈向后批判哲学》,许泽民译,贵阳:贵州人民出版社,2000 年。

13.〔美〕齐硕姆:《知识论》,邹惟远、邹晓蕾译,北京:生活·读书·新知三联书店,1988 年。

14.〔荷兰〕斯宾诺莎:《知性改进论》,贺麟译,北京:商务印书馆,2010 年。

15.〔古希腊〕亚里士多德:《尼各马可伦理学》,廖申白译,北京:商务印书馆,2003 年。

外文原著

1. Harding S, *Feminism and Methodology*, Bloomington & Indianapolis: Indiana University Press, 1987.

2. Miehael Polanyi, *Study of Man*, Chicago: The University of Chicago

Press，1958.

3. Plato，*The Collected Dialogues*，New Jersey：Princeton University Press,1961.

二、论文

1. 哀岳洪:《孔子认识论及其局限》,《齐鲁学刊》1985 年第 4 期。

2. 毕文胜:《中国先秦时期知识观分析——基于西方知识论视野》,《厦门大学学报》(哲学社会科学版)2011 年第 5 期。

3. 晁福林:《先秦时期“德”观念及其发展》,《中国社会科学》2005 年第 4 期。

4. 陈嘉明:《当代知识论:概念、背景与现状》,《哲学研究》2003 年第 5 期。

5. 陈嘉明:《知识论研究的问题与实质》,《文史哲》2004 年第 2 期。

6. 陈嘉明:《儒家知行学说的特点与问题》,《学术月刊》2013 年第 7 期。

7. 陈嘉明:《德性知识论》,《东南学术》2003 年第 1 期。

8. 陈嘉明:《中国哲学的“力行”知识论》,《学术月刊》2014 年第 11 期。

9. 陈来:《春秋时期的人文思潮与道德意识》,《中原文化研究》2013 年第 2 期。

10. 陈立胜:《恻隐之心:“同感”“同情”与“在世基调”》,《哲学研究》2012 年 12 期。

11. 陈启智:《论〈易传〉的学派属性——与陈鼓应先生商榷》,《周易研究》2002 年第 1 期。

12. 陈乔见:《羞恶、义与正当——孟子“羞恶之心,义之端也”详解及其理论内涵》,《中山大学学报》(社会科学版)2016 年第 2 期。

13. 陈少明:《仁义之间》,《哲学研究》2012 年 11 期。

14. 陈志伟:《先秦初期儒家认识论初探——以〈论语〉〈大学〉和〈中庸〉为中心》,《内蒙古社会科学》2007 年第 4 期。

15. 〔美〕成中英:《中国哲学中的知识论》(上),《安徽师范大学学报》(人文社会科学版)2001 年第 1 期。

16.〔美〕成中英:《中国哲学中的知识论》(下),《安徽师范大学学报》(人文社会科学版)2001 年第 2 期。

17.〔美〕成中英:《当代儒学两面向:信仰儒学与知识儒学》,《中国图书评论》2007 年第 6 期。

18.崔宜明:《论中庸——一种知识论的考察》,《学术月刊》2012 年第 6 期。

19.东方朔:《"无君子则天地不理"——荀子"心与道"的关系片论》,《伦理学与公共事务》2009 年第 00 期。

20.杜保瑞:《中国哲学的基本哲学问题与概念范畴》,《文史哲》2009 年第 4 期。

21.方朝晖:《知识、道德与传统儒学的现代方向》,《中国社会科学》2005 年 3 期。

22.冯治库:《论孔子的不知之知》,《甘肃社会科学》2010 年第 6 期。

23.贡华南:《体、本体与体道》,《社会科学》2014 年第 7 期。

24.何静:《具身认知研究的三种进路》,《华东师范大学学报》(哲学社会科学版)2014 年第 6 期。

25.何中华:《孟子"万物皆备于我"章臆解》,《孔子研究》2003 年第 5 期。

26.胡军:《知识论与哲学》,《北京大学学报》(哲学社会科学版)2002 年第 2 期。

27.胡治洪:《论大学之道的成德进路、体知基础及其当代意义》,《孔子研究》2009 年第 1 期。

28.黄俊杰:《中国思想史中"身体观"研究的新视野》,《现代哲学》2002 年第 3 期。

29.黄克剑:《"生"·"命"·"性"·"道"——对先秦人文意识嬗变的一种阐释》,《哲学研究》2005 年第 6 期。

30.吉兴:《解蔽与成圣:荀子认识论新探》,《河北学刊》2004 年第 5 期。

31.江雪莲:《儒家为学体验新论》,《中国哲学史》2003 年第 3 期。

32.金红菊:《〈论语〉的"知"论探微》,《内蒙古农业大学学报》(社会科学版)2006 年第 2 期。

33. 景海峰:《从〈中庸〉所言“诚”看儒家人文精神的宗教性》,《社会科学战线》2016 年第 2 期。

34. 冷天吉:《孔子的知识论》,《河南师范大学学报》(哲学社会科学版)2005 年第 2 期。

35. 李国斌:《从“认识心”到“道德本心”——对荀子“心”的分析》,《孔子研究》2015 年第 5 期。

36. 李景林:《孟子的仁政思想——一种道义至上的精神》,《黑龙江社会科学》2014 年第 1 期。

37. 李景林:《孔子知论之精义》,《孔子研究》1995 年第 4 期。

38. 李廉:《〈易经〉的认识论与方法论思想》,《齐鲁学刊》1991 年第 3 期。

39. 李丕洋:《中国儒家及传统知行观思想新论》,《哲学研究》2003 年第 9 期。

40. 黎志敏:《整体知识论:知识的“真”与“德”之辨》,《文史哲》2011 年第 1 期。

41. 林启屏:《孟荀“心性论”与儒学意识》,《文史哲》2006 年第 5 期。

42. 陆建猷:《儒家认识论的基本视域》,《西安交通大学学报》2001 年第 4 期。

43. 陆建猷:《中国知识论传统是历史缺乏还是现实忽略——兼与张永超博士商榷》,《学术月刊》2013 年第 5 期。

44. 蒙培元:《从心灵问题看中西哲学的区别》,《学术月刊》1999 年第 10 期。

45. 苗润田:《论〈易传〉的天人学说》,《周易研究》2011 年第 6 期。

46. 苗润田:《知之非艰,行之惟艰——儒家知行学说的现代思考》,《哲学研究》1999 年第 11 期。

47. 彭富春:《论孟子的心性论》,《清华大学学报》(哲学社会科学版)2010 年第 4 期。

48. 任蜜林:《〈大学〉〈中庸〉不同论》,《哲学研究》2015 年第 3 期。

49. 商国君:《简论周公思想及其对先秦儒家的影响》,《武汉大学学报》(人文科学版)2002 年第 1 期。

50. 沈顺福:《荀子知识论研究》,《管子学刊》2005 年第 3 期。

51. 孙剑秋:《融通以达变:论钱穆先生对〈易传〉的诠释》,《周易研究》2005 年第 3 期。

52. 孙钦香:《朱子、阳明与船山〈大学〉诠释之比较——以"明明德亲(新)民"关系为中心》,《厦门大学学报》(哲学社会科学版)2016 年第 3 期。

53. 孙熙国、孟洁:《孔子"知"论及其现代价值》,《文史哲》2003 年第 1 期。

54. 谭德贵:《〈周易〉认识论思想研究》,《东岳论丛》2004 年第 3 期。

55. 唐文明:《本真性与原始儒家"为己之学"》,《哲学研究》2002 年第 5 期。

56. 王德有:《易入儒道简论》,《哲学研究》1994 年 3 期。

57. 王硕:《"明德"与"明明德"辨义——以〈朱子语类〉为中心》,《中国哲学史》2012 年第 1 期。

58. 王树人:《〈论语〉中仁的不同含义辨析》,《孔子研究》1991 年第 1 期。

59. 温海明:《荀子"心"合物论发微》,《中国哲学史》2008 年第 2 期。

60. 文洁华:《中国传统儒家知识论之当代意蕴》,《清华大学学报》(哲学社会科学版)2006 年第 1 期。

61. 温克勤:《略论先秦儒家伦理的知行统一论》,《道德与文明》2005 年第 2 期。

62. 夏丽志:《〈圣经〉〈论语〉知识论之比较》,《齐鲁学刊》2009 年第 5 期。

63. 夏甄陶:《孟子认识论思想批判》,《社会科学战线·中国哲学》1992 年 1 期。

64. 萧汉明:《关于〈易传〉的学派属性问题——兼评陈鼓应〈易传与道家思想〉》,《哲学研究》1995 年第 8 期。

65. 向世陵:《见理见性与穷理尽性——传统儒学、佛学(华严禅)与理学》,《中国哲学史》2000 年第 2 期。

66. 严火其、王中越:《必要的张力:在天官和天君之间》,《东岳论丛》2004 年第 2 期。

67. 谢晓东:《性危说:荀子人性论新探》,《哲学研究》2015 年第 4 期。

68. 颜炳罡:《论孔子的仁礼合一说》,《山东大学学报》(哲学社会科学版)2001 年第 1 期。

69. 颜炳罡:《孔子“道”的形上学意义及精神价值》,《贵州社会科学》2010年第2期。

70. 杨国荣:《以人观之、以道观之与以类观之——以先秦为中心看中国文化的认知取向》,《中国社会科学》2014年第3期。

71. 杨庆中:《论〈易传〉中的“道”》,《中国哲学史》2005年第4期。

72. 杨英姿:《试论〈大学〉“三纲八目”之儒学奥义及当代价值》,《伦理学研究》2015年第1期。

73. 郁振华:《扩展认识论的两种进路》,《华东师范大学学报》(哲学社会科学版)2007年第2期。

74. 张洪波:《〈中庸〉之“诚”范畴考辨》,《武汉大学学报》(哲学社会科学版)2007年第4期。

75. 张亚宁:《〈中庸〉“诚”的思想》,《孔子研究》2009年第6期。

76. 张永超:《中国知识论传统是历史缺乏而非现实忽略——对陆建猷教授批评之回应》,《学术月刊》2013年第5期。

77. 赵法生:《先秦认识论视域中的格物问题》,《社会科学论坛》2012年第12期。

78. 赵法生:《荀子礼学新论》,《中国哲学史》2015年第3期。

79. 赵海英:《孟子浩然之气思想的逻辑架构》,《社会科学战线》2013年第12期。

80. 赵荣波:《〈易传〉中的君子观和圣人观》,《东岳论丛》2006年第3期。

81. 周海春:《〈论语〉中关于“知”的哲学思想》,《人文杂志》2007年第1期。

82. 朱汉民:《中国知识传统的审视》,《船山学刊》2003年第3期。

83. 朱小明:《思孟学派“慎独”说的三重境界》,《理论月刊》2014年第4期。

84. 朱翔飞:《孔子与〈易传〉——论儒家形上学体系的建立》,《周易研究》2002年第1期。

85. 曾振宇:《“仁者安仁”:儒家仁学源起与道德形上学建构——儒家仁学从孔子到董仲舒的哲学演进》,《中国文化研究》2014年第1期。

86. 宗超:《孔子知论探析》,《伦理学研究》2016年第1期。

87. 宗超:《论孔子的“人格之教”》,《孔子研究》2016年第5期。

后记

基于广义和开放的知识论的视域，本书对先秦儒家知识论的探讨循着先秦儒家求知的脉络对其本有的知识系统进行挖掘和阐释，旨在清楚地阐明先秦儒家追求的终极真理是什么、源于何处、由谁实现以及如何实现。基于此，笔者在本书中特别关注如下两点：其一，先秦儒家知识论思想的来源与承继过程；其二，先秦儒家知识论整体的、深层次的有机系统。本书在纵向（条）论述先秦儒家知识论思想的来源与承继过程的同时，也从横向（块）论述由"道""性""君子""学"四个基本点所构成的本书的主线。以这样一种一纵一横、条块结合的方式，以期说明先秦儒家知识论思想的丰富内涵和完整系统。

然而，哲学有太多尚未形成共识的问题，正所谓"横看成岭侧成峰，远近高低各不同"，而笔者又文字粗拙、水平有限，所以在本书完成之际，全然没有真理在握的自信。唯一能够让我稍稍安心的，是始终不忘自己"笨鸟先飞"的初心和一直以来心无旁骛的坚持和努力。如果读者能把本书的内容作为基本站得住脚的，或者能从中获得一点感悟的东西接受下来，我便心满意足了。

最后，借此机会，我想感谢在我学习之路上一直鼓励、支持、指导我的各位师友。同时，还要感谢我的家人，感谢公婆、父母以及老公的呵护和支持，亲情伟岸而坚韧，我愿用一切的美好与他们今生共相伴！

宗　超

2020 年 12 月